Cortázar sin barba

Cortázar sin barba

EDUARDO MONTES-BRADLEY

Con la colaboración de
David Gálvez Casellas y Carles Álvarez Garriga

DEBATE

Primera edición: enero de 2005

© 2004, Editorial Sudamericana, S. A.
© 2004, Eduardo Montes-Bradley
© 2005, Random House Mondadori, S. A.
   Travessera de Gràcia, 47-49. 08021 Barcelona

Printed in Spain – Impreso en España

ISBN: 84-8306-603-3
Depósito legal: B. 47.817-2004

Compuesto en Fotocomposición 2000, S. A.

Impreso en A & M Gràfic, S. L.
Santa Perpètua de Mogoda (Barcelona)

Índice

A mis amigos invisibles;
uno en Andorra, el otro en Barcelona.
Por su entrañable desinterés y camaradería.

A Soledad y Benjamin;
al que viene en camino.

A mis viejos.

But from whence, replied my father, have you concluded so soon, Dr. Slop, that the writer is of our church? —for aught I can see yet—, he may be of any church. —Because, answered Dr. Slop, if he was of ours, —he durst no more take such a licence,—than a bear by his beard:—If, in our communion, Sir, a man was to insult an apostle,—a saint,—or even the paring of a saint's nail,—he would have his eyes scratched out.

LAURENCE STERNE
Life and Opinions of Tristram Shandy, Gentleman

Nada que parezca capaz de acumular el tiempo y el trabajo de las personas debe tirarse a la basura, como nosotros lo hacemos constantemente con lo que creemos son nuestros desechos, pero que pueden conservar la memoria.

JOSÉ DONOSO

Pueblos, lo que ustedes quieren de mí es la muerte
Y no es bastante acosarme por mi nombre y mi circunstancia
Más: ustedes me fuerzan al delirio de sus banderas
Encontrándome entonces semejante como para sangrar el día
de vuestros días
Y el día de vuestras mujeres
Con las cuales ustedes mismos se abanican

FREDI GUTHMANN
La gran respiración bailada

Desbarbar a Cortázar

Diálogo a modo de prólogo

Por David Gálvez Casellas y Carles Álvarez Garriaga

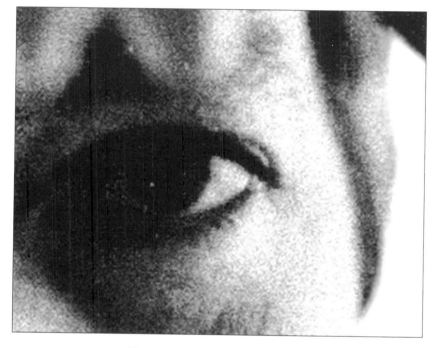

Figura 1. «*La mirada de Cortázar*»

—Sí, pero fíjate en que desbarbar significa no sólo afeitar, o sea sacar los pelos, sino también cortar las hilachas de un papel, y que precisamente hay muchos pelos en la sopa Cortázar y mucha rebaba en los papeles a él dedicados. Por ello, el fígaro Montes-Bradley irritará a más de seis. No sé si te conté que me contó que, a la salida del estreno en el cine Cosmos de Buenos Aires de su *Cortázar. Apuntes para un documental*, un batallón de jovencitas quería lincharlo.

—¡Juás! ¡Un *remake* de «Las ménades»! Supongo que la cara de fauno al relatarlo notificaba su felicidad por haber acertado en el escandalizativo pronóstico. De todos modos, sobrino, no me parece una buena estrategia empezar previniendo al ocasional lector acerca del delirio que se avecina. Ya lo hizo el bruselense en *62*, o en *Libro de Manuel* y, la verdad, no me gustan los prólogos «galeatos», cultismo que, te recuerdo, se aplica a los vestíbulos bibliográficos significando que están cubiertos con casco o celada... A lo que iba: si vas a reciclar esta voluble charla en prólogo ficcional, como hizo también aquél en *Territorios* remontándose a una tradición en la que habría que citar desde *La vida de Marian* de Walter Scott hasta las palabras liminares de Gervasio Montenegro a los enigmas policiales de Bustos Domecq, sin olvidar el prefacio a la *Lolita* de Nabokov o los de los propios personajes de Raymond Queneau en la saga de Sally Mara, en vez de hescribir el hacadémico hensayo de un hespecialista en su hobra como debieras, justifica mejor lo que dijiste antes: que después de esta biografía ya nadie podrá volver sobre el período y, en especial, que este libro hubiera complacido al propio Cortázar.

—Bueno. Con la venia, empecemos por el final para terminar en el principio, aunque no siendo macedoniano el recorrido ha de ser arduo. Te acuerdas de *Imagen de John Keats*, claro; de cómo ahí Cortázar se paseaba del bracito del poeta inglés por el barrio de Flores, y de cómo esa informalidad contribuyó a la consternación de un señor del British Council «extraordinariamente parecido a una langosta» que leyó en diagonal algún capítulo del mecanoscrito original. Aquí pasa algo parecido. Montes-Bradley se permite acercarse tanto al personaje en épocas desiertas y remotas, aun sin haberlo conocido, que quien lee está casi seguro de que inventa o, si lo prefieres, de que *crea* a sus expensas. Si sumas ese hecho, que denunciarán muchos pusilánimes horrorizados por la confusión Vida-Literatura, a irreverencias tipo las continuas intervenciones del dúo sacapuntas, te encuentras con algo tan antisolemne como las entrevistas de Dalí. Algo que no hubiese disgustado al propio Cortázar.

—Puede que no, quién sabe. No estoy muy seguro de que él mismo se tomara tan a broma, pero en fin… Y, ¿en lo que atañe a la imposibilidad de que otro biógrafo vuelva sobre el período?

—Ese argumento cae en nuestro saco por su propio peso, y ahí está la maravilla del libro: que el discurso es un poco locatis pero está asentado sobre fierro. Ya apenas se escriben biografías como ésta. Ya ni los biógrafos son Richard Ellmann ni las fundaciones vacían sus huchas para financiar estudios como el presente. Porque, dime: ¿quién es capaz de conseguir el árbol genealógico de los Cortázar-Arias de manos de la nieta del tío del biografiado?, ¿quién es capaz de hacerse en un plis con la receta del cóctel demaría?, ¿quién es capaz de indagar la identidad del tipo que acompaña a Cortázar en una fotografía que tiene más de cincuenta años, y averiguar además en qué lugar fue tomada, siendo que sólo se ve un balcón y, en él, una verja?, ¿quién logra determinar cosas de una importancia tan cabal como el número de teléfono del hotel de Zürich en el que se alojó Cortázar al año de edad? ¿Quién dispone, en suma, de una tal red de espionaje?

—Vale, vale. Ya me hice una idea.

—No, no. ¡Ahora sigo! ¿Quién, dicho todo esto y no siendo un cortazariano medular, podrá cometer desacato al canon, precisamente por no serlo?

—¿Desacato al Canon? ¿Cortazariano medular? ¿De qué demonios hablas?

—Verás, tío, una de las mayores enfermedades que debe combatir el que trata con un biografiado como éste es la afección contraída por la picadura de la mosca tse-tse. No insinúo, entiéndeme bien, que el Don fuera cansador, al contrario, pero convengamos en que lo enmarcan páginas soporíferas. Recuerda las dos biografías oficiales. Recuerda con qué parsimonioso apresuramiento el primero recompuso mohosas notas para una clase o cómo el segundo, con su telegráfica prolijidad, a punto estuvo de reencarnarse en el Harry Belafonte de la anécdota.

—¿Harry Belafonte?

—Sí. Con un poco de seriedad en el método de citación a pie de página, uno dudaría si el autor intelectual de la obra era el que firmaba o el señor Ibídem.[1] Maneja fuentes tan variopintas que los escrúpulos del academicismo, *vid* el que acabo de encajarte *ut infra*, están de más.

—Bien, bien. Lo que no entiendo es el título. ¿Alguna arcana alusión a aquello de que cuando veas la barba de tu vecino afeitar pongas la tuya a remojar?

—El asunto de la barba de Cortázar es una de esas minucias que demuestran cómo muchos se han ocupado del individuo con

---

1. Tras la lectura de un manual que le pareció apasionante, el joven autodidacta Harry Belafonte fue a una librería de Chicago con una larga lista de títulos. El librero le dijo que pedía demasiado y que debía acortarla. «Muy fácil. Déme sólo todo lo que tenga del señor Ibíd.» (citado en Anthony Grafton, *The Footnote. A Curious History*, Faber & Faber, Londres, 1997, p. 235).

la pasión del erudito, valga el oxímoron, pero cómo, enceguecidos por la leyenda, han actuado cual evangelistas. Cronistas, escribas, copistas y evangelistas forman, según el recuento de Paul-Valéry en un ensayo sobre (san) Flaubert, «le paradis des intermédiaires». Todos aluden al misterioso nacimiento de la barba, enigmático en un barbilampiño, pero nadie se atreve a especular. Sin pelos en la lengua, Cabrera Infante escribió a la muerte de Emir Rodríguez Monegal que el «más encarnizado perro de presa» del crítico uruguayo fue «uno que para disfrazarse del Che en París acudió a hormonas y barbas postizas y poder adoptar así el lenguaje marxista *à la mode*. París bien vale una máscara». Su hermana Ofelia también creía que por ahí hubo algún tratamiento médico y, de hecho, en *El secreto de Cortázar* Fernández Cicco registró declaraciones de varios otros que lo trataron de joven en cuya opinión «u hormonas o nada». En 1973, en una entrevista de *El show del minuto*, Hugo Guerrero Marthineitz dijo que una amiga «muy varonista» miró una fotografía tomada veinte años atrás y juzgó que con la barba se afeaba. «Bueno, habría que ver —respondió Cortázar—, si en el caso que yo me afeitara para complacer a su amiga, el resultado sería la misma cara que ella vio en la tapa del disco; porque esa foto ya tiene unos cuantos años…» La cara, me pregunto, ¿sería distinta por el tiempo transcurrido o porque el retratado era ya *en esencia* otro? De eso habla el libro: de transformaciones inexplicadas, de mutaciones irreversibles, de la cara nueva que le creó a Cortázar bajo la barba parisiense, de la otra que tenía en la Argentina y más atrás y que casi nadie se tomó la molestia de apreciar; también de poros y pelos vistos a través de una lente de aumento… Esto último, claro que metafóricamente, me trae a la memoria aquella visión asqueada de Gulliver en Brobdignac cuando, debido a un mero cambio de escala, contempla el pecho de una madre amamantando y lo halla *nauseabundo* y *monstruoso*.

—¡Ya te estás poniendo impúdico otra vez! Apaga la grabadora. Como escribió Blake en uno de los proverbios del infierno: «Enough, or too much!». Sobra y basta.

Biografías de solapa

Figura 2.   Alberto I de Bélgica, desafiante ante el káizer Guillermo II.

El día en que se inventaron las solapas de los libros nacieron las biografías de bolsillo. La solapa suele ser una columna donde se resumen ciertos (o inciertos) logros del autor: a cuántos idiomas fue traducida su obra, en qué universidad de los Estados Unidos enseñó algo mientras preparaba su próximo libro, si nació en tal o cual parte del planeta para terminar muriéndose en tal o cual otra: una pena porque ahora vamos a tener que repatriar el cadáver y enterrarlo en la Recoleta. Está claro que algunos se nos escapan y, como Borges o Ginastera —enterrados en el cementerio ginebrino Des Rois de Plainpalais—, consiguen eludir el asedio. En el caso de Cortázar, la cosa no es tan fácil. En principio pareciera estar bien sepultado en París y sin muchas ganas de soportar las exhumaciones patrióticas de otros próceres del Panteón Nacional. Y es que quizás allí, o mejor dicho en la solapa de sus libros, resida el meollo de la cuestión que tanto nos preocupa: la nacionalidad del sujeto. Donde debiera decir «nacido en Bruselas en 1914» suele decir «nacido *accidentalmente* en Bruselas en 1914», lo cual no deja de ser todo un detalle por parte de los editores responsables del accidente.

Siendo un viejo solapero, debo admitir que nunca antes de las ediciones de Cortázar había tenido la oportunidad de leer nada semejante. Su nacimiento emerge en las biografías apresuradas como un lugar de sombra que algunos buscan iluminar con la tenue y siempre divina luz de la *argentinidad*.

23

La idea de un nacimiento accidental extramuros (siendo los muros los límites naturales de la histeria nacionalista) está vinculada a las declaraciones que el mismo Cortázar hizo en repetidas oportunidades durante los últimos cuarenta años de su vida. He querido ocuparme del tema que viene a cuento en las siguientes y prescindibles líneas.

Advertencia: el lector que no esté interesado en los accidentes y en las pequeñas mezquindades nacionalistas está cordialmente invitado a pasar al capítulo siguiente.

La idea de un nacimiento azaroso es lo suficientemente descabellada como para convertirse en *pretexto* de uno de los relatos del autor al que bien podríamos titular: *No quiso pero nació igual*, o *¿Qué hace un bebé como yo en un lugar como éste?* Después de todo, Cortázar nació a los nueve meses como estaba previsto y en el mismo lugar en el que se encontraba su madre, lo cual facilita la labor de las parteras en cualquier lugar del mundo y también en Bélgica, donde tuvo lugar el contratiempo. ¿Acaso durante el alumbramiento el neonato se resbaló en manos de la comadrona?, ¿o fue quizá que el hecho tuvo lugar en el *Orient Express* en el instante en que el caballo de hierro descarrilaba sobre las llanuras de Mongolia? ¿Qué significa «nació accidentalmente en Bruselas»?

Veamos:

Julio José Cortázar Arias y su esposa residen en Bélgica desde agosto de 1913, es decir un año antes del *accidente*, con lo cual quedan despejadas las dudas respecto del lugar de gestación que, si bien pudo haber sido accidental, tuvo al menos una localización cierta. La pareja de argentinos residentes en la comuna de Ixelles,[1] en los suburbios de Bruselas, permanecerá allí más de un año después del advenimiento del primogénito y a tiempo para la concepción de un segundo embarazo. Nada de accidental en

---

1. Hoy región de Bruselas capital. Superficie: 634 hectáreas. Altitud: de 45 a 100 metros.

que alguien nazca en el lugar en el que viven sus padres. Entonces, ¿por qué tanto énfasis, tanto empeño?

En lo *accidental* pareciera ser que se busca conformar un Cortázar a imagen y semejanza del escritor que los argentinos queremos que sea, y los argentinos queremos que sea argentino, para lo cual se vuelve indispensable que haya nacido *accidentalmente* en Bruselas. Bélgica y el mundo son accidentes que no pueden, con todas sus sombras, oscurecer el brillo del *ser nacional*. Lo *accidental* apunta a destacar el carácter transitivo del paso de la familia Cortázar por Europa, lo cual resulta francamente absurdo a la luz de nuevos y reveladores argumentos.

En principio deberíamos aclarar que don Julio padre no era ni por asomo un diplomático de paso por la Legación Argentina en el reino de Alberto I. La idea de un padre diplomático forma parte de la *mise en scène* familiar y tiene tan poco asidero en el campo de lo real como puede tenerlo el supuesto acento francés del eterno cronopio. Julio José y María Herminia Descotte habían emigrado en busca de nuevos horizontes y con la esperanza de no regresar jamás a Buenos Aires. Nada de padre diplomático ni nada que se le parezca. Pero cómo explicar entonces el paso por Europa sin dar a conocer otros aspectos que podían avergonzar la memoria familiar: fácil; inventando, como en todas las biografías que merecen la pena ser inventadas. Y de invenciones, la biografía de Cortázar tiene algunas maravillosas, como aquella del padre diplomático o la del acento francés que tanto nos complace a los rioplatenses a la hora de elegir la fotografía en la que se lo ve junto al Sena para poner en el portarretratos que tenemos *sur bibliothèque*.

Aceptar que Julio José Cortázar y su esposa se instalaron en Bruselas para quedarse es el primer paso en la dirección correcta para entender el nacimiento del escritor como resultado de una vida poco accidental. ¿Acaso fue accidental el nacimiento de Conrad en Polonia? Dudoso. De ser así, los alemanes y los ingleses se hubieran preocupado por Conrad del modo que los argentinos nos ocupamos de Cortázar (prueba de que no es así son las solapas de los libros de Conrad en las que no consta que haya nacido accidentalmente en Polonia y el hecho de que yo siga escribiendo sobre el tema mientras usted aún no se ha decidido a pasar al capítulo siguiente). Gardel debió de haber nacido accidentalmente en Toulouse (o en Tacuarembó, que para el caso da igual) para morir mucho más accidentalmente en Medellín, donde a los colombianos no parece preocuparles que fuera argentino aunque todos sepamos que no es así. Camus nació en Argelia, pero era tan francés como el *foiegras* y en la solapa de sus libros puede leerse «nació en Argelia» sin mayores explicaciones del tipo «nació accidentalmente». ¡Hay cuestiones que son francamente imperdonables! Habiendo un país tan lindo como el nuestro, ¿a quién se le ocurre —a menos que se trate de un accidente— nacer en lugares tan poco argentinos como Bruselas justo cuando a los alemanes se les ocurre cuestionarse la falta de espacio físico? Quizá valga la pena recordar la escasa trascendencia que tuvo el nada accidental nacimiento de Alfonsina Storni en Suiza, o el nacimiento del supuestamente chileno Ariel Dorfman en Buenos Aires.

El tema de lo accidental en Cortázar no termina ni se resuelve en la solapa de sus libros. En un intento por argentinizarlo, las mismas solapas que hablan de lo accidental de su nacimiento señalan que el escritor adopta la nacionalidad argentina de sus padres, lo cual es lisa y llanamente otra de las mentiras con las que se busca fundir en bronce al autor. Resulta cuando menos absurdo que haya dependido de una determinación personal teniendo en cuenta que fue anotado (si es que fue anotado: no existen los registros consulares) como argentino en la legación de Bruselas sin su consentimiento, algo entendible teniendo en cuenta los escasos cincuenta y un días de vida del infante belga. Pero lo cierto es que la única vez en la vida en que Cortázar tiene la posibilidad de optar por una ciudadanía lo hace por la que gentilmente podríamos llamar su segunda patria. El pasaporte que Francia le otorga no es el resultado del capricho de sus padres; es la conclusión de un arduo y penoso proceso que requiere, ante todo, de su voluntad y esfuerzo. Allí no intervinieron factores externos que condicionaban a terceros, vencidos ante la probabilidad de un vástago sin patria. Para obtener el pasaporte francés, Cortázar, ya adulto, debió solicitar la ciudadanía, cumplir con los requisitos formales, esperar años para que finalmente le concedieran lo que deseaba.

Tres años después de su naturalización, muere tan europeo como el día en que vio la luz por primera vez bajo el tronar de los obuses del káiser Guillermo II. Su muerte estuvo marcada por el justo reconocimiento del país que supo apreciar sus esfuerzos, reconocimiento que la Argentina le negó sistemáticamente hasta el día de hoy a pesar de reclamar para sí el derecho de hacer de su biografía lo que se le dé la realísima gana en nombre de la cultura «nacional y popular». La paradoja (quizá no tanto) reside en que todo esto hace de Cortázar uno de los escritores más argentinos. ¿Acaso eso que llaman argentinidad[2] no está vinculado al haber nacido en Bruselas para finalmente acabar sepultado en Montparnasse o en cualquier otro suburbio de lápidas grises de Southampton, México, Ginebra o Moscú? ¿Qué significa haber escrito algunas de las páginas más destacadas de la literatura argentina del siglo xx? ¿Haber residido la mitad de la vida en París y manifestado hasta el cansancio que se sentía y se consideraba a sí mismo argentino mientras hacía la cola en inmigraciones para obtener la ciudadanía francesa como un *métèque* cualquiera? Miles de argentinos recorren hoy las embajadas de los países de sus antepasados en busca de una identidad que les permita dejar de ser aquello que los asfixia, hambrea y ningunea, convirtiéndose así en la quintaesencia de la argentinidad que los nacionalistas, cruz en ristre, buscan clavar a la tierra. En la familia de Cortázar

---

2. «¡Es increíble los mares de tinta que se desperdiciaron con esta polémica! Y al fin y al cabo, ¿qué es la argentinidad? ¿Unas ciertas costumbres alimenticias?» (Ugné Karvelis —compañera del escritor de 1967 a 1979— en *Exceso*, Caracas, 130, mayo de 2000, p. 63).

también hubo siempre historias, secretos a voces que ahora pueden convertirse en algo que realmente sí ocurrió. ¿Qué hacían en Europa los padres del escritor? ¿Por qué regresaron?

Aurora Bernárdez, primera esposa del escritor, es de las que cree que todo esto no interesa. Es un punto de vista entendible. Aurora también cree que a Cortázar no le importaba ninguna de «esas cosas de las que usted se ocupa», como suele decirme afectuosamente cada vez que conversamos. Pero, ¿cómo pudo haberle interesado aquello que quizá desconocía? A decir de José Donoso en *Conjeturas sobre la memoria de mi tribu:* «Ni los jaguares latinoamericanos ni los tigres de papel asiáticos tienen memoria; ésta es una facultad que confiere la civilización». También considera el chileno que «son pocas familias —de las instituciones mejor ni hablar— que conservan los talismanes de la memoria tribal, que servirán a los expertos, después, para reconstruir y estudiar la verdad del pasado». Va aún más lejos. «De estos mensajes recibidos —y a su vez enviados— nace la continuidad de la cultura, lo específicamente eterno que identifica al ser humano como tal. Porque, ¿qué otra cosa es, al fin y al cabo, la *Ilíada*, sino el contenido de un morral repleto con los desechos de la memoria de un bardo itinerante?»

La edición que conservo de *Los premios* tiene un transatlántico como ilustración en la portada. No hay vez que mire aquel vapor alejándose en el papel que no me pregunte qué hubiera sido del escritor si uno de sus abuelos no hubiese naufragado. La muerte en alta mar de Luis Descotte Jourdan condiciona el regreso del grupo familiar al Río de la Plata, circunstancia que el escritor iba a revertir ni bien se le presentara la oportunidad. El problema de la extranjería en Cortázar no se agota en lo accidental de su belgicanidad o en la solapa de sus libros, que como toda solapa se presta al estallido de símbolos y escarapelas. El problema viene de lejos y huele a fronteras y mitos familiares.

El pecado original

Figura 3.   Panfleto distribuido por los aliados.

Dicen que era un hombre quedo, hosco y de mal carácter. Que vestía con modestia casi siempre un mismo traje azul. Que tenía un aspecto delicado y paso cansino. Un amigo lo había sorprendido hacia finales de los años cuarenta cruzando la Plaza de Mayo en un día de lluvia. «Parecía no importarle el agua. Iba como contándose historias.» Así fue como lo recordaba quien entonces no había querido interrumpir la comunión de Cortázar con el aguacero. Aquella misma persona confesó en una sobremesa en el Café Tortoni: «Le cuento lo que sé y nada más, pero sería mejor que no mencionara la fuente. Cortázar era un caballero y no le haría nada bien a su memoria que lo asocien con un crápula como yo». Empezamos mal, pensé: si llegaba a generalizarse la tendencia acabaría por quedarme sin pies de página. No creo que una biografía pueda sobrevivir sin las debidas referencias y citas, quizás ésta se sobreponga al hombre de sombrero y bastón nacarado con empuñadura de plata que una tarde de junio me contó que desde la galería de la catedral de Buenos Aires vio cómo Julio José Cortázar cruzaba la plaza para finalmente perderse entre la multitud de paraguas negros en la calle San Martín.

El salteño había resultado ser un tipo de mala suerte, un *portepoisse*, un *yetatore*, un pájaro de mal agüero a quien nada habría de salir bien. Su poca fortuna fue tal que, al año de llegar a Ixelles con su familia, las tropas alemanas invaden el reino echando por tierra todos sus planes. La *mufa* lo perseguía. Ni escaramuzas ni enredos, el padre parecía desatar golpes de estado, guerras mundiales, naufragios y terremotos con la fuerza de un destino que no habría de abandonarlo hasta el día de su muerte. (De hecho, el día de su muerte —14 de julio de 1957— coincidió con el hundimiento del buque soviético *Eshghabad* en el mar Caspio. ¡Doscientas setenta víctimas!)

Julio José Cortázar había llegado a Europa a mediados de agosto de 1913 con la promesa de una vida nueva junto a su mujer, y con la suegra a cuestas; lejos de los mares del sur, lejos de Buenos Aires, lejos de los rumores y los chismes de la burguesía porteña. Un año más tarde, las tropas del káiser avanzaban sobre Luxemburgo, desde donde Guillermo II lanzó un ultimátum al rey de los belgas. Comenzaba el siglo a revelarse y Bélgica iba a ser uno de sus escenarios iniciales.

Ixelles había sido uno de los primeros suburbios de Bruselas en adoptar trazados urbanos, en vivir los cambios que hacen de un pueblo de campo algo más parecido a una ciudad. A mediados del siglo xix esa transformación fue atrayendo a un número considerable de artesanos. Luego llegarían los artistas y escritores que no pueden pagar los alquileres de la capital. Florecen entonces los cabarets y los cafés con mesas y sombrillas invadiendo las veredas, con lo que Ixelles acabaría por ganarse el rótulo «Montparnasse de Bruselas». Baudelaire, Verlaine y Emile Verhaeren son caras familiares para los vecinos.

Desde la invasión y hasta la ocupación plena a finales de septiembre de 1914, proliferan rumores que narran las atrocidades perpetradas por las tropas alemanas, habladurías con las que se pretende atemorizar a quienes tuvieran edad de merecer un plomo entre las cejas. Sólo así pudo el monarca sumar almas a la heroica y estéril defensa. La propaganda dio el resultado esperado y al promediar agosto los que no estaban de uniforme con un fusil entre las manos y barro hasta las rodillas a la espera de ser rociados con gas mostaza, sobrevivían en algún sótano aprendiendo alemán con la ayuda de un farol a querosén. Más allá de las exageraciones de la propaganda, los invasores no venían a comprar acuarelas o contratar violoncelistas para un cuarteto de cuerdas a orillas del Rin.

En la misma medida en que avanzan los Franz y los Fritz, se intensifican los focos de lucha entre el invasor y la improvisada resistencia.

Los días previos al nacimiento de Julio Florencio se multiplican las viñetas: familias en las calles atestadas de vecinos dispuestos a marcharse con lo puesto; una pareja que intenta cargar sus pocos muebles sobre una carreta tirada por un caballo que tampoco tiene interés en quedarse; tres hermanos encerrados en un sótano a la espera del Séptimo de Caballería; un matrimonio de judíos recién casados cambiando sus escasos bienes por oro que les servirá al llegar a Francia. Los que compran no temen, la guerra es un buen negocio. También los hay que ni compran ni venden, los que van a ninguna parte y no encuentran sótano donde esconderse. Resulta absurdo en pleno mes de agosto ver salir humo de chimeneas donde arden papeles, libros, documentos, fotos. Imagen harto conocida.

El vecino socialista

y su máquina de escribir

Desde la ventana de la sala del 116 de la Avenue Louis Lepoutre puede verse la ventana del otro. Quizá no hayan sido más que dos los argentinos en Ixelles. La mala suerte de Cortázar quiso que el otro compartiera su misma calle. El destello de una vela descubre la posición del vecino frente a su máquina de escribir. Cortázar puede verlo con tan sólo apartar las cortinas. El otro escribe hasta muy altas horas de la madrugada y el martilleo de las teclas llega hasta el cuarto en el que María Herminia teje y espera el alumbramiento en compañía de su madre. Cortázar prefiere pasar la noche en la sala, con las ventanas abiertas, cerca del gabinete donde guarda una botella de *sherry* de las que ya no pueden conseguirse sino en el mercado negro.

El vecino es socialista y el socialismo, fuente de todas las pesadillas de don Julio. Mirá que venir a juntarse tan lejos de Buenos Aires y tener que soportar su máquina de escribir. Cortázar prefiere la pluma que le ha regalado su padre, ¿acaso para escribir también hacen falta máquinas? El otro sabe que Cortázar lo vigila y no le importa. El salteño es para el escritor la figura trasnochada de un conservador incapaz de entender el presente, no mucho más que eso, y el presente se escribe con máquinas. La mañana del 24 de agosto va a sorprender al conservador dormido en su sillón junto a la botella de jerez y al socialista fumando junto a la ventana. El otro tiene horarios diferentes y gato. Cortázar nunca hubiera tenido un gato.

Se habían conocido en un asado de la Legación Argentina el 25 de mayo. «Un tipo insoportable —pensó Cortázar— con sus chistes de mal gusto y sus ocurrencias pampeanas.» Verlo mancharse la camisa con el aceite de las empanadas y escucharlo cantar la Internacional *a capella* con unas cuantas copas de *bon vin* encima hizo que el martilleo posterior multiplicara el desprecio que sentía por los tipos como él.

Cerca del mediodía, sobre la hora sin sombra, Cortázar volverá a su puesto de vigía junto a la ventana pasando revista a la desolación: una mujer que espera, un hombre de barba tocando el violín en una de las cuatro esquinas como si nada estuviera pasando, soldados que van a ninguna parte, tanques que cruzan la bocacalle. «Hoy puede ser un gran día», piensa, y deja caer la cortina corriendo un velo entre la desolación con música de violín y la dulce espera. En su cuarto, Victoria Gabel, la madre, y María Herminia, la hija, cuentan contracciones.

Victoria habla el idioma del invasor y puede hacerse entender por los soldados que golpean la puerta. Algunos la suponen esposa de su yerno y padres ambos de una María Herminia a quien imaginan un marido en el frente. Pero lo que imaginen los vecinos no tiene importancia. Ya no se oye el repiquetear de la máquina siniestra del socialista, sólo el repentino estallido de una granada, el tartamudeo de una ráfaga de metralla, el estruendo de los obuses, órdenes impartidas en la sombra, la sirena ronca de una ambulancia abriéndose camino entre las barricadas.

Alrededor de las dos de la tarde las contracciones y los dolores se hacen insoportables. El doctor no aparece y Victoria acude en busca de una vecina que se había ofrecido días antes a darles una mano a las mujeres. Por momentos las quejas de María Herminia cesan o parecen confundirse con la sirena o apagarse con los estruendos. Cortázar, firme en su puesto de vigía, puede ver a los soldados entrar en la panadería de enfrente y salir cargados con bolsas de arpillera llenas de papeles y revistas. Otros suben escaleras; golpeando puertas, las derriban. Por la vereda de enfrente pasa el doctor que debió haber atendido a su mujer llevando un niño de cinco o seis años sobre el manubrio de su bicicleta. Las tropas entran al edificio de cuatro plantas donde vive el socialista. Del cuarto salen mujeres con paños embebidos en sangre y regresan con ollas humeantes que van dejando un rastro de agua tibia sobre el parqué que llega hasta la cocina.

Las hormiguitas alemanas suben apresuradas y junto a cada ventana se reproduce un argumento distinto. Se escucha un disparo que viene del tercer piso; del cuarto, alguien que sale por la ventana y se desliza sobre la cornisa hasta dar la vuelta a la esquina, en la cual se sienta y puede ver desde allí al violinista barbudo sonreírle como si nada estuviera pasando. A todo esto, el socialista no pareciera estar viviendo en el mismo hormiguero. Acaba de despertarse y, sentado junto a la ventana, fuma y lee (¿qué lee el socialista en Ixelles?). Tres soldados golpean a su puerta y el escritor abandona el sillón de paño verde. Cortázar alcanza a distinguir perfectamente sus caras. El más robusto pedirá que lo acompañe y con él bajará las escaleras hasta la calle donde los espera un carro tirado por un percherón negro con manchas blancas en la cara; los otros dos soldados se turnan arrojando por la ventana papeles y libros; también un manuscrito que cae a los pies de la bestia. Lleva el título escrito a mano: *Las divertidas aventuras de Juan Moreira*. Vuelan retratos de familia, vuela un colchón verde y blanco y también la máquina de escribir con la que Roberto Payró no volvería a perturbar la tranquilidad del salteño.

Cortázar, ya de espaldas a la tragedia, escucha el llanto de su heredero junto a la madre. Victoria es quien abre la puerta invitándolo a pasar y anunciándole, con medido orgullo, que acaba de ser padre de un saludable *kleinen Jungen*. Así nacía entonces Julio Florencio, hijo de María Herminia Descotte y Julio José Cortázar. Eran las tres y cuarto de la tarde del 26 de agosto de 1914.

A partir de ahora habrá dos Julios en la casa, lo cual debe de haber enorgullecido tanto al padre como complicado las relaciones domésticas al punto que suele complicarlas la presencia de dos personas con el mismo nombre viviendo bajo un mismo techo. Como suele suceder, y para remediar el conflicto creado por el deseo de perpetuarse, los padres del recién nacido convinieron en llamar al niño Cocó. Desde entonces y por muchos años Julio Florencio Cortázar fue Cocó, lo cual permitió al padre seguir siendo Julio hasta el momento de su muerte. Resulta curioso que en estos casos (que como es sabido son muy frecuentes) la aparición en escena del hijo con marca registrada no se da hasta la desaparición del padre, con lo cual la idea original de perpetuarse en el hijo por el nombre se va completamente al garete, a menos que el hijo responda al mote infantil aun después de la muerte de su padre. Esto último explica que haya tantos grandulones pintando canas que responden a sobrenombres tan cursis como Memo, Titi, Poli, Kuki, Toto, Pichi, Pocho, Nene, Quito, Beto, Tito, Picho, Bebe o Mempo. En el caso que nos interesa, el muchacho no gozará plenamente de los atributos de su firma hasta la muerte simbólica de su progenitor; entretanto, será Cocó, Florencio, el Belgicano, Julio F., Julio Denis y vaya uno a saber cuántas otras intrigantes fórmulas antes poder consolidar definitivamente su nombre con el rotundo *Julio Cortázar* y una tupida barba.

Pero, ¿qué hace aquella familia de argentinos en Bruselas en agosto de 1914, cuando la guerra ya es un hecho? Se ha dicho que el nacimiento del escritor en Bélgica había sido accidental (no accidentado) y que su padre era diplomático, o algo parecido, en la Legación Argentina. Pues bien, he aquí uno de los descubrimientos más interesantes en lo que hace a la mitología cortazariana.

El mito de la diplomacia

Julio Florencio Cortázar no tuvo que encargarle a nadie una relación de sus antepasados, de hecho le importó poco y nada saber que pudo haberlos tenido. Sin embargo, heredó de su madre la noción de ser hijo de uno de los funcionarios de la Legación Argentina en Bruselas o cuando menos de un representante en una supuesta comisión de compras del Ministerio de Obras Públicas.

En la única declaración escrita que le conocemos, María Herminia Descotte informa acerca de la época inmediatamente ulterior a su boda y de su posterior radicación en Bélgica (años 1912 y 1913, respectivamente): «Lo habían [a Julio José Cortázar] nombrado secretario técnico de una comisión de compras del Ministerio de Obras Públicas que encabezaba el ingeniero Slater, su padrino, un compañero de toda la vida».[1] A continuación, refiriéndose esta vez a 1914: «Mi marido se marchó a Buenos Aires a gestionar un consulado […]. Razones políticas impidieron que mi esposo lograra ese consulado: él era conservador y el poder lo detentaban los radicales».[2]

---

1. María Herminia Scott [sic] de Cortázar, «Mi hijo Julio Cortázar», *Revista Atlántida* (mayo de 1970), p. 68.
2. *Ibidem*.

La fábula de un padre diplomático carece de rigor tanto como los frutos de los árboles de muchos intendentes radicales de provincia.

En un bar en Montevideo, hace ya muchos años, conocí a un mexicano que había pasado casi toda una vida recorriendo enclaves de provincia para venderles un pasado a los caudillos radicales de La Pampa o Buenos Aires. Su estrategia era astuta. Al llegar a un pueblo se instalaba en la mejor pensión y buscaba encontrarse «por casualidad» con el intendente en la sede del club social o en cualquier otra parte. En cuanto tuviera la oportunidad, el mexicano se presentaría como don Hidalgo Cáceres de la Fuente y al referirse al apellido del funcionario buscaría enredarlo con algunas de las ramas más prestigiosas de la oligarquía terrateniente. «Por lo general el pobrecito mordía el anzuelo», dijo el genealogista aquella vez en Montevideo. A partir del encuentro los dos hombres quedaban en volver a verse y casi siempre el funcionario terminaba por encargarle al mexicano un árbol cuyos frutos fueran los nombres de gloriosos antepasados con brillantes actuaciones en las luchas por la independencia. Decenas de familias pampeanas viven hoy de los recuerdos fabricados por el ingenioso Hidalgo.

Es difícil creer que un dato que vinculara a Cortázar con la diplomacia hubiese pasado inadvertido en los archivos del Ministerio de Relaciones Exteriores de la Cancillería de la República Argentina, donde cada papel, cada designación y cada incidente tienen un valor muy particular para su celoso guardián, el ministro Carlos Dellepiane. La respuesta allí fue contundente: «Nunca hubo ningún Cortázar afectado al Ministerio». La respuesta en Obras Públicas no fue más alentadora. Tampoco existen datos en Bélgica que puedan corroborar lo que siempre se ha dicho.

¿Habría sido el padre un agente tan secreto que ni siquiera él mismo sabía que era agente, con lo cual esta historia acabaría por convertirse en otra mucho más interesante? Es de dudar. Cocó vivió convencido de aquello que le contara su madre y si alguna vez pudo llegar a sospechar que algo no era exactamente como se lo habían contado, no dudó en callar. De sus círculos de relaciones más íntimas no hay quien pueda evocar un dejo de preocupación por parte de Cortázar respecto de su padre. Preguntar por él seguramente hubiera requerido explicar algunos detalles relativos a temas familiares que pareciera mejor no tocar, o, como bien me dijo Aurora Bernárdez, «¿a quién le importa la abuelita de Cortázar?».Y yo hundo, no sin culpa, el tenedor en lo que fue de aquella crêpe, seguro de que no puede ser que yo sea el único. Por momentos creo que la historia que busco es la que se esconde detrás de toda una generación de argentinos desaparecidos, de una Argentina que nunca llegó a ser porque se fue en los mismos barcos en los que había llegado con sus secretos para inventar otros nuevos.

Conviene aclarar que la intención de convertir a Cortázar padre en diplomático no pasa por exaltar sus méritos sino por ocultar el verdadero propósito de la presencia familiar en Europa. La idea de un Cortázar diplomático no revela, oculta. Curiosamente, la llave del misterioso oficio del padre no duerme en los archivos del Ministerio de Relaciones Exteriores ni en los sótanos de Obras Públicas —como supuse inicialmente a partir de la lectura de biografías y confesiones periodísticas— sino a más de cuarenta metros de profundidad frente a las costas de Brasil, junto a un posible tesoro de cuarenta mil libras esterlinas en oro que nadie ha podido encontrar. ¿Cuarenta mil libras esterlinas?

El imperdonable crimen de Barkston Gardens

Después de seis meses de espera, don Carlos Fuentes accede a una entrevista en Londres. Según dijo por teléfono, había conocido a uno de mis antepasados en México y esa coincidencia facilitó la comunicación. De otra manera hubiese sido difícil conseguir lo que a tantos cántaros les ha valido el silencio de los dioses. Desde luego mediaba también Cortázar, el gran abrepuertas, la fuente de Fuentes hacia donde suele mirarse con respeto y afecto. El lugar de la cita fue su casa en Chelsea, en la que el escritor pasa parte del año a una distancia prudente del *smog* de Tenochtitlán.

En ese entonces gozaba de la hospitalidad de Anca, una amiga en Londres, y me cuestionaba la imposibilidad de escribir sobre Cortázar sin antes recurrir a Fuentes. Después de todo, había escrito aquel párrafo que me había hecho pensar por primera vez en la relación entre el escritor y su padre:

> El muchacho que salió a recibirme era seguramente el hijo de aquel sombrío colaborador de *Sur*: un joven desmelenado, pecoso, lampiño, desgarbado, con pantalones de dril y camisa de manga corta, abierta en el cuello; un rostro, entonces, de no más de veinte años, animado por una carcajada honda, una mirada verde, inocente, de ojos infinitamente largos, separados y dos cejas sagaces, tejidas entre sí, dispuestas a lanzarle una maldición cervantina a todo el que se atreviese a violar la pureza de su mirada.

—Pibe, quiero ver a tu papá.
—Soy yo.[1]

Anca fue una de las niñas mimadas de Ceausescu que acabaron vendiéndose al oro canadiense. Por esos días fue que recibí un llamado diciendo que Fuentes tenía que permanecer más de lo previsto en Madrid y que no iba a poder acudir a la cita antes de las navidades. Me hubiese quedado en Londres a esperarlo, pero la posibilidad de que para las navidades el escritor tuviera que asistir a la inauguración de un acueducto en Chiapas hizo que reconsiderara la oferta proponiendo un nuevo encuentro. Como estaba en Londres y tenía cámara y película, se me ocurrió ir a Barkston Gardens para filmar el exterior de su casa con la idea de que alguna vez esas imágenes podrían llegar a servirme. El domingo temprano salí de la guarida de la rumana dispuesto a cumplir con el plan de rodaje propuesto. Al llegar, hice las tomas de rigor y marché a desayunar cerca de los muelles del Thames, atendido por dos extraordinarias búlgaras que habían leído *Rayuela* y que estaban fascinadas con la idea de que estuviera escribiendo sobre Cortázar. Es curioso, siempre hay alguna polaca o búlgara dispuesta a conversar sobre Cortázar. Fue precisamente en el camino al muelle que comienza la historia que vengo a contar y que poco y nada tiene que ver con el fallido encuentro con Fuentes.

Estaba a punto de llegar al café de las búlgaras cuando a mitad del parque me enfrento con un árabe vestido de árabe que, hablando con acento árabe y blandiendo una cimitarra de miniatura, me pide amablemente que le entregue todas mis pertenencias. Insisto: el árabe fue tan amable que llegué a pensar que todo aquello era una broma. Pero mientras buscaba la cámara el árabe, con un solo movimiento de la mano derecha, corta la correa del

---

1. *Carlos Fuentes habla de Julio Cortázar*, texto de presentación de la Cátedra Latinoamericana Julio Cortázar.

bolso de la cámara con su cimitarra terminando con todas mis dudas. La bolsa fue atajada antes de caer al suelo por el asaltante. La destreza del malviviente fue envidiable. El tipo era un as, un profesional. Engreído ante mi gesto de sorpresa (y supongo fascinación) insistió para que le entregara la billetera. Consentí sin darle oportunidad de que volviera a cortar nada. El árabe guarda mi billetera en uno de los recovecos entre los pliegues de su vestido mientras simultáneamente y sin quitarme la vista de encima pregunta: «¿Nos conocemos?». «La verdad es que no lo creo», dije, observando que aún me apuntaba. «Pero qué bonita cimitarra», agregué. Supuse que halagando sus herramientas el hombre se iría un poco más tranquilo después de un buen día de trabajo. La técnica me había dado buen resultado con un cabo de la policía en San Nicolás. Pero, para mi sorpresa, lo que sucedió fue distinto. El tipo abrió la palma de su mano exponiendo la empuñadura de marfil con incrustaciones de carey y con la autosuficiencia de quien sabe que lo que tiene en sus manos vale, dijo: «Se la vendo». La verdad es que en otras circunstancias lo hubiese pensado: la cimitarra era bonita y, además, la hoja estaba grabada con una inscripción que me intrigaba. Entonces le pregunté y él me respondió con una mueca indescifrable en la comisura de sus labios: «No matarás», dijo, y agregó con sabiduría: «Está escrito en el Corán».

Sé que puede resultar absurdo, pero la aclaración me hizo sentir un poco más aliviado. «¿No hay nada en el Corán que diga no robarás cámaras de vídeo a turistas argentinos en Barkston Gardens?», pregunté. «¿Compra o no compra?» «Ganas no me faltan, pero todo el dinero que llevaba lo hizo usted desaparecer en uno de esos pliegues», dije señalando el agujero negro en su indumentaria. Por un momento logré confundirlo, pero inmediatamente reaccionó recuperando mi billetera para cerciorarse de que dentro hubiera dinero suficiente. La conclusión debió llevarlo a envainar cuidadosamente la cimitarra en un estuche de cuero que sacó de otro pliegue para entonces sí, con pompa y circunstancia, ofrecérmela en la palma de su mano. «Mejor así, un mal negocio es siempre mejor que un buen robo», sentenció mientras me la entregaba. Conmovido por la moral del chorro acepté el cofrecito y quedé mirándolo agradecido. El estuche también estaba inscripto con caracteres arábigos. Al levantar la vista, antes de que pudiera agradecerle, el árabe había desaparecido detrás de unos arbustos de frutas silvestres.

Permanecí estático como un idiota durante algunos segundos sin saber adónde ir o qué hacer, hasta que en un momento de revelación tomé conciencia de que había hecho uno de los peores negocios de mi vida y de que, además, en el bolso de la cámara iba mi pasaporte y el pasaje de regreso. Fue una circunstancia difícil; las revelaciones suelen serlo. En una de las calles laterales que circundan el parque detecté un banco y decidí sentarme hasta recuperar el aliento. Hice un esfuerzo por recordar su cara y no pude, el hombre llevaba un turbante calzado hasta las cejas y un *voile* que le cubría desde el cuello hasta la mirada. Pensaba y observaba detenidamente la hoja labrada de la cimitarra que había comprado a un precio exorbitante, cuando justo se detiene un patrullero del que descienden dos fornidos oficiales que me ordenan arrojar el arma y ponerme de rodillas con las manos en la nuca. Uno de los policías, negro alto y decidido, preguntó si la cimitarra me pertenecía. Respondí que acababa de comprarla por un precio exorbitante. Intuyo que el oficial esperaba otra respuesta. Para ahorrarme detalles de la humillación que sobrevino primero en el parque y más tarde en la Crime Management Unit de la comisaría de Kensington y Chelsea, diré que hubo testigos que aseguraron haber sido atacados en aquel mismo lugar en el que me encontraba por un hombre al que no podían identificar claramente pero que tenía mi misma altura, acento extranjero y una cimitarra exactamente como la mía. Al igual que en las películas, me fue permitido hacer un llamado telefónico. Intenté el Consulado Argentino, desde donde dijeron no poder ayudarme porque no tenía documentos. «De eso se trata», traté de explicarle al funcionario de acento cordobés. «Me robaron la billetera y el pasaporte y estoy preso.» La recomendación del cónsul adjunto fue que me hiciera una foto de dos por dos y tres cuartos de perfil, que completase una solicitud para renovación de pasaporte, que pagase el estampillado de setenta y cinco libras en cualquier sucursal de banco y que concurriese de 9 a 14 horas al consulado con la denuncia de robo que podía gestionar con cualquiera de los uniformados que me rodeaban. Sé que la argentinidad debe de tener algún beneficio, pero en aquel momento hubiese cambiado mi ciudadanía por cualquier otra. De no haber mediado la intervención del Instituto Nacional de Cine en Buenos Aires, jamás hubiese obtenido la documentación que finalmente me permitió alegar en mi defensa.

Algunos meses más tarde recibo de la Policía Metropolitana una carta en la que se registra el incidente bajo el número de referencia 01B 5625040/01/BB. La carta, fechada el día 15 de octubre de 2001, se refiere al incidente ofreciéndome en uno de sus párrafos asistencia profesional en caso de no haber superado el trauma. Lo que no me queda claro es si la carta se refiere como trauma al haber sido asaltado en el parque, al no haber podido obtener asistencia del consulado de mi país, o al haber sido obligado a permanecer de rodillas con las manos en la nuca en el momento en que salían las alumnas de un colegio de monjas a las que hubiese preferido conocer de pie.

La carta constata en su primer párrafo que en aquella oportunidad fui, en efecto, víctima de un crimen: «Dear Mr. Montes-Bradley, I'm sorry that you have been the victim of a crime which has been recorded at Kensington Police Station under the crime reference, shown above, which should be quoted in any communications». Hubiese sido formidable que el Consulado Argentino en Londres se tomara la molestia de escribirme algo parecido para que alguien, alguna vez, pudiera encontrarlo como yo no puedo hoy encontrar vestigios del paso de Cortázar por la legación de Bruselas.

Tres semanas después del incidente, me encontraba precisamente en la Maison des Écrivains de Ixelles. Trataba de aclarar algunos temas relacionados al paso de los Cortázar por Bélgica. Supuse que la información podría estar en los censos o en los directorios de residentes, pero es muy poco lo que logró sobrevivir al fuego. Ni siquiera pude dar con la tan anhelada partida de nacimiento, con lo cual podríamos suponer que Julio Florencio Cortázar no nació jamás, o nació de un gajo o que el hecho pudo haber tenido lugar en Islandia un año o dos después del armisticio. Pero, como ya ha sido probado en las biografías de solapa, la idea de un Cortázar nacido en Ixelles cuando su madre dijo que había nacido tiene tanto sentido como que hoy se encuentre enterrado en París y no en Chivilcoy o Mozambique. Se había hecho tarde (en términos estrictamente belgas) para ir a ningún otro lado que no fuera al hotel, y fue eso precisamente lo que hice. Estaba desesperado por llegar al baño pero fui directamente a ver si había correspondencia. Antes del advenimiento de la internet podía ir al baño aunque el cartero estuviera golpeando la puerta. Hoy las prioridades cambiaron de orden. En la bandeja de entrada había un mensaje de un tal Omar que dijo ser el asaltante que me vendió su cimitarra y que habiendo encontrado mi dirección de e-mail en una de las tarjetas que llevaba en mi billetera decidió ponerse en contacto para saludar. En realidad, Omar había visto el material grabado frente a la casa de Fuentes y deducido que yo era un colega chorro que estaba preparando un atraco a esa residencia tan elegante de Chelsea. Pude imaginarme una vez más tras las rejas tratando de explicar que no tenía nada que ver con ningún atraco y que Omar no era mi socio. Le contesté diciéndole que era un delirante y que cómo se atrevía. «¿Por qué no?» «Porque no soy ladrón como usted», concluí en mi segundo e-mail dos días más tarde. Estuve dispuesto a prevenir a Fuentes antes de que fuera demasiado tarde. Pero la cuestión es que no hizo falta porque hubo otros mensajes entre Omar y yo, gracias a los cuales acabamos haciéndonos buenos amigos. De hecho, esto que cuento lo estoy escribiendo desde el balcón del piso que Omar tiene con su pareja, un panameño encantador, en Salobreña, tierra de sus antepasados en Andalucíam desde donde puede verse el mar e incluso, los días muy claros, la costa de África.

El discreto encanto de la burguesía

Figura 4.   Luis Descotte Jourdan (1874-1916).

Poco y nada llegó a saber Cortázar de la existencia de su abuelo Luis Descotte. Que su madre lo llamaba Tatita y que había muerto muy joven es casi todo lo que supo. La situación propició enredos que llevaron a muchos a suponer que Victoria Gabel se habría casado con un señor de origen inglés de apellido Scott. Las distintas versiones que circulan en torno al origen del apellido materno resultan erradas y desinteligentes, como aquella de Shafer, en la que dice:

> Nació en Bruselas el 22 [*sic*] de agosto de 1914, hijo de Julio Cortázar y de Mary Scott...[1]

Digamos que empezar una biografía errando la fecha de nacimiento del biografiado y el nombre y apellido de su madre no es un buen augurio. La ficción y las buenas intenciones acaban por conformar, como suponíamos desde un comienzo, tantos Cortázar como voluntades hubiera.

Ni Scott ni señorito inglés, el padre de María Herminia —que no Mary Scott— y abuelo materno del escritor se llamaba Luis Descotte y había emigrado de Francia a Buenos Aires con sus padres Marius Descotte y Emilia Jourdan. Es conveniente aclarar

1. José F. Shafer, *Los puentes de Cortázar*, Grupo Editor Latinoamericano Nuevohacer, Buenos Aires, 1995, p. 17. El libro obtuvo el ¡Primer Premio del Fondo Nacional de las Artes!

que existen documentos que hablan de su nacionalidad francesa y otros igual de legítimos y confiables que cuentan que Luis Descotte nació en Buenos Aires; quién sabe, quizá para un francés el accidente sea precisamente nacer en la Argentina.

Marius era un prestigioso decorador, propietario de un salón de ventas de muebles franceses y artículos de decoración que se jactaba de representar la casa matriz de la misma firma en el número 34 del Boulevard Hausmann de París. Curiosamente, el local de Buenos Aires, que también funcionaba como vivienda de los Descotte, estaba situado en el solar 531 de la calle Corrientes, donde hoy existe una placa de bronce que advierte que en aquel lugar vino al mundo Ricardo Güiraldes en 1886. Pero así como los Descotte venían, los Güiraldes partían —al año del nacimiento del futuro don Ricardo— para instalarse cómodamente en París. Por entonces Buenos Aires vivía momentos de gloria. Muchos venían para quedarse, otros partían por largas temporadas con toda la familia y servidumbre a cuestas. El camino de la seda donde se cruzaban unos y otros era la ruta transatlántica que unía Buenos Aires y París a través de los puertos de Marsella o Barcelona. Con el advenimiento del barco a vapor los viajes se hicieron más frecuentes, y no debe de haber habido historia familiar en la clase media argentina que no contara, al menos, con una anécdota a bordo de un transatlántico. Para los Cortázar esa relación es aún mucho más directa. Ellos son de los que se fueron y también de los que llegaron. El barco a vapor tiene tanto que ver con la historia familiar del escritor que llega a consagrarse protagonista de una de sus novelas, precisamente cuando le toca, una vez más, emprender el camino de regreso en la dirección opuesta a la de sus abuelos. En más de un sentido me gusta pensar en Cortázar como en un hijo del vapor.

La fisonomía de Buenos Aires cambiaba con la edificación de obras monumentales que le darían a la capital características de metrópoli hacia el norte; al sur, una avalancha de casas y gentes modificaban los límites de contención de la pampa. Así lo describe Martínez Estrada en *Radiografía de la pampa*: «Para profundizar más esa división que hacia la izquierda y la derecha iba a acentuar lo noble y lo feo, se abrió la avenida de Mayo con la plaza Lorea, o del Congreso, la Casa Rosada y el Parlamento, que se miraron desde entonces por el canal de las muchedumbres patrióticas». Decenas de geómetras, arquitectos, constructores e ingenieros hicieron de Buenos Aires su lugar de residencia durante aquellos años. Los buenos oficios de Marius Descotte resultaron indispensables llegado el momento de ornamentar obras como el Teatro Colón, el Palacio Legislativo o innumerables residencias de familias acomodadas.

La Compañía Nacional de Muebles del señor Descotte hace por entonces buenos negocios y cuenta con la ayuda de una joven y atractiva secretaria por quien más de un cliente de buena posición y prestigio hubiese cedido su reino. Victoria tenía la tez muy blanca, los ojos claros y, como suele decirse de las alemanas, era eficiente y discreta. Tan discreta llegó a ser la secretaria del señor Descotte que ni siquiera su nieto llegará a enterarse de que su madre había sido el resultado de un muy victoriano *affaire* de la abuela con el hijo de su jefe, el *décorateur français*.

Lo cierto es que Victoria y Luis Descotte mantuvieron una secreta relación que pasó a no ser tan secreta en noviembre de 1893 al hacerse evidentes los primeros síntomas del embarazo. Si lo que primó fue la imposibilidad de que el destino del hijo de Marius acabara mezclado con el de una secretaria hija de alemanes asentados en Avellaneda o que Victoria no haya querido formalizar con Descotte, es un misterio.

En cualquier caso, aquel verano de 1894 Victoria Gabel regresa a casa de sus padres y Luis Descotte Jourdan se embarca en primera clase en un buque rumbo a Marsella. En el otoño nace María Herminia a quien don Luis, ya de regreso en Buenos Aires, reconoce como propia, gracias a lo cual el apellido materno de Julio Cortázar será Descotte y no Scott, mal que le pese a más de un mal informado.

Dos años más tarde Luis conoce a Julieta Abdelmalek,[2] una parisina descendiente de inmigrantes argelinos en Francia con quien el hijo del decorador ha de repetir la hazaña. Pero esta vez la audacia lo llevará hasta el Registro Civil:

> En la capital argentina siete de mayo de mil ochocientos noventa y ocho a las doce del día comparecieron ante mí, jefe de la cuarta sección del registro: Luis Descotte, de veinte y tres años, soltero, argentino, nacido en esta capital, comerciante, domiciliado Corrientes quinientos treinta y uno, hijo de Mario Descotte, rentista y de Emilia Jourdan, francesa, domiciliados en la misma casa y Julia Adelmeleck, de diez y ocho años, soltera, francesa, nacida en Chaseute Inferieur. Domiciliada en Uruguay ochocientos treinta y dos, hija de Santiago Adelmeleck, herrero y de Clementina Pommier, franceses, residentes en Francia y me manifestaron que querían desposarse en presencia de los testigos Gustavo Mallher de sesenta años, casado, comerciante, domiciliado en Libertad cincuenta y dos, y Luis Pomiro de veinte y seis años, casado, comerciante, domiciliado Maipú treinta y tres, quienes declararon que respondían de la identidad de los futuros esposos y los creían hábiles para contraer matrimonio presentado por la menor testimonio de venia que para este acto le ha concedido el señor Juez en lo civil doctor Luis Ponce y Gómez, cuyo documento queda archivado. No habiéndose producido oposición ni denunciado la existencia de impedimento alguno previo el consentimiento prestado en forma por los contrayentes, los declaro en nombre de la ley unidos en matrimonio. Leída el Acta la firmaron conmigo los esposos y los testigos en ella indicados. (Siguen las firmas al pie.)

---

2. Al llegar a Buenos Aires el apellido sufre varias mutaciones por las cuales Abdelmalek se convierte en Adelmeleck o Abdelmeleck. Julieta nació en París en el año del centenario de la Revolución francesa. Abdelmalek es un apellido norafricano, más precisamente argelino.

Cinco meses más tarde nace Carlos, el primero de cinco hermanos que habrán de conformar el grupo familiar.[3]

Hacia principios de siglo la firma Descotte ha crecido considerablemente y traslada el salón de ventas a la flamante Avenida de Mayo, lindero con la residencia familiar, cuyo portón de acceso aún sigue estando en el número 850 de la calle Rivadavia. La proximidad de la vivienda y el negocio buscaba asegurarle a Julieta que su marido no fuera a reincidir en sus paseos extramuros. Sin embargo, la relación con Victoria no había terminado. Luis Descotte (de allí la presunción de que no hubiera habido abandono) permaneció atento a los requerimientos de Victoria y de María Herminia hasta el día de su temprana y trágica desaparición.

Julieta siempre supo de la existencia de esa otra relación y también del desvío de fondos destinados a cubrir sus gastos y así

3. Luis Descotte Jourdan, como ya veremos, muere antes del alumbramiento de su quinto hijo, a quien la madre anotaría en el Registro Civil como Mario Luis. Mario Luis llegará a obtener cierto reconocimiento como poeta. Algunos detalles de la semblanza publicada después de su muerte en el diario La Nación dan cuenta de algunas semejanzas con su sobrino Julio Florencio, salvo, desde luego, las consideraciones ideológicas, «... fue o pudo ser por derecho de nacimiento y de ambientación, el protagonista de El hombre que está solo y espera, que Raúl Scalabrini Ortiz situó en la esquina de Corrientes y Esmeralda. Hijo primogénito del siglo, conoció desde la niñez el crecimiento de la ciudad, de sus alegrías, tribulaciones y esperanzas, donde no siempre se sintió cómodo y bien comprendido, pero feliz de su porteñismo sin fronteras. En cambio donde siempre se sintió cómodo, aunque nunca satisfecho —el conformismo no era virtud suya—, fue en su obstinado oficio de escritor, y de poeta antes que nada. De esa laboriosa obstinación hablan con clara y sencilla elocuencia sus numerosos libros: El arribo (1936), Romance de la partida y otros poemas (1937), Mar (1938), La vida entre los dedos (1946), Los regresos (1948), Viento de hoy (1953), Poema para un desconocido (1961), faja de honor de la SADE y primer premio del Consejo del Escritor, En qué poco de vida cabe toda la muerte (1971), todos de poesía. Cultivó también con acierto el cuento satírico en El felpudo encadenado, el sentimental Cuentos para leer a las 22:30, y la novela psicológica La última vuelta del trompo (segundo premio municipal), crónica novelada de la década de 1930, en la que se define un típico rasgo nuestro: la inmadurez. Fundador y presidente de la Asociación Cultural Peña Argentina, secretario general de la SADE en el período 1953-1955 y funcionario del Servicio de Prensa de la Embajada de Francia, colaboró en La Nación y en La Prensa y dos libros de poemas suyos fueron traducidos al italiano por Mario Puccini y publicados en Italia en 1949». Mario Luis Descotte supo del parentesco con Julio Florencio Cortázar, no así lo contrario.

lo recuerdan hasta el día de hoy los herederos del *décorateur*. En la tradición de las mejores familias de entonces, Luis Descotte Jourdan vivió a caballo entre la casa grande en la calle Rivadavia y la casa chica ubicada en el número 49 de la calle Castelli.

Con el tiempo, don Luis toma las riendas de los negocios familiares y consigue establecer un nombre por sí mismo. Con la ayuda de las relaciones heredadas del padre logra vincularse a muchos de los hombres más prestigiosos del mundo de las artes en Buenos Aires.

En los años posteriores al centenario, la casa Descotte facilita al Teatro Odeón, de la empresa Faustino Da Rosa, el moblaje y obras de arte que ornaron el escenario en las inolvidables temporadas de teatro francés, español e italiano. Y era el propio don Luis Descotte el director de la imponente *mise en scène,* circunstancia que en más de una ocasión provocaba el aplauso de un público que bien sabía apreciar la importancia que tenía para una María Guerrero o un Coquelín moverse entre obras de arte y riquísimos muebles franceses.[4]

Entre las relaciones heredadas, cuenta con los favores de los arquitectos Charles Thays,[5] Pedro Benoit[6] y el belga Jules Dor-

---

4. Diario *La Nación*, Buenos Aires. Nota recordatoria de los cincuenta años de la desaparición de Luis Descotte.

5. Charles Thays (1849-1934). Francés. Arquitecto y botánico. Transformó la fisonomía de muchas ciudades concibiendo espacios abiertos de singular carisma como pueden serlo en Buenos Aires la Plaza San Martín, el Jardín Botánico, el Parque 3 de Febrero, las Barrancas de Belgrano, en Córdoba el Parque Sarmiento, la Plaza 25 de Mayo en Catamarca y el Parque General San Martín de la ciudad de Mendoza.

6. Pedro Benoit (1836-1897). Arquitecto. A él se debe la creación de la Escuela Santa Catalina, donde se formaron los primeros agrimensores argentinos, las obras de rectificación y canalización del Riachuelo y el trazado de la ciudad de La Plata. También fueron suyos los planos de la Catedral platense y los trazados de los ejidos de Quilmes, San Pedro, Mercedes y Magdalena. Además proyectó y dirigió en La Plata la construcción del edificio del Ministerio de Hacienda, el Departamento de Policía, el Hospital Melchor Romero, el Observatorio Astronómico y la Iglesia San Ponciano.

mal,[7] quien tenía a su cargo la terminación de las obras del Teatro Colón, al que la firma Descotte vende algunas piezas de valor traídas desde París y Bruselas.

La inauguración del Colón el 25 de mayo de 1908 fue uno de los acontecimientos más importantes en la vida cultural de los porteños. Para entonces María Herminia tenía ya catorce años y la relación entre su madre y el francés continuaba siendo de mutuo afecto.

A pesar de los celos y planteos de Julieta, Luis Descotte ordena que preparen caballos y coche. Había amanecido dispuesto a resolver un tema que lo tenía entre la espada y la pared o, dicho de otro modo, entre la alemana y la francesa. Por un lado, Victoria exigía estar presente en la función de gala con su hija; por el otro, Julieta amenazaba con poner el grito berebere en el cielo si «la otra» se hacía presente la noche de la inauguración. La solución al conflicto vino del belga Dormal la tarde anterior en el Café Tortoni. «*Baignoire!*», habría concluido entre un trago de Pernod y un mordisco a su *croque-monsieur*. Finalmente, comprobaría la eficiencia de aquellos palcos semiocultos en la sombra. El tema estaba resuelto: Julieta y sus cuatro hijos ocuparían cinco butacas en la segunda fila de platea, mientras que Victoria y María Herminia oirían a Lucía Crestani y Amadeo Bassi desde uno de los palcos *baignoire* especialmente concebidos para viudas en luto y amantes. Victoria aceptó la propuesta y aquella noche pudo disfrutar junto a su hija del buen canto, protegiendo su identidad y el orgullo de Julieta.

---

7. Jules Dormal (1846-1924). Llegó a Buenos Aires en 1869. Estudió en l'École Polytechnique de París. Fue responsable de importantes obras entre las que cabe mencionar la residencia de Celedonio Pereda inspirada en el Museo Jacquemart-André de París, la Casa de Gobierno de La Plata, la residencia Peña (hoy Sede de la Sociedad Rural Argentina), el edificio de Aguas Corrientes y los interiores del Teatro Colón.

El campo y la ciudad

La zamba y el pasodoble

Figura 5. Pedro Valentín Cortázar Mendaroz.

Los fines de semana pertenecían a los herederos de la casa grande. Los largos veranos en París también. Victoria solía aprovechar esos mismos veranos para visitar a María, la mayor de sus hermanas, casada con Pedro Cortázar, el mayor de los hijos de Pedro Valentín Cortázar y Carmen Arias Tejada. Las visitas a la casa de la calle Sucre 2028, en el barrio de Belgrano, comenzaban los viernes por la tarde y culminaban el domingo poco después de la siesta.

En la primavera de 1910, una vez más, Luis Descotte Jourdan y Julieta inician los preparativos del peregrinaje a París. En la bodega del buque *Formosa* los acompañarán veintiún baúles con lo necesario para afrontar el invierno. María, Pedro y sus hermanos también van a migrar a Salta, donde planean pasar las vacaciones de verano; esta vez los acompañarán Victoria y su hija María Herminia. Salta era un lugar fascinante, y la posibilidad de compartir un verano con María y los hermanos de Pedro no tenía precio, como tampoco lo tenían las interminables guitarreadas, los paseos al campo y el contacto con un universo tan foráneo para Victoria y su hija como las cortes de Fernando e Isabel para los aborígenes que acompañaron al genovés a su regreso de América.

Pedro y Octavio Augusto habían nacido con un manojo de cuerdas en los bolsillos. Eran entretenidos y gozaban de popularidad entre vecinos y amigos de la casa cuyos apellidos —Uriburu, Patrón Costas— irían a marcar profundamente el destino de la

Argentina que empezaba a vislumbrarse. El patio de la casa, ubicada en pleno centro de la capital, se colmaba de invitados y la fiesta continuaba hasta bien entrada la madrugada. Al contrario que sus hermanos, Julio era muy tímido y sensible, poco dado al exhibicionismo. Gozaba con la lectura de buenos libros y con versos que hablaban de amores tan difíciles como imposibles. Y quizá por lo de imposible fue que no le quitara los ojos de encima a la luz de los ídem de su concuñada Victoria, por entonces a punto de cumplir los dieciséis años de edad. Eran mundos distintos los de Julio y María Herminia: el campo y la ciudad, la zamba y el pasodoble, la tradición y la urbe plena de inmigrantes, el apego a la tierra y el pie sobre la cubierta de un barco.

De regreso en Buenos Aires, María Herminia recibió cartas del pretendiente y de su pluma partieron otras para quien le había robado el corazón en el altiplano. Poco después regresa Julio a la casa de Belgrano restableciéndose la rutina de los fines de semana y las visitas de Victoria a su hermana, sólo que María ya no acudía a visitar a su tía, cuyo nombre llevaba, sino a su pretendiente y futuro esposo: Julio José Cortázar.

Como en toda saga familiar que se precie, la relación comenzó con la aprobación y el desinterés que suelen suscitar los amores de verano. Sin embargo, a medida que la trama se consume, los padres de Julio logran enterarse de que María Herminia no era precisamente lo que tenían en mente para el benjamín de la familia. Las primeras en rebelarse ante la posibilidad de que el romance de verano fuera más allá son las beatas hermanas del pretendiente que, como bien diría Ramón Gómez de la Serna, «eran tan morales que perseguían las conjunciones copulativas».

Lo que María Herminia tenía de encantadora les recordaba el pecado original y si hay algo que las Cortázar tenían presente era el Antiguo Testamento. De haber vivido entonces doña Carmen Arias Tejada hubiera puesto el grito en el techo y eso, en casas de adobe, puede ser un asunto de gravedad, sobre todo si se considera que los gritos de doña Carmen oscilaban entre los 7 y los 8,5 grados en la escala de Richter. Era de suponer que la historia terminase en tragedia, pero como uno de los protagonistas era salteño y en el norte argentino todo lleva su tiempo, el desenlace hubo de postergarse para dar lugar por fin al casamiento y al poco accidental nacimiento del protagonista de esta historia. De no haber sido así aquí hubiera terminado el cuento con un puñal o un frasquito de veneno y sin que nadie llegara a enterarse de qué fue de la vida del Julio que nos interesa, quien nace en Bruselas un 24 de agosto de 1914.

Aquel Cortázar

… amigo de Las Heras

Figura 6.   No sé qué decirte, Octavio.

Qué familia hermano. / ni un abuelo comodoro, ni una carga / deca / balle / ría / nada, ni un cura ilustre, un chorro nadie en los nombres de las calles, nadie en las estampillas, / minga de rango, minga de abolengo, / nadie en quien ponerse melancólico en las estancias de los otros. Nadie que esté parado en mi apellido / y exija de la estirpe la pudorosa relación «Aquel Cortázar amigo de Las Heras…» (Julio Cortázar: «Los Cortázar», *Último round*, II, Siglo XXI, México, 1987, pp. 48 y 49).

Los versos evidencian la preocupación de un argentino de clase media que busca desvincularse de presuntos lazos con la aristocracia y la tradición, con los símbolos del poder que él mismo pretende desenmascarar. Ironizar sobre los antepasados de otros —porque convengamos en que de eso trata el lamento— tiene su precio; en este caso, la módica suma de un peso al que se cotizan los sellos postales que lo llevan estampado junto al juguete de su creación. También hay calles y plazas que lo recuerdan, auditorios, bibliotecas y (*quelle horreur!*) hasta unidades básicas y comités radicales. Hoy son muchos los «parados» en el apellido de Cortázar exigiendo «de la estirpe la pudorosa relación»: «Yo lo conocí». Una verdadera lástima. Y ya que de lástimas se trata, sería conveniente recordar aquellos versos de León Felipe (por quien Cortázar sentía admiración) que, en el mismo tono que utilizaría el belga, viene a lamentar sus penas en el poema «Qué lástima»:

> ¡Qué lástima que yo no tenga una casa! / Una casa solariega y blasonada, / una casa en que guardara / a más de otras cosas raras, / un sillón viejo de cuero, una mesa apolillada / y el retrato de un abuelo que ganara una batalla. / ¡Qué lástima / que yo no tenga un abuelo que ganara una batalla, / retratado con una mano cruzada en el pecho, y la otra mano en el puño de la espada! / Porque… ¿qué voy a cantar si no tengo ni una patria, / ni una tierra provinciana, / ni una casa solariega y blasonada, / ni el

retrato de un abuelo que ganara una batalla, / ni un sillón viejo de cuero, ni una mesa, ni una espada? / ¡Qué voy a cantar si soy un paria que apenas tiene una capa![1]

Sin embargo, Cortázar tiene mucho más que una capa y una espada. Al escribir aquellos otros versos que hablan con ironía de la falta de abolengo cometió un error. Aunque, en realidad, fueran más de uno. Veamos:

Julio Florencio Cortázar está vinculado a la aristocracia latifundista de América del mismo modo en que lo estuvo Guevara de la Serna, a quien el escritor afectuosamente llamó su hermano en el poema «Che»[2] sin saber que en realidad se trataba de su primo en noveno grado, descendientes ambos de Adrián Cornejo, «hidalgo notorio», encomendero de Chapisacat y alcalde de Córdoba. Cosas de la aristocracia ultramarina que como cualquier otra acaba, en el mejor de los casos, haciendo de primos dos hermanos.

Según sabemos, Cocó fue hijo de Julio José Cortázar Arias, siendo Cortázar un apellido guipuzcoano, originario de la antigua merindad de Arratia. Éste, a su vez, fue hijo de Pedro Valentín Cortázar Mendiroz y Carmen Arias Tejada.

Pedro, nacido en Guipúzcoa en 1849, había llegado a Buenos Aires en busca de fortuna, con tan buen olfato que al poco tiempo es designado como uno de los responsables de la apertura de una sucursal bancaria en Salta.

Al llegar al norte, el navarro se relaciona con la sociedad en la cual destaca don Desiderio Santiago Arias Sánchez, descendiente por el lado de los Arias de conquistadores, curas y patriotas. Alguna vez fue insinuado que la parentela de Cortázar se remontaba a tiempos de la conquista en el Alto Perú y llegaron a dictarse muy

---

1. León Felipe, «Qué lástima». Dedicado «Al poeta Alberto López Argüello, tan amigo, tan buen amigo siempre, baje o suba la rueda».
2. En carta a Adelaida y Roberto Fernández Retamar. París, 29 de octubre de 1967. *Cartas*, Alfaguara, Buenos Aires, 2000, p. 1.200.

elocuentes conferencias en ese sentido. Pero la idea no tiene mayor asidero; al menos en cuanto a los Cortázar respecta, está claro que vienen de Guipúzcoa y no hay mucha vuelta que darle al asunto.

Cuenta la leyenda familiar (la de los Arias, no la mía) que Carmen y Pedro se enamoran como en las peores novelas rosa, lo cual es visto con desagrado por Desiderio quien, como su nombre indica, estaba habituado a desear. Y normalmente los deseos de don Desiderio se cumplían a pie juntillas. Para el acaudalado patriarca, la vinculación de una de sus hijas con un inmigrante español recién bajado del barco resulta bochornoso y se niega a consentir la voluntad de la pareja. En respuesta a la actitud de su padre, Carmen se enferma y padece postrada como corresponde a una niña de su edad y tiempo. Finalmente, los médicos recomiendan al padre que reconsidere o empiece a pensar dónde enterrarían a la desdichada.

De aquella unión van a nacer tres hijos varones y una mujer. Curiosamente, las relaciones amorosas y familiares de toda su descendencia estarán signadas por el infortunio, como si el azar hubiera querido probarle a don Desiderio su razón y capricho. Como es sabido, el oligarca más sabe por *oli* que por *garca*, y su empeño en no mezclar la sangre de su hija con la de un vulgar asalariado respondía al hecho de que mientras el navarro descendía de los barcos, los Arias podían nombrar sus prominentes antepasados sin que se les movieran demasiado las cejas. El recuento acotado de su abolengo incluía los nombres de quienes habían regado los campos de Flandes y Nápoles con la sangre de otros para venir finalmente a fundar ciudades en tierras americanas que también habrían de regar con la sangre de otros.

Entre los descendientes del noble conquistador, cuya estirpe se desliza con gracia y autoridad hasta entroncarse en la sangre de Julio Florencio Cortázar, figuran el guerrero de la independencia José Moldes, José Félix de Arias —alférez real de Salta—, Francisco de Borja Arias —alcalde de la misma ciudad—, Ñulfo de

Chávez —fundador de Santa Cruz de la Sierra y descendiente de Alfonso XI, rey de Castilla, y también del fundador de Córdoba—, Jerónimo Luis de Cabrera y Félix Arias Rengell, comandante de la expedición al Chaco de 1750.[3]

En la familia de Cortázar hay más de un cura ilustre y antepasados cuyos nombres han servido para bautizar calles. Más de uno ha sido motivo de ilustración en sellos postales y casi todos han gozado de lo que él llama rango o abolengo. Aunque no lo supiera, tenía razones para «ponerse melancólico en las estancias de los otros» y «exigir de la estirpe la pudorosa relación».

Julio Florencio Cortázar fue el último varón de aquella descendencia en sobrevivir a la tan ilustre fatiga del *pool* genético.

---

3. Los datos citados que lo vinculan a la aristocracia latifundista son el resultado parcial de la investigación del doctor Carlos Calvo, quien investigó la genealogía de la familia Arias en 1934 para un libro que no llegó a ser publicado. Un borrador de esa genealogía inconclusa fue, por vía familiar, a dar en manos de Clara Cortázar, sobrina nieta de Julio José Cortázar.

El casamiento de Laucha

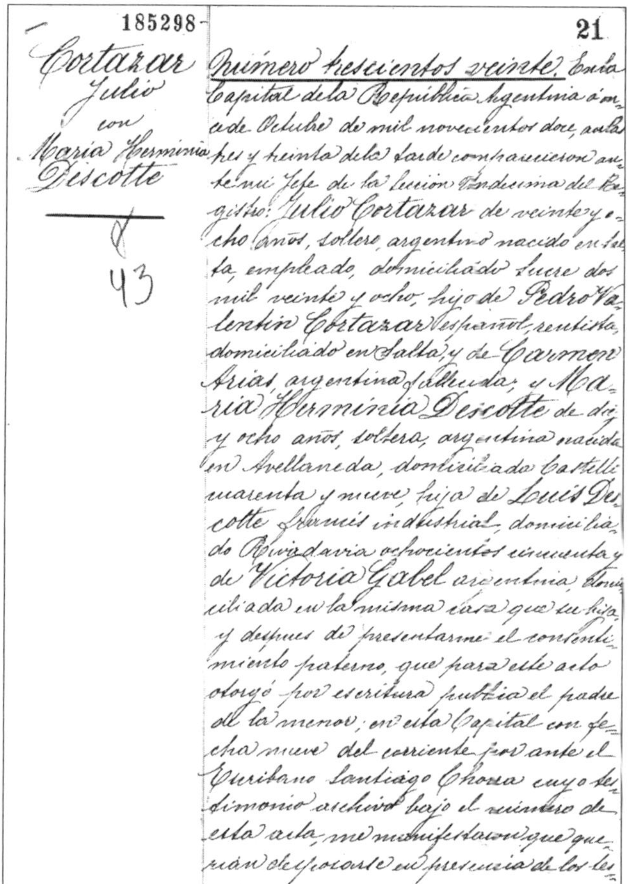

185298 — 21

Cortazar Julio con Maria Herminia Descotte — 43

Número trescientos veinte. En la Capital de la República Argentina á once de Octubre de mil novecientos doce, a las tres y treinta de la tarde comparecieron ante mi Jefe de la Sección Undécima del Registro: Julio Cortazar de veinte y ocho años, soltero, argentino nacido en Salta, empleado, domiciliado Sucre dos mil veinte y ocho, hijo de Pedro Valentin Cortazar español, rentista, domiciliado en Salta, y de Carmen Arias, argentina fallecida; y María Herminia Descotte de diez y ocho años, soltera, argentina nacida en Avellaneda, domiciliada Castelli cuarenta y nueve, hija de Luis Descotte francés industrial, domiciliado Rivadavia ochocientos cincuenta y de Victoria Gabel argentina, domiciliada en la misma casa que su hija y despues de presentarme el consentimiento paterno, que para este acto otorgó por escritura pública el padre de la menor, en esta Capital con fecha nueve del corriente por ante el Escribano Santiago Chossa cuyo testimonio archivo bajo el número de esta acta, me manifestaron que querían desposarse en presencia de los tes-

Figura 7. Acta de casamiento Cortázar-Descotte, p. 1.

Julio José Cortázar y María Herminia Descotte se casan por fin en la ciudad de Buenos Aires el 11 de octubre de 1912 a las tres y media de la tarde. Dos días antes, Luis Descotte había enviado con un mensajero el acta notarial de emancipación firmada ante el escribano Santiago Chorra en la ciudad de Buenos Aires. Ese papel permitía a la menor pasar de manos de un caballero a otro. Fueron testigos de la boda Pedro Cortázar, hermano del novio y tío de la novia, y Carlos Gabel, el hermano mayor de Victoria, mejor conocido como el tío Carlos en el relato «Los venenos».[1]

El matrimonio fija su residencia en el solar de los Cortázar en la calle Sucre 2028, del barrio de Belgrano. Durante la fiesta de casamiento debió de haber tenido lugar, entre copa y copa, la inevitable charla entre el padre de la novia y el flamante marido, porque al poco tiempo comenzaron los planes para un viaje a Bruselas. La firma Descotte ya contaba con representantes en París, pero Bélgica no dejaba de ser una plaza ideal para sus negocios. Con su yerno en Bruselas, don Luis mataba dos pájaros de un solo tiro. En primer lugar desplazaba fuera del escenario porteño a la casa chica —que ya no era tan chica puesto que, de haber nietos de por medio, la cosa se complicaría demasiado— y en segundo abría un nuevo frente, esta vez comercial, como alterna-

---

1. Julio Cortázar, «Los venenos», en *Cuentos completos*, Alfaguara, Buenos Aires, 1994, p. 300. «El sábado tío Carlos llegó a mediodía con la máquina de matar hormigas.»

tiva al que le ofrecían los parientes parisinos a cargo del local en el número 34 del Boulevard Hausmann.

Al yerno también le cerraba una propuesta de ese tipo. La idea de un respiro lejos del Río de la Plata sonaba atractiva frente a lo que parecía no ser un buen momento. Aquél había sido el año de la Ley Sáenz Peña, el año en que el sindicato La Fraternidad se lanza a una huelga que se prolonga más de cincuenta días, el año en que estalla el Grito de Alcorta, primera revuelta campesina en el Río de la Plata. Aquél, como muchos otros después, fue un momento de crisis para la pequeña burguesía, y cuando la pequeña burguesía porteña huele crisis tiende a ver en el puerto de Buenos Aires, o en la revolución, una salida a sus angustias existenciales.

Sus amigos en el poder, las vinculaciones familiares a las que podía recurrir ahora que empezaba una nueva vida junto a su mujer, estaban demasiado preocupados con el triunfo de los partidarios de Alem en los comicios de la provincia de Buenos Aires, primero, y en la capital poco tiempo después, donde el electorado elige a Manuel Menchaca, partidario de Hipólito Yrigoyen.

Pero la mala suerte del *yetatore* quiso que aquella noche de celebraciones y planes comenzara a sufrir severos dolores que acabarían por postrarlo durante dos años en los que padece intervenciones quirúrgicas y tratamientos de toda índole. La noche de bodas y el viaje deberán postergarse. Recién a mediados del año entrante, Julio José Cortázar y María Herminia Descotte de Cortázar consiguen embarcarse a Europa con la idea de poner un pie a tierra en Bruselas y, de ser posible, no regresar jamás.[2]

<hr/>

2. María Herminia Descotte lo afirma en el artículo de su autoría publicado en la *Revista Atlántida* (art. cit.). En ese mismo artículo María Herminia comete varios errores (incluyendo la fecha de nacimiento y el nombre de su hijo). Pero existen elementos suficientes para pensar que no se equivocaba con respecto a las intenciones de la pareja en lo que a la radicación definitiva en Europa respecta.

A orillas del río Limmat

Figura 8.   Julio Florencio Cortázar. Zürich, 1916.

Del paso por Zürich se conserva una imagen, quizá la primera, del párvulo Cocó sentado en el monumento conocido como Schweizerpsalm Denkmal, erigido en 1909 por el escultor Franz Wanger en recuerdo del poeta Leonhard Widmer y del compositor Peter Alberich Zwyssig, autores de la *Schweizerpsalm*, canción patriótica suiza cuyos primeros versos están tallados en el pedestal. La fotografía fue tomada en el invierno de 1916; posiblemente por Julio José en presencia de Victoria, de otra manera no se explica el cuidado encuadre que incluye aquellos versos, cuyo significado no pudo pasar inadvertido a la señora Gabel y sí al salteño: «Trittst im Morgenrot daher, / seh' ich dich im Strahlenmeer, / dich, du Hocherhabener, Herrlicher!» («Apareces en el rosicler, / Te veo en el mar radiante, / A ti, admirable, maravillosa»).

El parque en el que se encuentra el monumento que sirve de pedestal al niño Julio Cortázar queda a unos quince minutos andando desde la casa de la Seefeldstrasse, un agradable paseo junto a la ribera del lago.

¿Zürich como urna de arquetipos del mundo moderno? ¿Por qué no, si adoptamos una perspectiva amplia? ¿Acaso no cantó Joyce en el Café Terrasse canciones obscenas llenas de juegos de palabras con el júbilo anunciatorio del venidero *Ulises*? ¿Acaso no concurrió Lenin constantemente al Café Odéon antes de su partida a Rusia en el famoso vagón sellado? ¿Se encontraron el uno con el otro alguna vez sólo en la obra de Tom Stoppard o en el recuerdo auténtico de Samuel Beckett? ¿Acaso no caminaron todos estos fantasmas sobre las aguas del Lago Zürich?[1]

Los negocios que llevaron al yerno de Luis Descotte Jourdan a Bélgica se vieron entorpecidos por el estallido de la guerra. En principio esto debiera justificar que un año más tarde el grupo familiar se encontrase viviendo en Suiza. Pero lo cierto es que detrás del traslado estaba su suegro tirando de los hilos. Seis meses después del nacimiento de su hijo, María Herminia vuelve a quedar encinta. La confirmación debió de haber sorprendido a Luis

---

1. Carlos Fuentes, «Cómo Zürich inventó el mundo moderno».

Descotte en Buenos Aires a mediados de marzo. Para principios de abril Descotte entiende que debe planear cuidadosamente un viaje que le permita asistir al alumbramiento de su primera nieta y conocer a Cocó que, para entonces, ya tenía un año de edad.

El día 27 de abril los titulares de *La Nación* hablan de las ventajas de las tropas del káiser sobre las del ejército francés y de crueles enfrentamientos en la frontera francobelga. El presidente Victorino de la Plaza había declarado la neutralidad en el conflicto y la casa chica se traslada a otra nación neutral: Suiza. Zürich suena más atractivo que Bruselas cuando se cuenta con pasaporte galo y además es una ciudad que el francés conoce y en la que su hijo y su yerno podrán sobrevivir, como tantos otros, hasta nuevo aviso. Por aquel entonces Suiza era uno de los destinos de la burguesía porteña. Según recordará Cortázar años más tarde en «Las grandes transparencias», uno de los escritos incluidos en *Territorios*, en la cómoda de su abuela debajo de los cristales había postales con imágenes de Davos y Klosters. Zürich era uno de esos destinos, y el Hôtel Bellevue-au-Lac un punto de encuentro. Si todo sale bien, los planes que tenía reservados Luis Descotte para su yerno en Bruselas podían reactivarse desde Zürich.

La cuna y las vanguardias

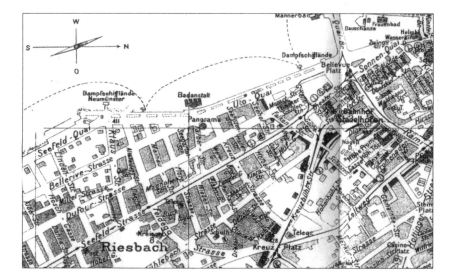

Figura 9. Plano de Zürich de 1917.

«Switzerland, a country which one should never mention in order to keep one's mouth clean» (*Cartas*, Alfaguara, Buenos Aires, 2000, p. 694. Aurora Bernárdez traduce: «Suiza, un país que nunca se debe mencionar para no ensuciarse la boca»).

Julio José, María Herminia, su madre y el párvulo Cortázar atraviesan Luxemburgo primero, luego Freiburg y finalmente Frankfurt, última escala antes de cruzar la frontera. A lo largo de la travesía, podían verse las columnas de obreros belgas deportados por el entonces gobernador alemán en Bruselas, el barón Von Bissing.[1]

El salteño llega a Zürich, en compañía de su familia, el viernes 15 de octubre de 1915. Para entonces María Herminia está en estado interesante. Según consta en el Registro Civil de las personas de esa ciudad, Julio José Cortázar se desempeñaba como *handelsagent*, es decir, viajante de comercio.[2] Los pocos kilos de exceso de equipaje que carga María Herminia habrán de desempacarse (y no por accidente) a los diez días de haber llegado, cuando da a luz a la única hermana que tendrá el escritor: Victoria Ofelia Mercedes, a quien todos llamarán cariñosamente Memé.[3]

1. Moritz Ferdinand Freiherr (barón) von Bissing (1844-1917). General alemán. Los cautivos iban camino a zonas industriales de Alemania, conde, a causa de la conscripción masiva de jóvenes en las tropas del káiser, la mano de obra resultaba escasa.

2. En la documentación cedida por las autoridades cantonales no se consigna ningún dato que pueda sugerir alguna vinculación del padre de Julio Cortázar con el cuerpo diplomático argentino. Tratándose de naciones neutrales (Suiza y Argentina) es razonable suponer que, de haber existido tal vinculación, el ingreso a Suiza hubiera sido un buen momento para esgrimirla.

3. Victoria Ofelia Mercedes nace el 25 de octubre de 1915, según consta en el libro bautismal de los archivos de la iglesia católica de San Antonio, en Zürich, donde fue bautizada el 1 de noviembre de ese mismo año.

A partir de aquel alumbramiento, Cocó pasará mucho más tiempo en compañía de su abuela mientras María Herminia se dedica al cuidado de su hermana. Desde su nacimiento, Ofelia sufre de epilepsia, una condición que la acompañará, al igual que su sobrenombre, por el resto de su vida.

La relación con la abuela Victoria, fundamental en aquellos primeros años, es evocada por el escritor con afecto en «Sorpresa para Perrault», una de las ilustraciones literarias que integran el volumen *Silvalandia*:

> En primer lugar, las abuelas sólo cuentan cuentos a la hora de la siesta, cuando los padres están dormidos y los nietos pueden entrar en puntas de pie en el dormitorio donde la abuela los espera con gran complicidad y regocijo, pues los padres no sospecharán nunca semejantes desobediencias a la pedagogía y a la tradición […] Todo así preparado para el cuento, la abuela piensa un momento y dice a su nieta que érase una vez en Holanda. A partir de esas palabras la abuela se queda callada y la nieta no tiene más que mirarla y ver cómo en su rostro, en sus manos, en su cofia o en los azules televisores de sus ojos se va cumpliendo el cuento, por ejemplo las aventuras de Puff y de Zonk, lo que pasa por culpa del malvado Breeckner, y cómo al final los niños son recompensados por su bondad y reciben del burgomaestre un hermosísimo queso dorado, semejante a una luna creciente que sonríe mientras se va quedando dormida poco a poco.

Por entonces Zürich era un hervidero. Se vive un frenesí de mítines políticos, de encuentros literarios y festivales improvisados a orillas del lago y al pie de los Alpes cubiertos de nieve.

El Café Voltaire, fundado en febrero de 1916 por Hugo Ball y su esposa Emmy Hennings, es la cocina de lo que se conocerá más tarde como movimiento Dadá. En aquel lugar, número 1 de la Spiegelgasse o Calleja del Espejo —la misma calle en cuyo número 14 vive Lenin entre 1916 y 1917—, se reúnen Tristan Tzara, Marcel Janco, Hans Arp, Sophie Taeuber, Hans Richter, Christian Schad y Walter Serner, entre otros.

> Asqueados con la carnicería de la guerra en 1914, nos dedicamos de lleno en Zürich a las artes. Mientras las armas reinaban en un horizonte no muy distante, nosotros cantábamos, pintábamos, hacíamos collage y escribíamos poemas con toda devoción. Buscábamos un arte basado en lo fundamental, un arte que curara la locura y un nuevo orden que restableciera el balance entre los cielos y el infierno. Tuvimos entonces una premonición: que algún día los gángsteres, sedientos de poder, irían a utilizar el arte mismo como forma de exterminio de la mente de los hombres.[4]

También Joyce, como anunciaba la cita de Fuentes, vive en Zürich. El irlandés suele reunirse con los dadaístas en el Café Terrasse del Hôtel Bellevue-au-Lac, en el que trabaja Albert Huber. Frente al hotel estaba y aún sigue estando el Café Odéon, situado en Limmatquai 2, muy cerca de la pensión de los Huber. Según se dice, Lenin y Trotski poco menos que tramaron la revolución en una de sus mesas mientras desde otra pudo haberlos visto Joyce a través del fondo de un vaso vacío. Mata Hari bailó en una de esas mismas mesas, y Mussolini… ¿Qué haría el *duce* en un sitio como el Café Odéon?

Otro de los lugares favoritos de la vanguardia intelectual es el Café des Banques, sobre Bahnhofstrasse, donde muchos de los ya citados se reúnen a comer y beber cerveza. Resulta curioso pensar en Julio Florencio Cortázar y sus innumerables aproximaciones a las vanguardias dominantes de su tiempo sabiendo que ese período de frenesí coincide precisamente con su paso (hay fotografías que atestiguan que ya caminaba) por Zürich. Pero al pensar en la cuna, en los rasgos profundos de aquella época, resulta aún más interesante saber que otro de sus vecinos fue un ruso de

---

4. Hans Arp, sin especificación de fuente (probablemente de «Dadáland»), citado en *El Dadá y el surrealismo* de Dawn Ades, Labor, Barcelona, 1991, p. 14.

calva pronunciada y barba de chivo al que los suizos registran como Vladimir Ilich Ulianov cuando, junto a su esposa, cruza la frontera para instalarse en una pensión también a pocos metros del Café Voltaire.

> Empezaron a economizar comiendo carne de caballo en vez de carne de vacuno o de pollo. No se compraban ropa nueva a pesar de que Lenin, un purista de la pulcritud, empezaba a parecer bastante astroso con su traje viejo y sus botas de paseo. En febrero de 1916 se trasladaron a un alojamiento más barato, en el número 14 de Spiegelstrasse, en Zürich, donde el zapatero Titus Krammerer les subarrendó unas habitaciones. Era una calle limpia y con árboles; había sido allí, en el número 12, donde el dramaturgo alemán Georg Büchner había escrito ochenta años atrás su obra *Woyzeck*. Pero Lenin y Nadia estaban apesadumbrados.[5]

Los extranjeros llegan a convulsionar la escena en la ciudad escapando de los avatares de una Europa en llamas; después de todo, las privaciones por las que atraviesan los compatriotas de Wilhelm Tell son escasas en comparación con las de aquellos que viven en países ocupados por las tropas alemanas. Hay algunas dificultades de abastecimiento. Las autoridades cantonales requieren que los ciudadanos se abstengan al menos dos días a la semana de comer carne. Por fortuna funcionan las estufas de gas y la provisión de papas y quesos es suficiente para improvisar una *raclette* en cualquier cuarto de pensión con la ayuda de un mínimo calentador. Por unas pocas monedas, en Sonnenquai eran siempre preferibles las comidas que Frau Huber preparaba a los pensionistas dispuestos a pagar.

---

5. Robert Service, *Lenin, una biografía*, Siglo XXI de Argentina Editores, Buenos Aires, 2001, p. 264.

El 2 de septiembre de 1915, mientras la familia Cortázar se alejaba de Bruselas, Luis Descotte Jourdan se embarcaba en la rada de Buenos Aires para reunirse con ellos en Zürich. La partida no debió de haber sido fácil. Julieta estaba embarazada por quinta vez y poco dispuesta a tolerar que a más de diez mil kilómetros de distancia Victoria siguiera tirando de los piolines de su marido. En el momento preciso de la partida y frente a sus cuatro hijos, Julieta le advierte, con un manojo de cartas perfumadas en las manos, que ésta es la definitiva: «¡Ella o yo!». Si Luis Descotte persiste en mantener la relación con la alemana será mejor que no regrese.

Dos días después de Reyes se reunirán por primera y última vez todos los integrantes de la casa chica en Zürich. Allí estaban Tatita, Victoria, Julio, María Herminia, Cocó y Memé. Julieta, entretanto, espera en Buenos Aires el regreso del padre de sus hijos, a quien nunca volverá a ver.

Los Cortázar llegan a Zürich con las señas de la pensión de la familia Huber, en uno de cuyos cuartos se instalan inmediatamente. La casa está a orillas del río Limmat, en el número 3 de Sonnenquai —en la actualidad Limmatquai—, en un *quartier* nada despreciable del que comenzaban a marcharse las familias de la alta burguesía, atraídas por sitios apartados a los que no llegaban las caravanas de inmigrantes fugitivos.

El propietario rara vez está en casa. Trabaja como conserje en el Hôtel Bellevue-au-Lac, refugio de millonarios en tiempos de guerras mundiales y albergue de citas amorosas a orillas del lago que lleva el mismo nombre que la ciudad. Huber tiene el aspecto de uno de esos cerveceros de Munich que aparecen en las etiquetas de las cervezas alemanas. Retacón, de pómulos rellenos y levemente sonrosados, andar pausado y sereno, con un brillo en la mirada que lo delata. Eva, su mujer, se ocupa de los asuntos domésticos, segunda fuente de ingresos para una pareja que nunca tuvo hijos.

En la casa del número 3 de Sonnenquai los padres de Julio Florencio Cortázar ven por primera vez un teléfono. A la hora del almuerzo, uno de los escasos momentos en que Huber está en su casa, el viejo aprovecha para dar a los recién llegados una lección sobre el uso de aquel milagroso aparato. El resto de los inquilinos ya había pasado por la experiencia pero, aun así, esperan con ansiedad la repetición del espectáculo. Según Huber, el teléfono debía ser utilizado sólo en caso de emergencia; para cualquier otro propósito, el correo suizo seguía siendo tan eficiente como en tiempos de los mensajeros transalpinos. Ahora bien, llegado el caso de que tal emergencia se presentara, el interesado debía ponerse inmediatamente en contacto con su despacho en la conserjería del Hôtel Bellevue-au-Lac. El procedimiento era sencillo y el relato entretenido; sobre todo si, comenzando después del segundo plato, trataba de hacerlo durar hasta terminar los postres. Huber tenía estudiados los gestos y los matices de su voz: su imitación de la campanilla debía ser lo suficientemente histérica como para arrancar las risas en el momento preciso. Las instrucciones para el uso del teléfono constituían parte de los servicios de la pensión del número 3 de Sonnenquai. Entonces sí, después de haber entretenido a los huéspedes, Albert Huber regresaba satisfecho a su trabajo, siguiendo el sendero que conducía al lago.

Instrucciones para llamar

desde un teléfono en Zürich
Según Albert Huber

Figura 10.   Carátula del Directorio Telefónico de Zürich, 1915.

—Ante todo, discreción —previene Huber, con el índice firme y la mirada clavada en los nuevos inquilinos—. Nadie sabe quién puede estar escuchando la conversación —después de todo, la línea que comunicaba con el mundo exterior era compartida por cinco vecinos de Sonnenquai—. No sólo pueden estar escuchando los Kessler y los Gunther, sino también la operadora, que vive atenta a lo que se dice. Si se trata de arreglar un encuentro con su amante —advertía el viejo, dirigiendo una mirada cómplice a Victoria—, deberán esperar a que se inventen los teléfonos sin operadoras ni vecinos, enviar una paloma mensajera o aguantarse las ganas. Si el llamado es absolutamente indispensable —acentuaba el *absolutamente* con una mirada fulminante—, deberán descolgar el auricular de la horquilla dorada con toda delicadeza para, recién entonces, hacer girar la manivela de madera en el sentido de las agujas del reloj.

Huber se regocijaba al llegar a la parte en la que imitaba el movimiento circular de la manija con el dedo índice sobre su sien, como si todo aquello fuese una locura.

—Del otro lado de la línea los atenderá Alice Dresen —al mencionar el nombre de Alice, levantaba las cejas encubriendo el gesto de su mujer, lo cual no dejaba de causarle mucha gracia—. Alice se encargará de comunicarlos con el abonado 13.04, que corresponde a mi despacho en la conserjería del hotel.

El resto de la instrucción quedaba reservado para el último momento Antes de retirarse a dormir la siesta, Huber invitaba a los recién llegados a que se acercaran hasta el aparato para demostrar cómo debían limpiar el auricular y el micrófono con la ayuda de un paño especialmente reservado a tal propósito.

El paño debía permanecer siempre en el cajón de la mesa que estaba junto a la escalera, sobre la cual descansaba aquella Venus de Milo con enorme nariz y sin ojos.

Los archivos de Wilhelm Tell

Una de las ventajas de la neutralidad suiza es haber podido conservar los archivos y la documentación para que uno tenga el gusto de consultarlos a *piacere*. Si a esto se le suma la pasión de los suizos por el orden y la minuciosidad, el resultado es francamente conmovedor. Hoy tenemos más certeza acerca de los pasos de Cortázar por Zürich que de su fecha y lugar de nacimiento. Si bien se toman el 24 de agosto de 1914 y Bruselas por ciertos, la verdad es que aún no aparece la partida de nacimiento que pueda corroborar los datos. Si fue anotado en la Legación Argentina debería al menos constar en los archivos de Cancillería, y, sin embargo, la búsqueda no dio —como ya sabemos— resultado alguno.[1] Sería bueno creer que Cortázar estaba en lo cierto, cuanto menos con respecto a los datos de su llegada al mundo, aunque vaya uno a saber, en el momento de nacer está el recién llegado tan atosigado de novedades que ni tiempo tiene para preguntarle a la enfermera por la fecha. De modo que la duda ha de persistir mientras no haya quien dé con las pruebas que eliminen toda

---

1. Así lo expuso María Herminia en el confuso artículo de su autoría titulado «Mi hijo Julio Cortázar», *Revista Atlántida* (mayo de 1970), p. 68: «El 26 [*sic*] [de agosto de 1914] (todavía estábamos en Bruselas) nació Julio Francisco [*sic*]: me costó un montón de trajines inscribirlo en la Legación Argentina; porque los alemanes, a todos los que nacían, los hacían alemanes. Lo logré, de todos modos, así que Julio es argentino desde su primer minuto». No se entiende tanto énfasis en lo aparente, a menos que fuera falso: Cortázar no fue inscripto como se dijo y, por tanto, era alemán a su llegada a la Argentina. ¡Cortázar alemán, además de «belgicano», argentino y francés!

sospecha. Posiblemente hubo algún documento y ese documento
debió de haber estado en manos de María Herminia primero y
de Julio Cortázar más tarde; de otra manera no se explica que el
escritor haya podido obtener documentación alguna o que haya
sobrevivido a trámites burocráticos para los que en la Argentina
se requiere, al menos, una partida de nacimiento.

En Suiza la búsqueda dio resultados más precisos. La repartición
que tiene a su cargo el archivo de personas (Bevölkerungsamt der
Stadt Zürich) y su biblioteca (Historisches Archiv und Bibliothek)
conservan una carpeta con todos los detalles de la llegada a Zürich
de la familia Cortázar, su vinculación con ciudadanos suizos, las di-
recciones de los lugares en los que residieron y hasta los números
de teléfono correspondientes. Todo perfectamente dispuesto por
si a uno se le ocurriera viajar en el tiempo y llamar al señor Huber en la conserjería del hotel para constatar referencias. Pero, si
bien la información está a disposición del público,[2] hay que tener

2. Como es bien sabido, los argentinos no vivimos en Suiza y cualquier intento
por recabar información en instituciones u organismos del Estado concluyen en una
negativa rotunda amparada, entre otras, por argumentaciones como la siguiente:
—Lamentablemente no podemos ayudarlo.
—Pero ¿no hay nada que pueda hacer?
—Está fuera de mis manos, señor Montes-Bradley. El Código Penal establece, en
su artículo 51, inciso 2.º que «en todos los casos se deberá brindar la información
cuando mediare expreso consentimiento del interesado».
—Bueno, fíjese que en este caso el interesado soy yo.
—El código entiende como interesado al ciudadano Cortázar y la información
deberá solicitarla él personalmente.
—Va a ser un poco difícil...
—Existe otra posibilidad.
—No me diga...
—Según el mismo Código, «los jueces podrán requerir información, excepcio-
nalmente, por resolución que sólo podrá fundarse en la necesidad concreta del antece-
dente como elemento de prueba de los hechos en un proceso judicial». ¿Usted necesi-
ta la información para aportar datos en un juicio?
—No, estoy escribiendo un libro.
—¡Un libro!
Fin del proceso de solicitud de información ante el oficial responsable del Archi-
vo de la Policía Federal.

la paciencia de Kung Fu para no sacar de cuicio a los funcionarios suizos y estar preparado siempre a completar formularios y solicitudes en alemán, según la cartilla. En el caso que nos ocupa, y teniendo en cuenta que mi alemán es tan deficiente como el suahili de mi tía Berta, tuve que recurrir a los buenos oficios de Christoph Lüscher, un suizo fascinado por Julio Cortázar y dispuesto a colaborar en la pesquisa. Christoph escribió a pedido tantas cartas como fue necesario hasta que los archivos se abrieron revelando lo que hasta ayer era todo un misterio en la vida del hijo del vampiro. ¿El hijo del vampiro?

Good bye, happiness

Hello, loneliness

Figura 11. *Vapor correo* Príncipe de Asturias.

Cuenta Fernando José García Echegoyen que «la fotografía fue tomada en alta mar por Manuel Balda, un pasajero que se encontraba a bordo del *Infanta Isabel*, buque gemelo del fotografiado. El *Infanta Isabel* realizaba un viaje inverso, es decir, había zarpado del puerto de Buenos Aires con destino Barcelona. Los dos navíos se encontraron el 28 de febrero a las 10 a.m., al cruzar el paralelo de los cinco grados de latitud Norte a una distancia de un cable escaso (180 metros aproximadamente)». La fotografía de Balda, tomada desde uno de los botes salvavidas de babor, exhibe al pasaje de primera y parte de la tripulación del *Príncipe de Asturias*, entre los que se encontraba don Luis Descotte, padre de María Herminia y abuelo de los infantes Cocó y Memé. Ésta es la última imagen que se conserva del vapor y del *décorateur*. La inminente tragedia habrá de postergar cuatro décadas el destino europeo de Julio Cortázar.

La tarde del 17 de febrero de 1916, tras seis semanas de permanencia en Europa junto a su segunda familia, parte hacia Buenos Aires Luis Descotte Jourdan. Unos días antes, ya tiene su billete para embarcarse desde Barcelona en el *Príncipe de Asturias*, orgullo de la marina mercante española. Con la promesa de un próximo encuentro, el francés se despide de Victoria y María Herminia en la *gare* central de Zürich. Había sido un viaje relámpago considerando que los relámpagos de entonces no eran los de ahora y que los viajes a Europa de Tatita se prolongaban habitualmente hasta mediados de marzo.

El buque, construido dos años antes en Escocia, zarpa según lo previsto del puerto catalán. A bordo viajan 590 pasajeros y cerca de un millar de emigrantes indocumentados que huyen de la guerra, también una figura ecuestre del libertador San Martín y otras esculturas donadas a la ciudad de Buenos Aires con motivo de las celebraciones que se llevarán a cabo el 9 de julio siguiente, centenario de la Independencia. Pero, para celebraciones, a Descotte le bastaban por ahora con las que el capitán había previsto para la travesía. El día de más de aquel año bisiesto los sorprendería en alta mar con una gala organizada el fin de semana de Carnaval frente a las costas de Río de Janeiro... qué más podía pedir el *décorateur*.

La noche del 5 de marzo ya se escuchaban los ecos del baile en el salón de fiestas mientras el francés le daba los últimos retoques a su barba. «Nada mal», pensó frente al espejo. Si bien la altura no lo favorece, pinta le sobra. Volvió a mirar su imagen reflejada, se ajustó el moño de la corbata, tomó distancia y, siguiendo sus pantalones de terciopelo verde, pudo comprobar que los zapatos que estrenaba necesitaban algo más de brillo.

Durante la cena Descotte tuvo oportunidad de intercambiar algunas miradas con quienes serían aquella noche sus compañeras de baile. Ni en América ni en Europa tenía tantas oportunidades, pero en alta mar y sin que nadie lo vigilara… ¿por qué no?, después de todo era Carnaval y la idea, dicen, es pasarla bien y bailar hasta morir. El baile comenzó a la medianoche y entre los pasajeros se distinguía con su uniforme de gala el capitán José Lotina junto a la hija de una viuda norteamericana. Seguramente la fiesta en segunda clase era mucho más divertida; cualquiera que haya visto *Titanic* sabe que los pobres se divierten mucho más que los ricos en los viajes transoceánicos (pero si fuera así, ¿no deberían los pasajes en segunda ser más caros que los de primera?). En tercera la fiesta no pudo haber sido mejor que en segunda y en las bodegas, junto a las salas de máquinas donde viajan los indocumentados como sardinas, es difícil pensar que pueda haberse escuchado otra cosa que no fuera el traqueteo de los pistones en marcha.

Alrededor de las tres de la madrugada del domingo 6 de marzo, cuando difícilmente haya quedado alguien sobrio en aquel buque exceptuando la tripulación (y vaya uno a saber), irrumpe en el camarote de su capitán el segundo oficial de a bordo Rufino Onzain y Urtiaga. La hija de la viuda norteamericana no pareció inquietarse con la presencia del uniformado que requería la inmediata presencia de su capitán en el puente de mando. Hacía por lo menos una hora que el *Príncipe de Asturias* debió de haber avistado el faro de Ponta do Boi; el barómetro anunciaba la tormenta del fin del mundo.

De regreso al puente de mando, Lotina recuerda el día en que lo llamaron de la firma Pinillos Izquierdo y Cía. para ofrecerle capitanear el *Príncipe de Asturias*. Supuso entonces que no era auspicioso bautizar un buque con el nombre de otro hundido en Trafalgar. Si bien la práctica es común, Trafalgar tiene un cierto signo que conviene no agitar en nombre de las más sanas supersticiones de mar. El marino también había oído en las Ramblas, antes de embarcar, rumores de que las esculturas que iban en la bodega estaban malditas y que los tres maestros que trabajaron en ellas perdieron la vida tratando de terminarlas. ¡La superstición y los hombres de mar...! Al pasar por el corredor de estribor junto a los ventanales del salón de fiestas, Lotina vio a los pasajeros de primera balancearse de un lado al otro como si el mundo hubiese perdido el equilibrio. Volvió entonces sobre sus pasos y reparó en los músicos y en las arañas de cristal checo, todo parecía estar en movimiento lento y a contramarcha de los otros. Si las arañas se inclinaban hacia proa, los pasajeros, muertos de risa, se amontonaban en la dirección opuesta tropezándose sobre los caídos.

En menos de una hora, la visibilidad se volvió nula, y el mar, embravecido. Lo que en principio pareció haber sido una tormenta de verano se convirtió en tempestad con marejada. Ya cerca del amanecer el *Príncipe de Asturias* sorteaba olas de seis metros contra un furioso viento huracanado del este. Desde el puente, Lotina hizo esfuerzos extraordinarios por divisar algo que no fuera, muy de vez en cuando, la proa sumergiéndose en las crestas una y otra vez. ¿Dónde estaba el faro de Ponta do Boi? Un desvío en el compás magistral les impidió a los tripulantes advertir que se encontraban fuera de curso. De pronto, un relámpago les permite ver roca donde se suponía que debía haber habido tan sólo mar.

La tragedia se sucede con vertiginosidad. El capitán alcanza a ordenar a la sala de máquinas el inmediato retroceso de los motores cuando ya es demasiado tarde. Hasta el caballo de bronce del Libertador sabe que es demasiado tarde. Las rocas en la punta de Pirabura rajan el casco sobre babor, una herida abierta de 44 metros sobre los 150 de eslora. Las aguas frías del Atlántico Sur inundan la sala de máquinas y, al contacto con las paredes de las calderas, todo vuela en mil pedazos. En menos de diez minutos, las diecisiete mil toneladas del buque, sus pasajeros, un presunto tesoro de cuarenta mil libras esterlinas en oro y San Martín con su caballo se van al fondo del mar.

El *Vega*, un carguero francés que se encontraba relativamente cerca, alcanza a recibir los SOS del radiotelegrafista Francisco Cotando indicando la posición exacta del accidente: Latitud 23° 56' S. Longitud 45° 58' O. Pocas horas más tarde comienza la operación de rescate. Los pocos que lograron sobrevivir y los cadáveres rescatados del mar fueron desembarcados horas más tarde en el puerto de Santos.

Según recuerdan antiguos pobladores de Ilhabela, en horas de la mañana del día siguiente, cientos de cuerpos que habían sido arrastrados por la corriente aparecieron varados en una playa desierta entre las de Serraria y Saco do Eustáquio. Desde entonces, aquel lugar se conoce como Praia da Cavería. La eventualidad de que Luis Descotte estuviese entre estos últimos no es remota, pero la identificación del mismo resulta poco probable. Sin embargo, Julieta aún mantenía la esperanza de que su marido estuviese entre los supervivientes que habían llegado a salvo al puerto paulista. Cuarenta y ocho horas más tarde llegan los primeros cables con las listas de los afortunados, más la identificación de los cadáveres depositados en el Cementerio de la Filosofía de Saboó; en uno de esos cables, los médicos forenses Ribeiro y Montes dan cuenta de algunos de los detalles.

> [...] se trata de un hombre blanco de cuarenta a cuarenta y cinco años, de rostro alargado, cabellos castaños, con entradas en la frente, barba castaña, vistiendo pantalón y saco de terciopelo verde y camisa de dormir con las iniciales L. D., calzoncillos de hilo y descalzo.[1]

---

1. *La Razón*, 9 de marzo de 1916.

Ya no quedan dudas. Julieta Abdelmaleck y Victoria Gabel habían enviudado a la misma hora y el mismo día en que Julio Florencio Cortázar perdía a su abuelo.

INFORME DE UN EXPERTO

A poco de haber terminado de escribir el capítulo sobre el naufragio del abuelo Descotte descubro que existe más de una versión de la historia y que aquella que había contado era la más espectacular de todas, pero la menos creíble. Tanto despotricar contra los que repiten lo que escuchan sin verificar las fuentes para acabar sumándome a la cruzada. Por intermedio de Fernando José García Echegoyen,[2] supe que la mayor parte de los datos consignados en mi relato sobre el *Príncipe de Asturias* estaban errados. Ante la desilusión de un final menos hollywoodense, recurro a David Gálvez Casellas en Andorra, quien a mi solicitud responde textualmente:

> Mira, Eduardo, creo que en este caso debes dejar los *snifs* y los reparos a un lado. La historia habitual del cómo y el cuándo se hundió el barco es ya lugar común. Pienso que no debes borrarla del corpus del libro. Otra cosa es si, después de exponer la versión que ya tienes redactada (sin poner sobre aviso al lector de la falsedad o improbabilidad de lo que lee), desmientes lo dicho añadiendo lo que ahora llamas «informe de un experto». En este momento eres un biógrafo, de acuerdo, pero ante todo debes ser un narrador. Las dos historias son buenas. Úsalas. ¿Qué te impide una perspectiva, si no panorámica, cubista?

2. Fernando José García Echegoyen. Marino mercante titulado por la Universidad de Cádiz. Desarrolla su labor profesional en el campo de la investigación de siniestros marítimos. Es autor de *Los grandes naufragios españoles*, Alba Editorial, Barcelona, 1998. También fue citado en la página 97.

Haciendo caso a las sugerencias del andorrano, dejo tal cual el camelo que precede la siguiente aclaración:

Lo de la fiesta de Carnaval es un mito, un bulo difundido por la prensa sensacionalista brasileña. El rumor pudo haber sido iniciado por competidores navieros buscando desacreditar a la firma Pinillos. También se llegó a decir que el *Príncipe de Asturias* se hundió porque su capitán, José Lotina, iba borracho, afirmación que aún se comenta en su Plentzia natal. En principio, es impensable que a bordo de un barco de la empresa Pinillos se celebrara una fiesta de Carnaval. Los propietarios de la firma eran extremadamente religiosos y, al igual que los representantes de la alta sociedad española a bordo, consideraban el Carnaval como una fiesta pagana propia del populacho y poco digna del buen cristiano. No hubo declaraciones de ninguno de los sobrevivientes de la tragedia que confirmen la idea. Por otra parte, estamos en plena Primera Guerra Mundial. Los barcos, tanto neutrales como beligerantes, procuran llevar la iluminación indispensable y emitir el menor sonido posible para evitar ser alcanzados por un torpedo.

La Razón, 7 de marzo de 1916 (p. 3). Relato de un sobreviviente. Nuestro corresponsal en Santos nos transmite el siguiente relato hecho por un sobreviviente del *Príncipe de Asturias*:

Todos o casi la mayoría de los pasajeros, nos hallábamos durmiendo. A la madrugada, después de las cuatro, un estruendo formidable, como un trueno prolongado, seguido de una conmoción hizo crujir los camarotes, haciendo saltar las puertas, nos echó al suelo. La confusión fue horrible, imposible de describir en el lenguaje humano... gritos de dolor, de desesperación, se oían de proa a popa del barco. Un infierno, nadie atendía a nadie. El «sálvese quien pueda» estaba gritando instintivamente en todos nosotros. Las luces se apagaron. Intenté encender la lamparilla de mi camarote, pero me fue imposible. La bombita se había hecho pedazos. Golpes formidables de tablas por todos los sitios, parecía que algunos rompían las puertas de los camarotes. Los pasillos estaban materialmente llenos de gente que empujaba y atropellaba pisando horriblemente a los que caían. Todo esto en medio de una completa oscuridad. Ayes que crispaban los nervios se oían por todas partes. Había probablemente muchos heridos. Yo, enloquecido, no sé cómo, fui a desembocar a una escalera. Subí, caí repetidas veces y en más de una ocasión me pisaron. Alcancé a asirme de un barrote y pude subir a cubierta. Una sensación aterradora sacudía mis nervios. Una oscuridad completa rodeaba todos los objetos. La niebla impedía ver a corta distancia del barco. Presumo que se hundía de proa porque recuerdo que hube de resbalar más de una vez en dirección al puente de mando. No recuerdo dónde hallé el salvavidas que tenía. Ni tampoco cómo pude arreglarlo. El hecho es que enloquecido de terror, me arrojé al agua y nadé, tratando de no caer en los remansos que formaba el buque al sumergirse. No he visto a nadie, poco después. Sólo alcancé a percibir un ruido semejante al que hacen esas enormes olas que vienen lentamente a romperse en la playa, cuando hay temporal y luego, sólo gritos aislados de hombres y niños. No sé cuánto me mantuve flotando. Sólo recuerdo que al disiparse un tanto la niebla, sentí que desde unos 200 metros de distancia alguien gritaba «¡Allí! ¡Allí!»… y poco después me alcanzaban a un bote dos viejos marineros. Estaba semidesnudo y apenas podía sostenerme. Tuve que tenderme como pude, sintiendo dolores por todo el cuerpo. Mientras buscaban a otros, quedé dormido…

Luis Descotte debió haber pasado por una experiencia similar a la que relata el náufrago, sólo que el resultado no lo favoreció y, en efecto, fue a dar con sus huesos al Cementerio de la Filosofía de Saboó en el puerto de Santos, donde aún descansan. Una verdadera pena que la tragedia no haya tenido los visos que insinuaban los recortes de periódicos brasileños. Pero al menos la experiencia sirve para entender cómo se construyen algunas leyendas y muchas biografías.

Un grito desgarrador

Figura 12. Julio Florencio y su hermana, Victoria Ofelia Mercedes,
Barcelona, *c. 1917.*

La imagen corresponde al breve paso de la familia por Cataluña. Cocó guardará escasos recuerdos de su estancia en Barcelona. Memé, demasiado pequeña como para acumular los recuerdos que con desenfado evocará más de medio siglo después, sufría en aquella época frecuentes ataques de epilepsia, enfermedad considerada entonces como dolencia psiquiátrica, una condición que avergonzaba a sus familiares y uno de esos temas de los que no se hablaba.

La noticia del hundimiento del *Príncipe de Asturias* fue difícil de digerir para los inquilinos argentinos de Sonnenquai. Más allá del dolor que significa la pérdida de un amante, de un padre o de un abuelo, lo que se había ido a pique era la posibilidad de seguir adelante con el proyecto de permanecer en Europa. En aquel momento debieron de haber barajado todas las posibilidades imaginables, incluso un viaje del padre a Buenos Aires para pactar con Julieta los términos de alguna representación de la casa Descotte que permitiera seguir viviendo con discreción a los de la casa chica. La idea tenía algún sentido y hasta podría haber llegado a cuajar si no hubiese sido porque a los herederos de la casa grande se los acabará fumando en pipa el contador de la firma, dejándolos virtualmente en la calle.

A partir de la muerte de Tatita algo fundamental cambia para las dos casas y ya nada volverá a ser como antes. Apenas enterados de las noticias, Victoria, María Herminia y su esposo comienzan a cuestionarse en Zürich la viabilidad del «proyecto Europa». Madre e hija parecen convencidas; Julio José Cortázar no tanto, y propone viajar solo a Buenos Aires para gestionar algún cargo consular entre sus amigos del partido conservador, por entonces todavía en el gobierno. Según escribió María Herminia Descotte:

[…] luego pasamos a España. Nos radicamos en Barcelona y mi marido marchó a Buenos Aires a gestionar un consulado: nos habíamos acostumbrado al estilo de vida europeo y no deseábamos regresar a la Argentina. Razones políticas impidieron que mi esposo lograra ese consulado; él era conservador y el poder lo detentaban los radicales.[1]

Las cosas, una vez más, no han de salir según los planes del salteño. El 12 de octubre, Hipólito Yrigoyen, candidato de la oposición, asume la presidencia de la República. Cuando el «rentista»[2] llegue a Buenos Aires será poco y nada lo que sus amigos puedan hacer por ayudarlo. Para ese entonces Lenin, su antiguo vecino en Zürich, lograba conmocionar al mundo durante diez días que habían de cambiar la historia de los próximos setenta años.

Las condiciones en Zürich no fueron distintas de las que se vivían en Ginebra, donde desde antes del estallido de la guerra tenía su domicilio otra familia de argentinos que daría mucho que hablar a un siglo de por sí lleno de palabras. La situación familiar de los Borges era casi idéntica a la de los Cortázar: un hijo varón, una niña, los padres y la insalvable presencia de la abuela. Es sensato suponer que las privaciones y dificultades que pasaban unos eran vividas de un modo similar por los otros; después de todo, Suiza no había podido permanecer tan al margen de la realidad que consumía al resto del continente. Los Borges ocupaban la primera planta del número 17 de la Rue Malagnou. La descripción de las circunstancias en las que se desarrolla su vida en Ginebra ayuda a imaginar el escenario de los Cortázar:

> Los alimentos estaban racionados; Leonor Acevedo de Borges les daba a los niños y a su madre la poca leche que podía conseguir y así fue como por falta de calcio se le arruinaron los

1. María Herminia Descotte, «Mi hijo Julio Cortázar», *Revista Atlántida* (mayo de 1970), p. 68.

2. En la ficha de inmigraciones de Julio José Cortázar Arias en Buenos Aires constan los datos siguientes: «Edad: 33 años. Estado civil: casado. Profesión: rentista. Religión: católica».

dientes. Cuando no hubo más leña y se acabó la calefacción se mudaron a un hotel, donde siguieron sufriendo mucho frío. La abuela materna enfermó de pulmonía y murió durante los primeros meses de 1918.[3]

Según consta en los registros, la familia Cortázar abandona Suiza el 15 de junio de 1917. Julio José ya no estaba con ellos. Aquí surge un tema fundamental en la vida del escritor: según se sabe, o al menos se dice, el padre abandona al hijo y ya no han de volver a saber el uno del otro. El tema del abandono no deja de tener sus bemoles y prometo al lector fiel que todo habrá de aclararse antes de que amanezca. La mayoría de los biógrafos coincide en que la separación de los padres tuvo lugar después de que la familia regresara a Buenos Aires. Sin embargo, es posible que no haya sucedido exactamente de esa manera. Por lo pronto, hoy sabemos que Julio José no vuelve a Buenos Aires con el resto de la familia sino que se adelanta a bordo del vapor *Reina Victoria Eugenia*, llegando a Buenos Aires el 10 de julio de 1917.[4]

En Europa, y a la espera de noticias, quedan su esposa, su suegra y sus hijos. Suponemos que María Herminia y Ofelia viajaron a España acompañando al padre, y hay razones para figurarse que Victoria y Cocó tomaron otro camino: poco antes de marcharse de Zürich, la abuela solicita al consulado argentino en Ginebra un pasaporte que finalmente le es otorgado el día 2 de junio de 1917. En ese documento Victoria Gabel aparece retratada junto al nieto, lo cual no deja de constituir toda una curiosidad (véase la foto de la p. 112). ¿Acaso los menores de edad no son anotados en la documentación de viaje de los padres? ¿Estaba por viajar la abuela, sola, con el futuro escritor? Hay otro dato,

3. María Esther Vázquez, *Borges: esplendor y derrota*, Tusquets, Barcelona, 1996, p. 49.

4. Según consta en el «Certificado de arribo a América» emitido por el Centro de Estudios Migratorios Latinoamericanos, en poder del autor.

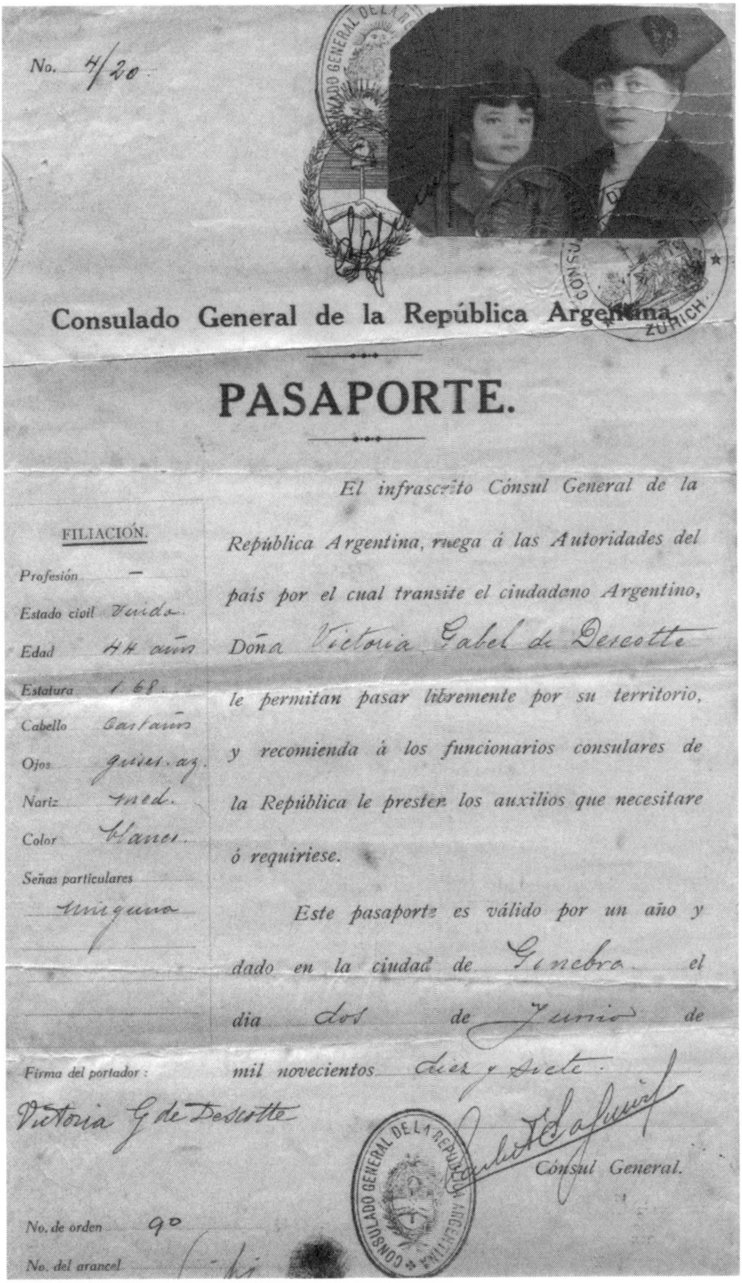

No. 4/20

Consulado General de la República Argentina

PASAPORTE.

FILIACIÓN.

Profesión —

Estado civil Viuda

Edad 44 años

Estatura 1.68

Cabello Castaño

Ojos grises az.

Nariz med.

Color blanco

Señas particulares ninguna

El infrascrito Cónsul General de la República Argentina, ruega á las Autoridades del país por el cual transite el ciudadano Argentino, Doña Victoria Gabel de Descotte le permitan pasar libremente por su territorio, y recomienda á los funcionarios consulares de la República le presten los auxilios que necesitare ó requiriese.

Este pasaporte es válido por un año y dado en la ciudad de Ginebra el dia dos de Junio de mil novecientos diez y siete.

Firma del portador: Victoria G de Descotte

Cónsul General.

No. de orden 90

No. del arancel

Consulado General de la República Argentina

Figura 13. Pasaporte consular de Victoria Gabel de Descotte.

aún más interesante: en el margen inferior derecho de la fotografía puede apreciarse el sello del consulado francés en Zürich, visado que indicaría que ciertamente Victoria y su nieto no fueron con María Herminia y Ofelia a Barcelona sino que se quedaron a mitad de camino en algún lugar de Francia. Sabemos que los Descotte eran originarios de la región de los Alpes Marítimos, en donde, hasta el momento del naufragio de don Luis, habrían tenido alguna propiedad que visitaban con frecuencia. Al menos así lo recordaba de primera mano Rosa Emilia Suárez de Descotte, nuera del primogénito Carlos, hijo de Luis Descotte Jourdan. Rosa había convivido en contacto con Julieta Abdelmalek durante muchos años y con ella pude conversar cordialmente poco antes de que la muerte la sorprendiera en su departamento del barrio de Belgrano en Buenos Aires.

Lamentablemente, las huellas de Victoria y Julio Florencio se pierden al salir de Zürich y no quedan rastros de aquel viaje ni registros que prueben el posterior cruce de la frontera rumbo a Barcelona. Sin embargo, sabemos que así debió de haber sucedido y que de su estadía en aquella ciudad mediterránea datan los primeros recuerdos e impresiones que Julio evocará desordenadamente como retazos, partes de un *puzzle* que intentó rearmar al regresar, muchos años más tarde, en su primer viaje a Europa.

> Pero el niño que hoy se acuerda neblinosamente de esa nítida, recortada cercanía de las cosas, tenía ya un pasado que a él mismo le era imposible rescatar; a los siete u ocho años, cada vez que distraídamente alzaba los ojos a un cielo azul de verano, algo como un deslumbramiento instantáneo le llenaba el olfato de sal, los oídos de un fragor temible, y contra el espacio sin nubes veía por una fracción de segundo algo como cristales rompiéndose en un diluvio de facetas y colores.[5]

5. Julio Cortázar, «Las grandes transparencias», en *Territorios*, Siglo XXI, México, 1998, p. 108.

Me volvían imágenes muy inconexas que yo no podía hacer coincidir con nada conocido. Entonces se lo pregunté a mi madre. Hay momentos en los que yo veo formas extrañas y colores, como mayólicas, como baldosas con colores. Y mi madre dijo que eso podía corresponder a que de niño íbamos casi todos los días a jugar con otros niños en el Parque Güell.[6]

Cuando los recuerdos no terminaban de conjurarse, Cortázar recurría a su madre en busca de coordenadas que le permitieran recobrar matices filtrados por el tamiz de un calidoscopio a primera vista incapaz de traicionarlo.

Tengo el recuerdo de una playa y luego supe que me llevaban a esa playa con otros niños, una sensación amenazante de grandes olas que avanzaban y mucho sol y un olor a sal muy inquietante para mí.[7]

Cortázar se refiere así a los paseos en la Costa Brava, a los que acudía acompañado de su madre:

Muchas veces interrogó a su madre buscando la clave de algo en que había maravilla y terror; ella sospechó un recuerdo de la Costa Brava adonde lo habían llevado siendo muy pequeño y donde un bañero (las señoras burguesas no entraban en el mar con sus hijos) lo sostenía entre las olas amenazadoras y fragantes.[8]

Es posible que el bañero al que se refiere fuera el padre y que el calidoscopio materno haya eclipsado la figura del salteño, disfrazándola. También pudo suceder que quien lo acompañaba a batirse con las olas fuera un extraño, aunque en ese caso el recuerdo resultaría más chocante. Si se tratara del padre, habría que

---

6. Entrevista de Joaquín Soler Serrano en *A fondo*, Televisión Española (1977).
7. *Ibidem.*
8. «Las grandes transparencias», en *Territorios*, p. 108.

cuestionarse la idea de que tan sólo María Herminia y Ofelia hubieran estado en Barcelona cuando el padre zarpó rumbo a Buenos Aires.

La historia del gallo que viene a continuación —un argumento digno de Poe— es tan reveladora como la del guardavidas en la Costa Brava y en parte modifica la historia tal y como veníamos contándola, situando a padre e hijo bajo un mismo techo en una imprecisa dirección de la avenida de la República Argentina, en Barcelona, antes de la partida de Julio José rumbo a Buenos Aires.

El escritor, ya adulto, habla del grito desgarrador de un gallo, un *rcc* que lo despierta en medio de la noche bañado en lágrimas:

> En el principio fue un gallo, antes no había memoria; ya lo he contado e incluso escrito, pero creo haber destruido las páginas y no sé quién pudo escuchar la historia que ahora regresa desde la remota infancia. Una experiencia traumatizante inaugura en mí el acopio de recuerdos, la memoria empieza desde el terror. Debió ser a los dos o tres años, me hacían dormir solo en una habitación con un ventanal desmesurado a los pies de la cama; mi madre me ha ayudado a reconstruir el escenario, era en Barcelona durante la Primera Guerra Mundial. De la nada, de una lactancia entre gatos y juguetes que sólo los demás podrían rememorar, emerge un despertar al alba, veo la ventana gris como una presencia desoladora, un tema de llanto; sólo es claro el sentimiento de abandono, de algo que hoy puedo llamar mortalidad y que en ese instante era sentir por primera vez el ser como despojamiento desolado, rectángulo grisáceo de la nada para unos ojos que se abrían al vacío, que resbalaban infinitamente en una visión sin asidero, un niño de espaldas frente a un cielo desnudo.[9]

9. «Paseo entre las jaulas», en *Territorios*, pp. 31 y 32.

La imagen es, en efecto, desoladora. Pero en aquel recuerdo hay un dato que permite suponer que por entonces pudo haber tenido lugar la separación de sus padres. ¿Cómo interpretar de otra manera su «sólo es claro el sentimiento de abandono»? El tema del «abandono» es fundamental en Cortázar.

De regreso en Buenos Aires, ya no habrá reencuentro. Los destinos del padre y el hijo seguirán caminos distintos y la memoria que el hijo pueda haber tenido del padre será alimentada por los rencores y los traumas de su madre y de la abuela Victoria, cuyo vínculo afectivo con el padre de su única hija fue una inagotable fuente de encubrimientos. Cortázar no puede llamar «mortalidad» a lo que en aquel instante lo despoja porque el padre no ha muerto, lo que muere es la relación como él la había vivido hasta entonces. El recuerdo es un trauma:

> *Y entonces cantó un gallo*, si hay recuerdo es por eso, pero no había noción de gallo, no había nomenclatura tranquilizante, cómo saber que eso era un gallo…

¿Y fue un gallo y no el padre? ¿Acaso no fue la madre quien le ayudó a reconstruir el episodio?

> [...] ese horrendo trizarse del silencio en mil pedazos, ese desgarramiento del espacio que precipitaba sobre mí sus vidrios rechinantes, su primer y más terrible Roc.[10]

Cortázar cuenta que su madre, al oírlo gritar desesperado, se acercó hasta la cuna y que aquélla fue la explicación que le dio, algo así como «no es nada, tan sólo un gallo». Pero el infante no tiene idea de qué significa la palabra *gallo*, qué forma tiene el animal. El desgarramiento es superior a la noción que pueda haber

---

10. *Ibid.* Recuerde el lector interesado en la versatilidad temática de Cortázar dos poemas de *Salvo el crepúsculo*: «El interrogador» y «La hija del Roc».

tenido de la bestia; viene de mucho más adentro y es muy poco probable que Cortázar, ya adulto, haya relacionado la partida del salteño con el dolor que le produjo aquel *grito*. Duérmase mi niño, duérmase mi sol. Y aquí no ha pasado nada. En el mismo texto Cortázar concluye que su tentativa por entender aquel grito desolador arrojó como resultado

> solamente eso, el canto de un gallo bajo la ventana, algo simple y casi ridículo que me fue explicado con palabras que suavemente iban destruyendo la inmensa máquina del espanto.

La explicación fue ridícula, pero no menos que otras que sobrevivieron a lo largo de los años. María Herminia gozaba, según recordará el mismo Cortázar muchos años después, de una prodigiosa imaginación.

De ahora en más sólo madre, hermana y abuela: un mundo de mujeres en el que no habrá lugar para otro más que Cocó, un universo en el que los recuerdos se adaptan, curiosamente, a los requerimientos y prejuicios del siglo.

El regreso a Buenos Aires no es, como supuso Cortázar, producto del triunfo de la paz sobre la guerra sino la consecuencia inevitable de que su padre no hubiese regresado para el reencuentro. Lejos de haber tenido que esperar la firma del armisticio en un vagón del tren del mariscal Foch, Cocó se embarca en un viaje de regreso a un mundo en el que nunca había estado; un destino incierto del que lo separa un océano que se anticipa a la inmensidad de la llanura que va a devolverlo a Europa, cuarenta años más tarde, como un hombre americano.

Cuando canta el gallo negro

> From childhood's hour I have not been
> as other were; I have not seen
> as other saw; I could not bring
> my passions from a common spring.
> And I all loved I loved alone.[1]

Según la historia oficial, los padres se reencontraron al llegar a Buenos Aires y durante dos años existió un simulacro que terminó en la definitiva separación ocurrida poco antes de 1920. El regreso del grupo familiar pudo haber ocurrido en cualquier momento entre principios de 1918 y la fecha que tenemos como de separación de los padres, pues también sobre eso existen varias versiones: en una se habla de 1920; en otra, de dos años más tarde, y en una última, de 1924. Julio Cortázar dijo que había sido abandonado por su padre a los seis años, lo cual indica que la separación debió de haber tenido lugar alrededor de 1920. Pero, por otra parte, en 1960, Ofelia firma una declaración de herederos en la que afirma que el padre habría hecho abandono del hogar 38 años antes, con lo cual la separación debió de haber tenido lugar en 1922. Por último, y para no ser menos, la madre afirma que se había separado de su marido «cuando Julio tenía diez años».[2]

No hay constancia de datos que permitan establecer en qué embarcación llegaron los Cortázar a Buenos Aires y esa carencia determina las imprecisiones. Cortázar insistió una y otra vez en que la fecha correcta era 1918. De ser así, hay dos años que quedan en el limbo. La familia Cortázar, con o sin el salteño, estuvo de

---

1. Edgar Allan Poe, citado en *La vuelta al día en ochenta mundos*.
2. María Herminia Descotte, «Mi hijo Julio Cortázar», *Revista Atlántida* (mayo de 1970), p. 73. María Herminia habla de separación y no de abandono.

1918 a 1920 en ningún lugar. Para 1920 el padre desaparecería de la fotografía del grupo y, aunque existen indicios que permiten suponer intentos de acercamiento por su parte, queda claro que quien cierra las puertas y no permite fisuras es la madre. En cierto modo podría decirse, con la misma seguridad con la que suele hablarse de abandono, que el padre fue expulsado del seno familiar y que no se le permitió volver a ver a sus hijos. Esta diferencia, poco sutil en la interpretación de los hechos, resulta significativa. La idea de una madre devota de su hijo, entregada a sus cuidados y a la vez traicionada por un marido que acaba por abandonarlos a todos, satisfizo a una sociedad que privilegia la figura de la madre como la encarnación del sacrificio, la abnegación y el coraje. Pero lo cierto es que muy posiblemente la historia no se haya desenvuelto de esa manera.

En cuanto a las razones para la separación, pudo haber varias. Quizás haya calado hondo el desconsuelo de no poder afrontar las responsabilidades económicas. Seguramente también tuvieron que ver las presiones de los parientes del salteño, quienes veían con muy mala cara a María Herminia, tanto por su juventud y su sensualidad (en ocasiones miembros de la familia Cortázar han comentado que las tías veían a María Herminia como una *vedette*, lo cual no era entonces precisamente un halago) como por su condición de hija en las sombras de un hombre que tenía otra familia.

En circunstancias similares suele darse que algún familiar del que abandona permanezca en contacto con la mujer e hijos, pero en el caso de los padres de Cocó la separación fue absoluta. María Herminia no tenía interés en volver a ver a ninguno de los miembros de la familia de su marido y nadie del lado de los Cortázar hizo esfuerzos por acercarse a María Herminia. Para los Cortázar, el benjamín se había casado *para abajo*, lo cual era difícil de sostener ya fuese antes o después de la separación. Fuese por prejuicios, calamidad o intolerancia, las relaciones de los otros hermanos del clan salteño no fueron más felices. Pedro, el mayor, casado con María Gabel, muere prematuramente. Octavio Augusto, casado con la beata Irene Lozano, desaparece de la película y su esposa, mujer estricta, hace lo imposible para que no vuelva a tener contacto con su hijo Augusto Raúl. Octavio Augusto tenía casi tanta mala suerte como su hermano Julio José, amén de algunas debilidades etílicas que empeoraban las cosas con Irene. Augusto Raúl llegará a convertirse años más tarde en investigador y folklorista.[3] Debido a los antagonismos que surgen de las diferencias políticas con su primo el escritor, Augusto Raúl elimina de un plumazo el acento de su apellido paterno convirtiéndolo en Cortazar.[4]

Los descendientes del vasco se las traían, y las relaciones con sus mujeres eran un aquelarre. Si los hombres duraron poco alrededor de Victoria y María Herminia, las mujeres duraban menos en torno a los Cortázar. ¿Cuestión de fatalidad?

Hablar de que el padre abandona a Julio Cortázar es sostener los argumentos que él mismo elabora de adulto con la ayuda inestimable de su madre, lo cual también permite poner todo en duda. Decir que el padre de Cortázar lo abandonó porque Julio Flo-

---

3. La relación entre los primos Julio y Augusto Raúl debió de haber sido tensa o en el mejor de los casos dominada por la indiferencia. Hubo un breve período en el que el futuro escritor transitó por los pasillos de la facultad de filosofía y letras durante el cual los roces fueron más frecuentes. Pero no mucho más que eso. Julio Cortázar no tenía simpatías por quienes enarbolaban los estandartes de la tradición, el folklore y la patria. Muchos años más tarde, al escribir unos versos referidos a su sentimiento patriótico (*Razones de cólera*, Buenos Aires, 1951-París, 1956), el escritor lo hace bajo el signo de un espíritu nacionalista de izquierda que sigue reservando para los nacionalistas de su juventud un evidente desprecio. En esos versos rescata «el color local», pero alude despectivamente al folklorismo, más precisamente al «folklorista», categoría con la que Augusto Raúl definía su labor como investigador:

> Tapándome la cara
> (el poncho te lo dejo, *folklorista infeliz*)
> me acuerdo de una estrella en pleno campo,
> me acuerdo de un amanecer de Puna,
> de Tilcara de tarde, de Paraná fragante,
> de Tupungato arisca, de un vuelo de flamencos
> quebrando un horizonte de bañados.

4. Augusto Raúl Cortazar (1910-1974).

rencio lo dijo es tan aventurado como creer que el salteño se hubiese marchado con un marinero neozelandés o como asegurar que María Herminia le metía los cuernos con un fontanero siciliano de Lanús Oeste. Julio José Cortázar desaparece, o «es desaparecido», y a partir de entonces se convierte en chivo expiatorio. Que si el hijo tuvo que salir a trabajar y no pudo ir a la universidad fue porque alguien tenía que parar la olla y la culpa habría sido del padre... Que si no se fue antes de los cuarenta a Europa fue porque le preocupaba la situación de la madre, a la que no estaba dispuesto a dejar sola como la había dejado su padre... En fin, un lastimoso tango que servirá por otro lado a Cortázar como fuente inagotable de conflicto en sus narraciones.

Para quien así quiera mirarlo se trata de un tango soberbio que puede bailarse al ritmo de los mitos más lacrimógenos: Evita, Rodrigo, Gardel, Bonavena y su madre doña Dominga, incluso Maradona. (Si bien estos últimos cuentan con una figura paterna, la sombra que proyectan sus pesadas madres es tal que da igual que esa figura hubiera existido o no.) Isabel Allende es otro escritor en el que se verifica esta relación entre la orfandad y el mito; sólo que en el caso de Allende dejaría ya de ser un tema exclusivamente argentino. Si, en efecto, se verificase en otros escritores latinoamericanos su condición de *sin padres*, habríamos quizá de concluir que el requerimiento es parte de un designio que se cierne sobre la literatura sudamericana. Es posible que el tema dé para más: ¿dónde están los abuelos y los padres de Plaza de Mayo? Las madres argentinas son una presencia inapelable y los padres, ausencia. Excepto en lo que respecta a los *padres de la patria*, en cuyo caso nadie se pregunta por las madres porque, como es sabido, *madre patria* hay una sola. Puras madres, desde la partera en adelante, a las que deberíamos sumarle maestras, asociaciones cooperadoras, tías, vírgenes, novias y hermanas. ¡Ciertamente insoportable!

Los hijos de María Herminia jamás pondrán en duda lo que deben sentir por quien, en definitiva, no fue más que un pobre tipo con muy mala suerte, capaz de perder el envido con treinta y tres de mano. En el discurso familiar no hay un solo dato que rescate la figura de Julio José. Sin embargo, quienes lo conocieron hablan de él con ternura y afecto. ¿Por qué dar crédito exclusivamente a los argumentos del hijo, de su madre y hermana?

En 1920 la abuela Victoria compra una casa quinta en la calle Rodríguez Peña, a cinco cuadras de la estación de ferrocarril de Banfield. Es posible que el dinero para la compra de la casa provenga de algún tipo de acuerdo con la familia oficial del desafortunado náufrago. Seguramente, Julieta Abdelmalek estaba dispuesta a ceder en tanto y en cuanto la casa chica desapareciera de Buenos Aires, lo cual explicaría que Banfield se adoptara como lugar de residencia. También es cierto que el sur de la ciudad de Buenos Aires en general, no sólo Banfield, fue coto de la familia Gabel. Allí vivían parientes de Victoria. Lo cierto es que el dinero para la compra de la casa provino de la abuela y que la abuela no tenía otro recurso económico más que el padre de su hija, quien acababa de naufragar. Si el dinero no vino de un acuerdo directo con Julieta, pudo haber resultado quizá del paso de Victoria con su nieto por Francia y de una posible gestión que le haya permitido asegurarse no quedar completamente fuera de la herencia de Luis Descotte Jourdan.

Una vez en Banfield, y a falta de hombres, serán las mujeres quienes tengan que poner el hombro en la casa. María Herminia trabaja todos los días en la Caja de Pensiones del Personal Civil y cuando consigue alumnas dicta clases de corte y confección a las chicas del barrio. (Cuenta con un diploma que la habilita para ejercer como maestra.) Más adelante, también Victoria saldrá a trabajar. Como era costumbre por entonces, se suma al grupo familiar Etelvina Gabel, alias Etty, una prima solterona de la madre que llega con su piano a cuestas, con el que dará clases de música a los niños del barrio. Las clases de Etty suman algunos cobres al monedero familiar y, aprovechando, Cocó y Memé aprenderán a jugar sobre las teclas blancas y negras armonizando melodías de foxtrot o repitiendo hasta el cansancio un mismo vals a cuatro manos.

Un niño que juega con lentes

e interroga a los astros

Figura 14. Julio Cortázar. Banfield, c. 1924.

«Creí en Banfield, pueblo suburbano / de Buenos Aires, en una casa / con jardín lleno de gatos, perros, / tortugas y cotorras: el paraíso. / Pero en ese paraíso yo era Adán» (en carta a Graciela de Sola. Saignon, 3 de junio de 1967. *Cartas*, Alfaguara, Buenos Aires, 2000, p. 1.154).

Banfield es parte de un interminable conglomerado de municipios que se extienden al sur de la ciudad de Buenos Aires, más allá del Riachuelo. La inmensidad de eso que llaman el gran Buenos Aires se parece a la asfixia que uno siente en Los Ángeles o São Paulo. Seguramente son lugares que no se parecen, pero me gusta pensarlo así, vivirlo con la misma sensación de opresión que me producen los interminables océanos de gente. Resulta curioso que uno pueda llegar a vivir toda la vida en Buenos Aires y no poner jamás un pie al sur del Riachuelo. Sin embargo, soy uno de ellos. De no haber mediado Cortázar hubiera muerto sin llegar a conocer eso que llaman «el sur». Ciertamente, el Banfield de Cortázar en la década del veinte y aquel que visité siguiendo sus pasos no se parecen en mucho. Nunca se baña uno dos veces en el mismo río. Con todo, algo queda, aunque no la casa de Cortázar, a la que tiempo atrás se llevó la corriente, la modernidad y esas cosas. En aquel lugar de casas bajas y calles de tierra junto a las vías del ferrocarril que se extiende como los dedos de una mano desde Buenos Aires no existe sino el recuerdo de lo que alguna vez fue su morada.

El estilo de las construcciones invita a soñar con Manchester o Liverpool y a preguntarse si acaso fue necesario renunciar a las pretensiones británicas del siglo XIX. Después de todo, el único rincón argentino con un trazado urbano digno y buen modo de vida queda en Malvinas. Pues bien, Banfield, por aquellos años, era una isla o quizá la isla haya sido Buenos Aires y por eso yo nunca, antes de pensar en Cortázar, había cruzado el Riachuelo.

La casa en la que vivió tenía unos cincuenta metros de frente y estaba vinculada a las vecinas por terrenos de fondo. Podía transitarse de una a otra sin recurrir a la acera. En esa geografía, estupenda si las hay para un niño en edad de soñar, da Cortázar sus primeros pasos en firme y comienza a echar tierra sobre los recuerdos de Barcelona y del (para él) aún anónimo Parque Güell. Aquellos años serán evocados con melancolía en los cuentos «La máquina de matar hormigas» o «Los venenos» y en muchas de sus intervenciones periodísticas.

> Entonces desgajarse de las pequeñas miserias de la convalecencia, el recuerdo o la previsión de las medicinas, las faltas a la escuela, el vago horror de todo lo debido y todo lo amenazado. Solo, en su reino pequeñito y claro, bajo su velario petulante, el niño accedía al viaje perfecto, a las aventuras de fina bitácora y estrelladas derrotas.[1]

El caballo era soberano en un mundo en el que los automóviles eran una ilusión. Sólo los ricos podían acceder a uno y en Banfield no había ricos. Cuando alguien de la capital venía a visitar a los parientes tras un volante, los niños del barrio se pasaban el santo teniendo la precaución de aclarar si se trataba de un Plymouth o un Ford, un Chevy o una Rugby, lo que daba lugar a interminables discusiones y competencias de orgulloso dominio de la nomenclatura automotriz.

El reparto de las mercaderías se hacía en carros tirados por un caballo. *Tracción a sangre*, se dice, y resulta curiosa la unión de esas dos palabras. Las bestias por lo general inspiraban pena con sólo mirarlas, pero los percherones eran un lujo para los granjeros

---

1. Julio Cortázar, *Diario de Andrés Fava*, Alfaguara, México, 1995, p. 68.

napolitanos o los carniceros, lecheros y pescadores que vendían sus mercaderías de puerta en puerta. La calle Rodríguez Peña era un ir y venir sobre la calzada de tierra de carros cargados con mercancías anunciadas en las voces y acentos de todo un continente inmigrante. Ésa es la voz argentina, la que funden los descendientes de los barcos con aquella otra que encontraron en América. Hablar castellano sin acento en la calle Rodríguez Peña de Banfield a principios de los veinte era tan difícil como encontrar un vecino en Brooklyn por los mismos años que no llevara el signo del emigrado en la voz y la mirada.

Después del ocaso las calles de Banfield volvían a quedar tan desiertas como las había encontrado la primera luz del día y a merced de algún insignificante farol colgando sobre la bocacalle. La oscuridad en las esquinas favorecía, según Cortázar, «el amor y la delincuencia en proporciones iguales». En esas mismas noches, bajo el cielo estrellado del sur, Cortázar explora el Universo:

> Primero fueron las observaciones a pleno sol, los efectos de lupa o de empequeñecimiento de las imágenes, la mosca bisonte, o el pato polilla; esa noche, contra el cielo fosforescente del verano de Banfield, tendido en el césped atacó los astros con sus pulidos vidrios, los vio disolverse en una neblina temblorosa hasta el minuto en que al combinar casualmente dos cristales fue el nuevo Galileo, el telescopio renacía en un suburbio de Buenos Aires, las estrellas dejaban de titilar y se volvían puntos fijos y terribles, amenazadoramente más cercanos.[2]

Cocó era hincha de River Plate y Ofelia, para provocar y contradecir a su hermano, de Boca Juniors. Por las tardes jugaban a las bolitas y se disputaban el auricular de una radio a galena para escuchar los sonidos que venían de ninguna parte. Según Cortázar, no había nada de particular en aquella niñez en sí: «Hoy pienso que

---

2. Julio Cortázar, «Las grandes transparencias», en *Territorios*, p. 110.

todo niño es así, pero que pocos llegan así a hombres».[3] Niñez poblada de barriletes y dominada por el ingenio de juegos que propone el *Tesoro de la juventud*, el atlas y el mapamundi, el *Pequeño Larousse Ilustrado*, las lentes de aumento, los insectos y los tesoros que puedan descubrirse en los cajones de la cómoda de una abuela donde lo cautivaban las imágenes postales de Davos y de Klosters.

> El estuche de cuero, forrado de terciopelo violeta, olía a París, a camarotes de crucero por las islas griegas, a hoteles de Deauville, recuerdos escuchados en tantas sobremesas poblaban esa materia tibia que el niño bebía con el olfato y los dedos antes de lentamente abrirlo y sacar la joya transparente.[4]

En el paraíso no faltaban perros, gatos y hasta un loro parlanchín que repetía los nombres de Cocó y Memé cada vez que Victoria los llamaba a la mesa. En un pasaje de «Las grandes transparencias», escrito recopilado en *Territorios*, un Cortázar ya adulto recuerda su fascinación por los objetos bellos, con las luces y las sombras, con la música que a él emociona y a los demás resulta indiferente.

La relación con aquellas mujeres fue siempre respetuosa y plena en afectos que debieron haber marcado a Cortázar para toda la vida. Según recordará Ofelia,[5] algunos años después de la muerte de su hermano, tanto ella como Julio habían vivido la infancia compartiendo juegos y amigos. A Ofelia, o mejor dicho a las ondas del cabello de su hermana, Julio le dedica, cuando tenía aproximadamente catorce años, «Apóstrofe»,[6] versos que bien vale la pena reproducir:

3. Julio Cortázar, «De otros usos del cáñamo», en *Territorios*, p. 52.

4. Julio Cortázar, «Las grandes transparencias», en *Territorios*, p. 110.

5. Entrevista de Mario Goloboff en *Julio Cortázar: la biografía*, Seix Barral, Buenos Aires, p. 16.

6. Publicado en *Página/12*, Buenos Aires, el 18 de octubre de 1992, p. 26. El signo de admiración que cierra después de «Satán» no abre en el original publicado por *Página/12*; no veo por qué agregar signos donde los signos faltan.

A Ofelia Cortázar, «Memé». / Son dos cosas más horribles, / más horribles / que las furias, que las parcas, / que las diosas del Averno, / que los antros más oscuros del Infierno, / que Satán! /Son dos monstruos que se yerguen, / son dos fieras acosadas. / Son dos víboras atadas con cadenas / que jamás se romperán. / Son dos plantas tropicales / que se empinan lujuriantes / que se elevan anhelantes de crecer. / Son dos bestias enojadas / que se espían acechando / la ocasión de acometer. / Son dos serpientes que agonizan. / Son dos magas que se hechizan. / ¡Son las ondas de Memé!

Y si bien Adán acabó por marcharse, nunca en todos aquellos años de ausencia, y siempre según Ofelia, dejó de escribirle a su madre:

> Cada quince días llegaba una carta para mamá, en toda la vida que ha estado lejos. Era fiel con ganas. Pero mamá siempre sufría por eso. Ella se veía envejecer tanto, llegaba al final de su vida y pensó: ¿en manos de quién, esto que es todo cariño, que es todo intimidad, entre un hijo y una madre, en manos de quién va ir a parar? [...]. Ella prefirió que todo eso se quemara.[7]

«Era fiel con ganas», cuenta la hermana casi al final de su vida tratando de hilvanar los recuerdos a pesar de los años y las escasas luces. Si Cocó le fue fiel a la madre o no jamás lo sabremos porque María Herminia se tomó el trabajo de destruir toda la correspondencia. ¡Una carta cada quince días! No tengo idea de cuántas cartas pudieron haber sido. Pero veamos: si Ofelia no exagera —lo cual es poco factible—, estaríamos hablando en una carta cada quince días entre fines de 1936, en que Julio abandona el nido, hasta el momento de su muerte, cuarenta y ocho años más tarde. Si a ese medio siglo de correspondencia le restamos los años que a mediados de los cuarenta Julio vivió en casa de su ma-

---

7. Entrevista de Mario Goloboff en *Julio Cortázar: la biografía*, p. 16.

dre temporalmente, le sumamos las omisiones y las cartas que no llegaron, los viajes de visita y un diez por ciento piadoso, la excepcionalidad de los años bisiestos y mi incapacidad para las matemáticas, estaríamos calculando algo así como treinta y cinco años en los que la correspondencia quincenal pudo haber sido un hecho. Considerando que cada año cuenta con veinticinco quincenas... ¡Estaríamos frente a unas ochocientas setenta y cinco cartas de Julio a su madre! ¡Un horror![8] Lo cual, sumado a los tres volúmenes de correspondencia ya publicados por Alfaguara y a la preparación de nuevos apéndices con la correspondencia que ha ido apareciendo en los últimos años elevaría el género epistolar a la primera categoría de aquellos practicados por Cortázar. Yo mismo creo ser un poco cómplice de la compilación si tenemos en cuenta que a lo largo de los últimos años tuve la buena fortuna de encontrarme con cartas de Cortázar a Osvaldo Soriano y a Jorge Luis Borges que puse a disposición de Aurora y que acaso formarán parte de futuras publicaciones.

No puedo dejar de pensar que hubiera sido entretenido husmear en la correspondencia a su madre (más aún si, como ella misma dice, se trataba de una frecuencia semanal y no quincenal, con lo cual estaríamos hablando de más de un millar y medio de cartas, sobres y estampillas). Si aquellas recopiladas por Aurora en la edición de tres volúmenes de Alfaguara permiten una mirada nueva, fresca y reveladora sobre el Cortázar más íntimo, es lícito preguntarse hasta dónde se hubiera podido llegar si aquellas que le escribiera a su madre no hubiesen acabado en el fuego purificador (del mismo modo en que Ofelia años más tarde destruye la única fotografía del padre. María Herminia temía que las cartas

---

8. La cuestión se vuelve pesadillesca si atendemos a lo que dijo María Herminia Descotte en «Mi hijo Julio Cortázar», p. 72. El investigador no puede sino tirarse de los pelos ante la dimensión de la pérdida (la cursiva es del autor): «Tengo una colección de cartas de Julio que son una divinidad: es su tránsito relatado día por día, sus andanzas, sus singulares descubrimientos [...]. El contacto más eficaz que tengo con Julio son sus cartas, *que conservan un ritmo casi semanal*».

fueran a revelar intimidades). Después de leer los primeros capítulos de este libro Aurora Bernárdez manifestó un sincero desencanto por lo que consideraba una intrusión, una transgresión inadmisible en la vida privada de la familia de su marido, ergo la suya. Es entendible. Pero cómo puede contarse la historia de Julio Cortázar sin hablar de sus circunstancias. Alguna vez Carpentier, quizá pensando en Ortega y Gasset, dijo que al hombre había que juzgarlo en toda su dimensión[9] y que esto conllevaba sus circunstancias; en otra oportunidad escuché a Ricardo E. Montes-Bradley, decir que en realidad no se trataba tanto de sus circunstancias sino de sus traumas. De uno u otro modo, la naturaleza que sugiere haber nacido en el seno de una familia desplazada por otra, en función de privilegios y legitimidad, tiene mucho que ver con el Cortázar que se construye *a posteriori* para ocultar la infamia. Más aún cuando el fruto de aquella supuesta infamia, eje de la vergüenza familiar, acaba por vincularse a otra familia de «buen apellido» para reproducir la tragedia, el rechazo, el desplazamiento hacia la periferia. El lugar que ocupaba Victoria para los familiares legítimos (¿legales?) de Luis Descotte no fue en esencia distinto al que ocuparía luego su hija María Herminia frente el nudo familiar de los Cortázar, quienes jamás la miraron con aprobación. Si lo que la clase media argentina busca es la legitimidad a cualquier precio, Julio Cortázar es, en gran medida, resultado inmediato, y por partida doble, de esas mismas aspiraciones.

9. En entrevista con Joaquín Soler Serrano en Televisión Española, 1977.

El mito del lenguaje materno

Uno de los mitos cortazarianos en torno a la infancia del escritor es aquel que establece que el hecho de que arrastrara las erres al hablar fuera un resabio de su idioma materno. Al igual que con el caso del padre diplomático, resulta constructivo aclarar de una buena vez este asunto que tanto mal le hace a Cortázar y, por extensión, a todos los que arrastran las erres, suegrte de hergmandad egrante que padece de rotacismo, una manifestación de un trastorno más general conocido como *dislalia*. Esta patología articulatoria imposibilita a quien la padece usar correctamente la lengua para producir las erres, tan útiles a la hora de hablar de las lenguas gromances. Existen distintos tipos de dislalia y cada clasificación responde a causas disímiles. Quizá la que mejor se ajuste a los datos con los que contamos es la siguiente:

> Dislalia orgánica: se genera como secuela de malformaciones de las estructuras del mecanismo fonoarticulador del habla. Obviamente deben comenzar a solucionarse con la corrección de tales malformaciones.[1]

Pero cómo no estarían confundidos los demás, si hasta su hermana e incluso él mismo llegaron a comprar en parte o en todo la

---

1. Tipificación de la dislalia. Doctor Néstor Antonio Pardo Rodríguez, terapeuta del lenguaje de la Universidad Nacional de Colombia.

idea de un refinado acento que viniera a echar un innecesario manto de piedad sobre lo que no fue más que, ¡horror!, un defecto.

> Abuelita y mamá hablaban francés con nosotros mientras estuvimos en Europa, cuando éramos chiquitos. Cuando llegamos (a la Argentina) no sabíamos castellano.

Al contar su historia, Ofelia evidencia una entrañable transparencia. Algunas de sus referencias a la vida de relación familiar son francamente conmovedoras. En otros casos sus confesiones llegan a rozar la ficción con la inocencia de un lactante:

> [Julio] nunca quiso ir a un club o a un baile. Nunca practicó deportes y desde chiquilín vivía metido en sus Julio Verne. En ese entonces no había aviones ni barcos y él lo inventaba todo.

Pero difícilmente pueda Ofelia recordar en qué idioma le hablaba su madre antes del regreso, ya que cuando desembarcan en Buenos Aires no había aún cumplido los tres años. Tan pequeña era la hermana de Cortázar por aquel entonces que no recuerda que los barcos y los aviones ya se habían inventado. Que la abuela Victoria le hablara a su nieto en francés es posible aunque poco probable; después de todo, el vínculo con aquel idioma se había ido literalmente a pique con el naufragio del abuelo. Si el idioma de uso entre la madre y la abuela de Cortázar era el castellano, ¿por qué habrían de hablarle al niño en la lengua del abuelo por más que el francés haya sido socialmente más aceptable? No tiene sentido. En algún momento supuse que quizá madre y abuela hubieran compartido el alemán como forma de comunicación, pero los testigos aseguran que no. Por otro lado, si la mayor parte del tiempo Cocó la pasaba con su abuela era porque su madre se dedicaba a los cuidados de la recién nacida, a quien poco le importaba en qué idioma se le hablara siempre y cuando alguien le acercara la teta o un biberón cada cuatro horas.

Lo que sucede en torno a la lengua infantil de Julio Cortázar merece cierta consideración a propósito de un defecto —que no efecto— en su pronunciación, algo que él mismo justificó como resabio de un dudoso francéscomolenguamaterna, eligiendo hacer caso a una voz familiar que no deja de construir mitos permitiendo que juguemos, casi cien años más tarde, a desentrañarlos. En cierto modo, algo de eso es comprensible. Según sugieren algunos biógrafos, a Cortázar le tomaban el pelo sus compañeritos del colegio primario llamándolo «belgicano» del mismo modo en que a Gardel le decían «el francesito». Los fonoaudiólogos o logopedas (suena mal pero se llaman así) entienden que el rotacismo es una carga sumamente pesada para los niños que lo padecen. Aparentemente la experiencia es traumática y es posible que ante la violencia de considerarse diferente o minusválido la madre optara por justificarlo introduciendo la versión del francés como primer idioma y sus consecuentes huellas.[2] Siempre crueles los niños:

> [...] allá en mi tierra el niño siempre culpable de torturas sigilosas, de capturas y suplicios en el gran interregno de la siesta de los adultos, ve en el gigantesco mamboretá el vengador de su reino de élitros y antenas y zumbadores y carapachos, monstruosa y agresiva irrumpe la mantis en pleno olvido del pecado, erizada de

2. Lo cual recuerda aquel cuento del niño sin orejas que un día regresa de la escuela llorando porque sus compañeritos lo mortificaban. Ante la desesperación y el llanto de su hijo, la madre le explica que en realidad los chicos se burlan de pura envidia porque él tiene los ojos más hermosos del mundo. Al parecer el niño quedó convencido de que así era y no volvió a preocuparse por las burlas. Un día, mientras esperaba el tranvía para regresar a casa, un señor mayor se queda mirándolo fijo con cierta pena en el mirar, después de todo uno no se cruza con un niño sin orejas todos los días. De repente, y para sorpresa de los presentes, el niño se dirige al señor mayor para asegurarle que bien sabe por qué lo está mirando. «De ninguna manera, niño —dijo el hombre sorprendido— yo no te estaba mirando.» «Sí, sí —respondió el niño— usted me mira de pura envidia, porque yo tengo los ojos más lindos del mundo», a lo cual el señor respondió: «Y que Dios te los cuide, porque si algún día tienes que usar anteojos te los vas a tener que colgar de las pelotas».

espinas, mirándolo implacable, siguiéndolo en un recuento de torpezas, y siempre hay una tía que huye despavorida y un padre que autoritariamente proclama la inofensiva naturaleza del mamboretá, mientras acaso piensa sin decirlo que la hembra se come al macho en plena cópula.[3]

¿Por qué habría de ser el francés la lengua materna de Cortázar cuando toda la correspondencia entre madre e hijo se sostuvo en un impecable idioma a la Banfieldquetecriaste? Incluso sería conveniente afirmar que el francés de Julio Cortázar no llegará jamás a ocupar el lugar de la lengua materna. Aunque, sin duda, hay mucho de coquetería en su gesto cuando él mismo se disculpa ante Carol Dunlop en la primera carta que le escribe por hacerlo en castellano y no en francés, alegando que el francés de su corresponsal es mejor y esto considerando que para Carol el francés también es su segunda lengua. Y algo parecido sucede muchos años antes en su correspondencia con las referencias hechas a Lucienne Duprat (y en buena lógica cortazariana en ese momento su francés debería haber estado más fresco). Elijo uno de los abundantes ejemplos en este sentido en su correo: «También la antología de Kra, leída en 1935, mal entendida porque entonces mi francés era tan lamentable».[4] O bastaría simplemente con escuchar a Cortázar hablar en francés frente a una cámara para concluir que quien hubiera mamado ese idioma de niño como para arrastrar la erre el resto de su vida no lo pronunciaría con el acento con el que lo habló Julio Cortázar hasta el día de su muerte. En algún momento él mismo sugiere que podría tratarse de un problema fonético, pero sin llegar a insistir en el asunto; no se diera el caso de que corriera peligro nuestro imaginario cortazariano. En entrevista con Mercedes Milá, Cortázar afirma:

---

3. Julio Cortázar, «Paseo entre las jaulas», en *Territorios*, p. 32.
4. Julio Cortázar, *Diario de Andrés Fava*, Alfaguara, México, 1995, p. 19.

JULIO CORTÁZAR: Es un defecto vocal.

MERCEDES MILÁ: Pero en todo caso es la típica «r» francesa.

JULIO CORTÁZAR: Coincide. Si viviera en Suecia, tendría exactamente el mismo defecto.[5]

Y en carta a Graciela de Sola, Cortázar responde:

> Tenía casi cuatro años cuando mi familia pudo volver a Argentina; hablaba sobre todo francés, y de él me quedó la manera de pronunciar las «r» que nunca pude quitarme.[6]

Es decir, Cortázar ofrecerá alternativamente la versión familiar del asunto y su propia interpretación, algo más racional según quien tuviera delante. Como en tantos otros asuntos relativos a Cortázar, acabará por imponerse el mito. Un Cortázar con acento francés es infinitamente más simpático y atractivo, más a la medida de lo que quisiéramos que fuera.

5. Entrevista de Mercedes Milá a Cortázar en el programa *Buenas noches*, reproducida en *Nicaragua tan violentamente dulce*, Muchnik Editores, Buenos Aires, 1984, p. 127.

6. *Cartas*, p. 47.

Intermezzo

Primera digresión de los señores prologuistas

—¡No deja mito con cabeza! Ya ni del acento *afrancesado* vamos a poder hablar...

—Desde luego que da para bromas el tópico de la articulación de la vibrante alveolar transmutada en velar en la boca de Cortázar (fonema que, por cierto, los ingleses son incapaces de producir antes de los cuatro años). En uno de esos discos tan coquetos que grabó, se burlaba de sí mismo al recordar que una vez le tocó hacer de locutor en una retransmisión de un match de box para las *Actualités Françaises* y de cómo el entusiasmo por el tema se conjugó para el desastre con esa dicción que, decía entre risas, «consternaría a cualquier foniatra». También su amigo del alma, Guillermo Cabrera Infante, escribió en «Mordidas del caimán barbudo» y retomando la cita de Jacques Vaché que servía de epígrafe a *Rayuela*: «Como dijo Cortázar: "No hay cosa que mate a un hombre más grapido que obligarlo a grepresentar a su país"».

—Muérdete la lengua o nos cerrarán el libro en la cara, y ten cuidado de no morir envenenado. Por cierto, ahora recuerdo que Luis Antonio de Villena decía haber coincidido con Cortázar y «con su erre redonda o su frenillo al hablar». ¿A qué se referiría exactamente con *frenillo*?

—Yurkievich se inclina también por la idea de que se trataba de un defecto de articulación. En una entrevista menciona que lo que él llama «la erre arrastrada» era, según Julio, «la erre belgicana».

—Bueno, bueno. Prosigamos...

In Paradise Island

Julio y Ofelia en el Paraíso

Figura 16.   Julio y Ofelia Cortázar. Banfield, c. 1926.

«Lista de ideas que circulan en mi familia: No hablar cuando se come pescado. No tomar vino después de la sandía. El caldo es siempre muy nutritivo. No se debe dormir bajo la luna. El único tuco bueno es el que se hace en casa. Antes una sirvienta costaba veinte pesos mensuales y era fiel. Ahora —etcétera. Nunca bañarse después de comer, salvo inmediatamente y con agua caliente. Los yanquis son seres anormales y enfermizos porque sólo comen alimentos en latas.»

JULIO CORTÁZAR, *Diario de Andrés Fava*

Desde un principio, las mujeres de la casa le estaban encima a Cortázar por miedo a que saliera a la calle y le sucediera algo, o que se resfriara o se fracturara un hueso jugando en el jardín. A esto debió de haberse sumado la sobreprotección que resulta de la separación de los padres. Acaso así se explica que pasara la mayor parte del tiempo del que disponía leyendo a solas, ¿de qué otro modo podría esquivar tanta mujer a su acecho? Sin embargo, la técnica evasiva no le ayudaría para salvarse del acoso.

Por leer mucho, la madre cree que Cocó está enfermo y recurre —*Help!*— a un médico. Debió suponer extraño que su hijo se encerrara horas o días enteros devorando libros o que escribiera versos que estimó —según lamentara Cortázar años más tarde— plagiados.

> Nadie los leyó, luego desaparecieron. Seguí escribiendo, un poco más por mi cuenta, esa segunda serie creo que fue un tío que los leyó, y concluyó que evidentemente esos poemas no eran míos, que yo los copiaba. Mi madre vino una noche antes que yo me durmiera un poco avergonzada a preguntarme si eran míos o los había copiado. El hecho de que mi madre... yo se los había dado y le había dicho que eran míos, que pudiera dudar de mí...

¿Acaso alguien sabe si María Herminia podía distinguir un soneto que valiera la pena?

Cuando Cortázar recuerda algunas de las ideas que circulaban en su casa está describiendo a cualquier familia de clase media argentina de su tiempo, sus prejuicios y sus miedos. Y probablemente hayan sido esos miedos y prejuicios los que acaban conformando su mundo en el período que abarca desde el momento de la llegada a Buenos Aires hasta que está a punto de cumplir la mayoría de edad. El poco alentador panorama para sus inquietudes parece mostrarle un nuevo horizonte con la aparición de una figura masculina en la vida familiar que viene a poner un poco de olor a hombre al *ladies room* en que se había convertido el entorno. El benefactor se llama Rudecindo Pereyra Brizuela, según dicen los que dicen, un capitán retirado del ejército, que por su edad bien podría haber sido abuelo de Cortázar, y que de hecho terminó siéndolo en más de un sentido.

Juan Carlos, el mayor de los hijos del capitán, forma pareja con la madre de Julio, mientras que uno de sus hermanos, Ricardo D., lo hace con la tía Etelvina. A esta feliz coincidencia deberíamos sumarle que Sadi, el menor de los herederos del vecino, será el esposo de Ofelia y que, finalmente, el mismísimo capitán recoge el guante de la abuela completando lo que bien podría haber pasado a la historia como «el milagro de Banfield». En otras palabras: ¡casa tomada!

Las cuatro mujeres consiguen un marido, lo cual no debió haber sido nada fácil considerando que Ofelia sufría epilepsia, que la Etelvina rengueaba a raíz de una malformación producto de la polio, que la abuela estaba pasada de madura y de viudez, y que María Herminia estaba legalmente esposada a un hombre con el que había jurado «hasta que la muerte nos separe» en un país donde no existía el divorcio. De hecho, María Herminia y Juan Carlos tuvieron que esperar para casarse hasta haberse enterado de la muerte del padre de Julio muchísimos años más tarde.

El 31 de diciembre de 1959 se celebraba la fiesta del fin de año en el departamento de la calle Artigas que habitaban Juan Carlos Pereyra Brizuela y María Herminia —con quien para entonces ya se había casado merced a la buena voluntad del padre del vampiro, quien, como veremos más adelante, había pasado a mejor vida tres años antes—. Juan Carlos muere atragantado con un hueso de pollo en presencia de familiares, incluso de su hijastro Cortázar, que se encontraba de paso por Buenos Aires. Patético pero cierto.[1] Cortázar creía en el azar y en la astrología. A mí, en cambio, me cuesta creer en el azar y en la astrología; bien que me resulta curioso que tres años después de la muerte del padre biológico del escritor, el flamante marido de María Herminia muera de la misma manera que Antínoo, el pretendiente de Penélope del cual se venga Odiseo a su regreso en Ítaca. Según cuenta la versión homérica, Ulises regresa a Ítaca para vengarse de los pretendientes que habían querido quedarse con Penélope y sus otras posesiones. Para cumplir con su propósito recurre a los buenos oficios de Apolo y descarga la furia de una de sus flechas contra Antínoo. El tiro, certero, atraviesa la garganta de quien pretendía a la madre de su hijo.

> ¿Usted se imagina una fiesta de fin de año en que las dos familias están reunidas, bebiendo y festejando, y en ese momento, como un final de teatro minuciosamente preparado, alguien cae muerto en medio de las copas de champaña? Desde afuera parece literatura; metido en el baile, lo deja a uno marcado para siempre. En dos horas vi convertirse una sala de fiesta en capilla ardiente, sacar copas y botellas y reemplazarlas por candelabros y velas.[2]

Lo de las copas de champán debió de haber sido lo suficientemente literal como para convalidar el hecho de que el bueno de

---

1. «Juan Carlos Pereyra Brizuela. Falleció el 1/1/1960. Su esposa María Herminia Descotte, sus hijastros Ofelia C. de Pereyra y Julio Cortázar; su hermano Ricardo D., su tía María Antonia Pereyra, hermanos políticos, sobrinos y d/d; participan su fallecimiento y que sus restos fueron inhumados hoy en el cementerio de Flores. C/d: General Artigas 3246. Volpi y Cía. Callao 595. N.° 3011 1P» (*La Razón*, 2 de enero de 1960).

2. Carta a Jean Bernabé. *Cartas*, p. 423.

Juan Carlos cayó a los cincuenta y nueve años de edad, sobre la mesa de la sala que daba sobre la calle Artigas,[3] exactamente a la una de la mañana del legendario 1 de enero de 1960, el mismo día en el que se celebraba en La Habana el primer aniversario del Triunfo de la Revolución liderada por el útopo barbado de las Antillas, quien acabará ocupando, tras la muerte del padre y padrastro, el lugar del tutor del huérfano que fue Cocó.

Ofelia había atravesado en 1942 por un trance similar, enviudando a los dos años de haberse casado con Sadi.

> [...] apenas llevaba una semana en Tucumán, y principiaba verdaderamente a descansar, un telegrama me enteró del repentino fallecimiento de mi cuñado. Esto ocurría el jueves 15, al anochecer; después de una llamada telefónica a casa, donde confirmé lo ocurrido, sólo me quedaba volver, e inmediatamente.
>
> [...] Tuve la triste conformidad de llegar a tiempo para esa última contemplación de un rostro que sólo va a perdurar en el recuerdo; media hora más tarde se efectuaba el sepelio.[4]

Quizá sea éste el momento propicio para recordar que María, la hermana menor de Victoria Gabel, se había casado en Salta con Pedro Cortázar, con lo cual tía y sobrina acabarían convirtiéndose en concuñadas mientras que dos hermanos, hijos de don Pedro y doña Carmen Arias Tejada, acabarían como tío y sobrino respectivamente. Algo similar sucede cuando los vecinos de Banfield se entrelazan: el capitán se convierte en abuelo de la esposa de su hijo Sadi, que a la vez es cuñado de su suegra. María Herminia será nuera de su padrastro y cuñada de su prima, dándole a Julio Cortázar un abuelo que es padrastro de su madre y una madre concuñada de su hermana. ¡Y después dicen que la vida en los suburbios es más simple que en las grandes capitales!

Quizá me esté adelantando demasiado. Después de todo, es-

---

3. Calle General Gervasio José de Artigas 3246.
4. Carta a Mercedes Arias, *Cartas*, p. 125.

tamos apenas en los primeros años de la infancia del escritor y no conviene revelar conflictos que tendrán su lugar en capítulos siguientes. Pero sucede que al sacar este tipo de cuentas me pregunto si acaso París, destino inevitable de Cortázar y de este escrito, no habría sido tan sólo una escala en un plan de fuga que contemplaba Kamchatka como estación terminal.

Según cuenta la leyenda familiar, el misterioso capitán Pereyra Brizuela gozaba de un retiro que le permitía vivir, como que se suele decir, cómodamente. Hombre de campo (¿quién más puede llamarse Rudecindo?) con quien Cortázar compartió —junto al resto de la familia— algunos veranos de aproximación a la pampa:

> [...] seamos serios y ya que de animales fascistas se trata, me vuelvo a mis mocedades para acordarme de las invasiones de langostas hacia los años treinta, un verano en una estancia de la provincia de Buenos Aires y en pleno calor de enero el tamtam de los paisanos golpeando bidones de kerosene para ahuyentar las mangas de langostas voladoras que al anochecer buscaban los mejores sembrados como hotel para posarse, comer y pasar la noche.[5]

5. Julio Cortázar, «Paseo entre las jaulas», en *Territorios*, p. 36. La estancia a la que hace referencia Cortázar perteneció, posiblemente, a la familia de los Pereyra Brizuela. En el mismo texto citado hay una referencia a la plaga de langostas en la que Cortázar utiliza una caracterización que da lugar a otras interpretaciones: ante la horda de langostas que avanzan devorando todo a su paso como las tropas de Atila, un pájaro salta de rama en rama desconcertado frente a su nido tan vulnerable. Cortázar aprovecha esa imagen para evocar su temor por el totalitarismo zoológico lanzándose contra el hombre. Los no peronistas llamaron «aluvión zoológico» a la invasión de la capital por gentes del interior durante los días que siguieron al 17 de octubre de 1945. Sin embargo, la evocación de sus días en la estancia de los Pereyra Brizuela en el texto citado encuentra a Cortázar en términos cordiales con el peronismo de los años setenta que reivindica las movilizaciones que dieron lugar al concepto. Al respecto Cortázar agrega, quizá con la inocencia de quien no se sabe parte del peligro, que su temor pasaba por la posibilidad de que ese totalitarismo zoológico se lanzara contra el hombre: «"The Bird", el relato de Daphne Du Maurier, que subsidiariamente dio una película de Hitchcock, y que ilustra lo que nos ocurriría si las aves se afiliaran al fascismo».

No he podido dar con ningún dato que confirme la existencia real de Rudecindo; de hecho, ni la del capitán, ni la de sus ingresos. En los archivos del Servicio Histórico del Ejército Argentino pasé horas con la ayuda del mayor Sergio Toyos tratando de encontrar algo que nos permitiera «situarlo en la institución» —o algo parecido—, pero no existe registro de Pereyra Brizuela en ninguna de las tres armas. He aquí un problema: sabemos que Pereyra Brizuela existió pero no podemos probarlo.

Existe una foto del misterioso hombre militar junto a Cocó en un jardín que posiblemente haya estado en casa del primero, pero si la fotografía llegase a desaparecer no quedarían más que los comentarios, lo dicho en las biografías sobre Cortázar. Es que así sucede con muchos en estas latitudes, con todos quizá. Los que no están en las fotografías están muertos y los que aparecen revelados en la emulsión conservan el privilegio de la existencia hasta que la pampa o los argentinos decidan si han de vivir para siempre en la Recoleta o desaparecer de la faz de la Tierra. Con Pereyra Brizuela y sus hijos, como con el abuelo Descotte y el padre de Cortázar, sucede que desaparecen. Las biografías del escritor que se han transmitido habitualmente amplifican las voces de las mujeres en la vida de Cortázar, acallando asimismo los ecos de todo referente masculino. Madre, abuela y hermana conforman un primer universo excluyente al que no va a sobrevivir el más mínimo residuo de testosterona. Después vendrán otras que se ocuparán de levantar la antorcha olímpica del desprecio hacia todos los hombres, asegurando que sólo existe la Obra y, más allá, el silencio. Al decir del buen Oscar Wilde: «The history of women is the worst form of tyranny the world has ever known. The tyranny of the weak over the strong. It is the only tyranny that lasts».*

---

* «La historia de las mujeres es la peor forma de tiranía que el mundo ha conocido jamás. La tiranía del débil sobre el fuerte. Es la única tiranía duradera.»

«Del orden emana la fuerza»

Figura 16. Julio Cortázar adolescente. Buenos Aires, c.1931.

¿Cuántos años tendrá Julio Florencio: quince, quizá dieciséis? A Cortázar fue siempre difícil darle la cana con la edad. Son muchas las historias que hablan de confusión. Es famoso el primer encuentro, muy posterior a la imagen, en el que Carlos Fuentes lo creyó hijo de sí mismo. Hay muchas más. En esta fotografía las dudas se reproducen en compañía de un condiscípulo del Mariano Acosta. ¿Cuál? ¿Acaso D'Urbano? Detrás, unos afiches raídos sobre un muro despintado, una estampa que aprenderá a estimar. Impecable *blazer* y chambergo levemente inclinado hacia atrás, reloj pulsera y raya del pantalón tan bien marcada como el vértice de la alzada de una puerta cualquiera, zapatos bien lustrados, un pie sobre la calzada. Listo para marcharse a algún sitio con la maleta sobre la que sienta sus reales.

Nací en el primer mes de la primera guerra, en una
ciudad ocupada por las tropas de Von Kluck. Cuando
empecé a oír bien lo que llegaba a Buenos Aires, era el
fin del cine mudo, Mussolini, Romain Rolland, el hundimiento del *Mafalda*, Cocteau, Milosz, el 6 de septiembre, Uriburu, La Legión Cívica, Hitler. Soy un fugitivo.

JULIO CORTÁZAR, *Diario de Andrés Fava*

Cortázar ingresa a la Escuela Normal Mariano Acosta en marzo
de 1928, año en el que Hipólito Yrigoyen es reelecto como presidente. Dos años más tarde, el 6 de septiembre de 1930, tiene lugar un golpe de Estado que lleva al general José Félix Uriburu a
la primera magistratura, iniciando un nuevo estilo en la vida política de los argentinos. El nuevo padre de la patria tenía lazos que
lo unían en su pertenencia al padre de Cortázar y, a tono con la
moda en todo el continente, era un figurón político militar salido
de las entrañas del conservadurismo salteño y amigo de la Iglesia.

Había llegado la hora de la Democracia Orgánica y se hacía
indispensable introducir reformas en las instituciones con la des-
titución de legisladores y la implantación de un parlamento integrado por representantes de las distintas profesiones y gremios, es
decir, la creación de una corporación al estilo de aquellas que
tanto daban que hablar en Europa. Los radicales, y en particular
los liberales, aglutinados por el general Agustín P. Justo, se convierten en una obsesión para el régimen de Uriburu, que en respuesta al desafío recurre a la creación de la Legión Cívica Argentina,[1] formación paramilitar al estilo de aquellas otras que operan

1. Durante los sucesos conocidos como la Semana Trágica, había aparecido en
escena un grupo integrado por vigilantes armados. Así describe la actitud de estos patriotas un nacionalista con buena memoria (las imágenes nos han de recordar las ya na-
rradas en otro capítulo y correspondientes a otro tiempo y otro lugar): «Agrúpanse, a su
alrededor, una falange de argentinos entusiastas que llevarían luego el nombre de Liga
Patriótica Argentina [...]. Oí decir que estaban incendiando el barrio judío y hacia allá

en España fruto de la inspirada visión de Primo de Rivera, adalid de la hispanidad entre los militares argentinos alineados con el régimen. Durante aquellos años se termina con la Reforma Universitaria de 1918 y se busca garantizar que las casas de estudio sean lugares de formación de hombres de bien, temerosos de Dios y respetuosos de la propiedad privada; los librepensadores y la masonería son el enemigo de las bestias. Se instrumentan purgas que dejan sin trabajo a docentes no comprometidos espiritualmente con la nueva Argentina, sospechosos de haber comulgado con los yrigoyenistas. Manuel Fresco, gobernador de la provincia de Buenos Aires, organiza desfiles de hombres vestidos en camisas pardas que marchan con los brazos en alto imitando las tropas de Mussolini en Italia. Es en este contexto que asiste Cortázar a la Escuela Normal Mariano Acosta, donde se impone la idea de que «del orden emana la fuerza, y de la fuerza emana el orden».[2]

El Mariano Acosta quedaba en Buenos Aires, en el barrio de Balvanera, muy lejos de la casa de Banfield. Para llegar por las mañanas a horario, Cortázar debía amanecer antes de que cantasen los gallos, caminar las cinco cuadras que separaban la puerta de su casa de la estación de tren antes de que el Toto, alias de Antonio de Sarro, el canillita de la estación desde 1911, recibiera los diarios. El porqué de que Cortázar no fuera a otro colegio que quedara más cerca tiene que ver con la voluntad de muchas fami-

---

dirigí mis pasos [...]. Fue al llegar a Viamonte, a la altura de la Facultad de Medicina, que me tocó presenciar lo que podría denominarse el primer *pogrom* en la Argentina. En medio de la calle ardían pilas formadas con libros y trastos viejos, entre los cuales podían reconocerse sillas, mesas, y otros enseres domésticos, y las llamas iluminaban tétricamente la noche [...]. Me abrí camino y pude ver que a pocos pasos de allí se luchaba dentro y fuera de los edificios [...]. El ruido de los muebles y cajones violentamente arrojados a la calle se mezclaba con gritos de "mueran judíos, mueran los maximalistas". Cada tanto, pasaban a mi vera viejos barbudos y mujeres desgreñadas. Nunca olvidaré el rostro cárdeno y la mirada suplicante de uno de ellos al que arrastraban un par de mozalbetes» (citado en Liliana Caraballo *et al.*, *Documentos de historia argentina, 1870-1955*, Eudeba, Buenos Aires, 2000, p. 71).

2. Julio Cortázar, «La escuela de noche», en *Deshoras*, Alfaguara, Madrid, 1987, p. 97.

lias de clase media que veían en la enseñanza normal una alternativa ante la probable imposibilidad de que sus hijos pudieran completar estudios universitarios. Con un título de maestro, y quizá de profesor, un graduado del Mariano Acosta podía defenderse ante la crisis que se venía en tiempos en los que ser maestro significaba, siempre en principio, respeto y una remuneración justa. Esto, sumado a las dificultades económicas por las que atraviesan en casa, hace que a mediados de 1932 la familia Cortázar se mude a un departamento de cinco ambientes en la calle Gervasio José de Artigas 3246, 2.º piso, departamento 7, en lo que se conoce como el barrio de Agronomía.

Ahora estoy precisamente en el que fuera el cuarto de Cortázar. Mira al este por una ventana desde la que pueden verse las copas de los árboles de una plazoleta y los techos de tejas rojas de las casas vecinas. Curiosamente, la plazoleta no tiene nombre o, si lo tiene,[3] vaya uno a enterarse de cuál es, ya que el cartel donde de-

3. Es de suponer que la plazoleta frente al edificio de la calle Artigas al tres mil doscientos, donde vivió sus últimos años en Buenos Aires Julio Cortázar, debió alguna vez haber llevado un nombre, quizá incluso el de «Carlos de la Púa» como mal supone el catastro. Porque, la verdad sea dicha, no hay nombre ni placa en el pedestal vacío donde debería decir «Carlos de la Púa» o cualquier otro nombre entre los que bien podría caber el del afamado vecino de enfrente, don Julio Florencio Cortázar. Pero sucede que don Julio ya tiene su plaza y no es precisamente aquella que podía verse desde la ventana de su dormitorio, sino otra en un barrio muy lejano que dudosamente haya jamás frecuentado. La que lleva su nombre es aquella otra que respondía al nombre de Plaza Serrano hasta que algún devoto del belga resolvió cambiar la geografía como aquel que arrojaba un puñado de arena en el desierto. La plaza en cuestión quedaba (¿queda?) precisamente en las intersecciones de las calles Serrano y Honduras, desierto sin dudas más cercano a la memoria de Borges que de Cortázar. Aquel ámbito pertenece a la literatura (al menos en parte) de quien inmortaliza una de sus manzanas en la fundación mítica de Buenos Aires. La manzana en cuestión era aquella delimitada por las calles Guatemala, Serrano, Paraguay y Gurruchaga. Pero a la calle Serrano le sucedió lo mismo que a su homónima plaza, es decir, le cambiaron el nombre y hoy ya no se llama Serrano sino Borges, con lo cual la manzana ya no existe y hasta podríamos asegurar que la referida y mítica fundación no tuvo lugar jamás. Desde luego, todo esto no convalida que la plazoleta frente al solar en el que Cortázar vi-

biera estar el nombre del homenajeado ha caído en desgracia y se asemeja a un monolito al óxido y el olvido.

Sin embargo, no todo siempre es confusión en las alteradas mentes de los concejales barriales. Tratan, aunque pareciera que jamás nada fuera a salirles bien. No hace demasiados años, y convencidos de que Cortázar vivía a dos cuadras del lugar en donde en efecto vivió, deciden homenajearlo dándole a aquella otra calle su nombre. En medio de la emotiva ceremonia en la que descubren la placa azul y blanca, una señora con años en el barrio se acerca a las autoridades para advertirles que en realidad la casa de Cortázar quedaba más allá, frente a la plazoleta que ahora contemplo. El burócrata de turno responde con una sonrisa complaciente. Entre los presentes aquel día en aquella emotiva y subdesarrollada escena está Nelly Schmalko, quien efectivamente vivía —y aún vive— en el departamento 7 del segundo piso del número 3246 sobre la calle Gervasio José de Artigas.

---

viera hasta sus últimos años en Buenos Aires no tenga nombre a la vista (aunque haya quienes aseguran que se trata de la plazoleta «Carlos de la Púa») o que una plaza tan lejana a sus habituales cotos reales o ficticios como el viejo Palermo lleve su nombre porque alguien pensó que se vería bonito el nombre del belga en letras de molde blancas sobre la placa esmaltada en azul. Ahora que lo pienso no queda tan mal y, después de todo, a quién le importa dónde vivió Cortázar o qué nombre tienen las plazas que ya no tienen nombre.

Un hombre de palabra en África

Figura 17.   Julio Cortázar en África, c. 1976.

La cosa estaba muy mal para nosotros. A los pocos meses de desatarse la represión en tiempos de Isabel Perón supe que no podía seguir viviendo en la casa en la que estaba viviendo y que tenía que mudarme lo antes posible. Busqué por acá que es un barrio tranquilo, alejado del centro, medio laberíntico. Desde la calle vi el cartel que decía que el departamento estaba en venta y subí a preguntar. Me encontré con una señora mayor y su hija: una escena de otro tiempo. Me mostraron las comodidades y de a poco me fui dando cuenta que este lugar tenía algo especial. Por lo pronto no terminaba de entender qué hacían tantas fotos de Julio Cortázar colgando sobre las paredes. Para mí Julio era todo un referente en aquella época, pero las señoras no tenían edad como para andar copándose con *Rayuela*. Creo que fue María Herminia quien advirtió que me había quedado detenida frente a uno de los retratos. Ella se me acercó y me dijo que el de la foto era su hijo.[1]

Nelly finalmente hizo una oferta que estaba un poco por debajo de lo que pedían, pero a María Herminia le había caído bien aquella chica que admiraba a su hijo, y así se lo transmitió a Cortázar, quien se encontraba en África cumpliendo con algún encargo de la Unesco y que aparentemente tenía la decisión final sobre la venta de aquel piso. Pero, tal y como suele suceder con

1. Nelly Schmalko en conversaciones con el autor.

frecuencia en las pampas inflacionarias, un cambio de moneda convirtió la oferta de la compradora en una suma inferior a lo pactado.

Me asusté mucho y pensé que había perdido el departamento, y la verdad es que no tenía adónde ir, ya había hecho todos los arreglos necesarios y con el dinero que tenía en las manos no podía comprar ningún otro parecido. Sé que María Herminia contactó a su hijo que en esa época andaba por Uganda o algún otro lugar en el África porque cuando recibió un telegrama me llamó y me dijo que la respuesta había sido que vendiera al precio acordado, que los avatares de la vida no tienen nada que ver con la palabra empeñada, que si uno ya dijo que sí, entonces es sí. Desde entonces vivo acá. Si quiere sacar fotos, pase.[2]

Cortázar estima al Mariano Acosta como una de las peores escuelas imaginables. Sin embargo, entre la descripción tenaz que hace en su cuento «La escuela de noche» y la realidad cotidiana, deben de haber habido momentos que valga la pena recordar.

De Nito ya no sé nada ni quiero saber. Han pasado tantos años y cosas, a lo mejor todavía está allá o se murió o anda afuera. Más vale no pensar en él, solamente que a veces sueño con los años treinta en Buenos Aires, los tiempos de la escuela normal y claro, de golpe Nito y yo la noche en que nos metimos en la escuela, después no me acuerdo mucho de los sueños, pero algo queda siempre de Nito como flotando en el aire, hago lo que puedo para olvidarme, mejor que se vaya borrando de nuevo hasta otro sueño, aunque no hay nada que hacerle, cada tanto es así, cada tanto todo vuelve como ahora.[3]

---

2. *Ibidem.*

3. Julio Cortázar, «La escuela de noche», en *Deshoras*, Alfaguara, Madrid, 1987, p. 77.

Durante los últimos años en la escuela normal, Julio comienza a hacer traducciones de artículos para la revista *Leoplán*. También colabora en *Addenda*, una publicación de los alumnos del Mariano Acosta, de la cual llega a dirigir un par de números. Posiblemente esa revista haya nacido por iniciativa de una especie de cofradía que integraba Cortázar y que tenía como lugar de reunión el sótano del Edison, en la avenida Rivadavia, entre las calles Urquiza y 24 de Noviembre.

La decoración y el mejoramiento del sótano tuvo diversas etapas, por ejemplo en un momento se forraron sus paredes con arpillera cubierta por obras de pintura de los asistentes. Se llamó a tal lugar y muy expresivamente por cierto «La guarida». Según recuerdos de nuestro amigo y compañero el profesor Guillermo Gillaume (Dozo), luego prestigioso director de teatro, por Café Edison solía aparecer intempestivamente el director de la Escuela Normal Mariano Acosta, profesor Pedro Comi, para ver si sus alumnos estaban allí. Si encontraba a integrantes de la carrera de profesores (es decir con más de 18 años), saludaba sacándose el sombrero y nada decía. Si veía jóvenes de Cuarto Año o algo menos, les indicaba la salida con un solo gesto y lograba que los «fugados» retornaran a la escuela. Lo mismo hacía durante los intervalos entre película y película en el vecino «Cine Loria». Allí encontraba con frecuencia «rateros» de diversas edades.[4]

Esta camarilla conocida como *La Guarida* (suerte de proto-Club de la Serpiente) sobrevivió como leyenda entre los alumnos de graduaciones posteriores que escucharon hablar del lugar a profesores que habían sido alumnos en tiempos de Cortázar. Con el tiempo el sótano fue adquiriendo, al igual que el escritor, características mitológicas que seguramente tienen un origen cierto. Se dice que aquél era un lugar de encuentro en el que se dis-

4. Diego A. del Pino, «El café para jóvenes maestros "La peña del Acosta"», en *Junta de estudios históricos de Balvanera*, 10 (1991), p. 48.

cutía no sólo sobre literatura sino sobre política, y que en su mayoría los concurrentes eran simpatizantes de corrientes socialistas y antifascistas y que incluso habrían logrado la visita de Pablo Neruda. Este dato, primero poco menos que increíble y que leímos inicialmente en el artículo recién citado de Diego A. del Pino, ha sido confirmado por uno de los integrantes directos del grupo, César A. Cascallar Carrasco, que entró en contacto con Cortázar en 1934.

> [...] Julio Florencio Cortázar que una tarde de junio de 1936, dedicada a la poesía, pronunció una inolvidable conferencia sobre «Paralelo entre la poesía de Enrique Banchs y la de Pablo Neruda» a la que asistió precisamente el poeta chileno y a la que concurrieron profesores y alumnos de la Escuela Normal.[5]

Hablando del Cortázar de esa época, su madre escribe, corroborando la realidad de esa conferencia, aunque no la presencia del futuro premio Nobel:

> Era enemigo de dar charlas magistrales, conferencias o cosas así. Recuerdo que una vez lo obligaron a discursear en la escuela; él no me avisó nada y los muchachos me vinieron a buscar para que yo lo escuchara a escondidas; fue apasionante, una conferencia encantadora y culta sobre Neruda y Banchs, un magnífico análisis de esas obras poéticas.[6]

Como iniciadores y destacados animadores de la idea de *La Guarida* acompañaban a Cortázar Eduardo A. Jonquières, Jorge D'Urbano Viau, Francisco C. Reta, Octavio Hornos Paz y los hermanos Saúl y César Cascallar Carrasco. Otros compañeros de Julio que participan son Eduardo Gagliardi, Efraín Bo, Harry Calle,

---

5. En carta a David Gálvez Casellas de 30 de mayo de 2002.
6. María Herminia Descotte, «Mi hijo Julio Cortázar», *Revista Atlántida* (mayo de 1970), p. 68.

Oscar Varsavsky, Roberto Guibourg o Julio Lagreca. También colaboraban profesores como el poeta riojano Arturo Marasso, Vicente Fatone, José Mas, Jorge Rivarola, Alberto Fesquet, Roberto Paterson, Rafael Rosales o Jacinto Cúcaro, a quien Cortázar evocará no por sus conocimientos en pedagogía sino por sus relatos de los encuentros sobre el ring del pugilista Justo Suárez, el Torito de Mataderos. Algunos de estos nombres, quizá todos, seguirán asociados al de Cortázar durante muchos años después de aquella etapa. Julio elige también la compañía de quienes se reúnen en La Perla del Once, también sobre avenida Rivadavia, esquina con avenida Jujuy, para discutir sobre Rafael Alberti y Elías Castelnuovo o simplemente para comportarse como un adolescente, cosa que, por otra parte, hacía tan bien como cualquier otro de su edad.

Era 1935. En la Costanera andábamos sin rumbo preciso, gozadores del caminar, la presencia mutua, la broma, la ternura.[7]

Pero quizás él haya sido justo al privilegiar «La escuela de noche» y elegir que ése sea el recuerdo que quede de aquellos años y no el otro. Después de todo, el otro existe en un sótano y la escena que describe el cuento sucede dentro de la escuela y no fuera. Para leer sus poesías y discutir de política, los estudiantes del Mariano Acosta se reúnen en el sótano de un bar de la avenida Rivadavia. Para recibir palos y ser humillados sólo tienen que acudir a horario a una escuela del Estado. Ese Cortázar cronista capaz de sintetizar el tiempo en el que le tocó vivir es sumamente atractivo. «La escuela de noche» goza de la fortaleza descriptiva que caracterizó a los manifiestos antifascistas del cine italiano de posguerra. Con todo, muchos de los que consideran de izquierda a Bertolucci entienden que el Cortázar de aquellos años era un conservador de derecha. No deja de ser curioso.

7. Julio Cortázar, *Diario de Andrés Fava*, Alfaguara, México, 1995, p. 43.

En «La escuela de noche» suenan aislados los gritos y los ecos de los gritos desesperados de un hombre que no deja de soñar con los retazos de un pasado en el que todo está dicho con las secretas armas de su generación y su tiempo: un perro sumergido en aguas infectadas por peces carnívoros, el cuerpo de un judío golpeado por *hombresmujeres* que buscan exprimirle hasta la última gota de su semen.

El general Justo asume la presidencia con el voto popular de los vivos y de los muertos el 20 de febrero de 1932. Al asumir, termina con el estado de sitio que había sido implantado el 6 de septiembre del año anterior, concede una inmediata amnistía general a los prisioneros políticos, restituye a sus antiguas cátedras a los profesores purgados por su predecesor y busca desmantelar el aparato paramilitar de la Legión Cívica Argentina. Se viven momentos de alivio con la recuperación de algunas garantías civiles.

En 1935 Cortázar termina sus estudios en el profesorado en el que se *formaron* cuadros instruidos en el corolario «Obedecer para mandar, y mandar para obedecer». De sus filas saldrán los responsables de la deformación moral e ideológica de las siguientes tres generaciones, a su vez responsables de deformar a las próximas tres. Años más tarde, ocupando él mismo un cargo como profesor, Cortázar diría:

> La enseñanza secundaria de esta tierra, como apoyada en miserables puntales de caudillismo, y con un generoso por ciento de arribistas, inútiles y desinteresados, ofrece un triste cuadro presente, que supone fatalmente un no menos triste futuro.[8]

Amén.

---

8. En carta a Mercedes Arias. Chivilcoy, julio de 1941. *Cartas*, p. 108.

Vampiros en Toulouse

¡Ah, estos investigadores! No lo dejan a uno vivir en paz,
che, y tener sus ideas.

Julio Cortázar, *Cartas*

A poco de llegar a Toulouse tropecé con Jean Andreu, o, mejor, él tropezó conmigo. ¿Casualidad? Con los cortazarianos uno nunca sabe... Almorzamos en compañía de Maite Mir, esposa de nombre encantador y apellido para mí especial. Mi *bobe*, que venía de Moldavia y hablaba ruso y rumano, decía que *mir* era la palabra más bella. En ruso *mir* significa paz, y para mi *bobe* la paz era algo muchos más importante que los arenques en vinagre o los pepinillos en salmuera que podían haber servido aquel mediodía en un restaurante de la Rue du Taur. Durante la sobremesa hablé con entusiasmo de la investigación sobre Cortázar. Dibujé en el mantel de papel, junto a la ventana, las relaciones familiares, los vínculos, las coincidencias, las falsedades. Lentamente el blanco del papel fue cobrando la apariencia de una estratagema, de un *plot* que bien podía llegar a justificar la existencia de alguien, incluso la propia. Líneas que cruzaban puntos, puntos con cruces y cruces con nombres. Las manchas de vino individualizaban los momentos clave y las presunciones más arriesgadas. La mirada de Jean se iba iluminando. El viejo recobraba el placer por el juego y la aventura, contagiándose del entusiasmo.

—¿Vampiro, dijo? —preguntó, apoyando su mano sobre la mía en algún momento, deteniendo el trazo del lápiz sobre el papel, la línea negra sobre la celulosa blanca.

—Sí, vampiro, el hijo del vampiro...

Parecía inevitable que el viejo pensara que, como buen argentino, uno lo andaba psicoanalizando todo, pero no fue así. Para mi sorpresa, Jean se sumó a la conspiración aportando la anécdota que cuenta en la adenda del tercer volumen de las *Cartas*.

> Veníamos de recoger a Julio en la estación de tren. Acababa de llegar de París y enfilamos por la carretera de Albí para llegar a casa lo antes posible. Veníamos hablando un poco de todo cuando al doblar en una curva del camino, los faros barren la banquina iluminando un bulto, una figura negra que parecía estar envuelta en una capa, un gigantesco murciélago a la vera del camino al que sorprendimos con los faros de mi coche de pura casualidad. Debo admitir que la introducción de la noción de murciélago provino de Julio. Durante el resto del trayecto hasta mi casa no intercambiamos más que un par de palabras. Los dos estábamos visiblemente impresionados, pero era evidente que Julio había quedado mucho más perturbado que yo. Al llegar nos servimos whisky y, tras algunas consideraciones en torno a lo fantástico, concluimos, con cierta lógica que ¡aquello que habíamos visto no era más que un cura, envuelto en una capa para protegerse del frío, haciendo autostop en la carretera entre Toulouse y Albí!

Agradecí a Jean que me recordara la anécdota. Quedamos un momento con la vista perdida en las líneas que mi mano habían trazado sobre el papel. Ninguno de los dos concluyó que, en cualquier idioma, a un cura se lo llama *padre*. Antes de partir, después del café, Jean dobló cuidadosamente el papel en el que yo había dibujado las conjeturas y observaciones más absurdas. Creo que le gustó el juego y que probablemente siga jugando en las orillas del pliego, con Maite, al pie de los Pirineos.

Bolívar: isla de tres mujeres

Figura 18.   Julio Cortázar con Osiris Sordelli. Bolívar, c. 1938.

1938. Julio Cortázar con Osiris Sordelli, en el Hotel La Vizcaína, de San Carlos de Bolívar, en el balcón sobre la avenida Almirante Brown. Rigurosa gomina, camisa, corbata y tamangos recién lustrados. El balcón que unía el cuarto de Cortázar con el de sus vecinos estaba orientado al oeste y la sombra que la reja proyecta sobre las baldosas registra el momento de la tarde en el que Adolfo Cancio debió de haber tomado la fotografía.

Cortázar llega en compañía de otros profesores a San Carlos de Bolívar a comienzos de mayo de 1937. Bolívar es una comunidad agropecuaria en la cuenca del Salado. Había sido fundada durante la campaña del desierto en las inmediaciones del fuerte de San Carlos y, para cuando Cortázar pone un pie en la estación del ferrocarril, Bolívar cuenta con menos de sesenta años de existencia. Son caras nuevas las que descienden del tren aquella madrugada para incorporarse tardíamente al Colegio Nacional. Hace días que el pasquín local anuncia la llegada de los profesores. El ciclo lectivo comenzó un mes antes sin que el plantel estuviera completo. Ahora sí, y por primera vez en seis años, el único establecimiento de enseñanza media en muchos kilómetros a la redonda volvería a funcionar en pleno.

Bolívar es la pampa, una inmensidad sin límites en las que el hombre de ciudad se siente solo y muere cada día un poco:

La amplitud del horizonte, que parece siempre el mismo cuando avanzamos, o el desplazamiento de toda la llanura acompañándonos, da la impresión de algo ilusorio en esta ruda realidad del campo. Aquí el campo es extensión y la extensión no parece ser otra cosa que el desdoblamiento de un infinito interior, el coloquio con Dios del viajero. Sólo la conciencia de que se anda, la fatiga y el deseo de llegar, dan la medida de esta latitud que parece no tenerla. Es la pampa; es la tierra en que el hombre

169

está solo como un ser abstracto que hubiera de recomenzar la historia de la especie —o de concluirla.

Al llegar, Cortázar se instala en el Hotel La Vizcaína, un edificio neocolonial de dos plantas en el que ocupa uno de los dos cuartos del primer piso que dan a la calle. En el contiguo se acomodan otros profesores recién llegados: Crespi y Vecino. Debo admitir que la idea de que el vecino de Cortázar en la pensión de Bolívar se llamara Vecino hizo que pusiera en duda muchos otros temas que tenía pendientes con aquellos años, pero lo cierto es que Vecino era irónicamente eso y no veo por qué deba preocuparme la coincidencia.

En un sorteo realizado en presencia de Miguel Capredoni, hombre de tres sombreros —rector del Nacional, jefe del Hospital de Bolívar e intendente municipal—, Cortázar obtiene tres horas de clase de geografía. Él mismo se excusa diciendo que, dada su corta memoria, ésa es una asignatura para la cual no está especialmente dotado. Hubiese preferido castellano, pero la lotería de Capredoni quiso que ésas le tocaran a Vecino, quien seguramente estaba más preparado para dictar geografía de lo que podría haberlo estado Cortázar. En definitiva, acabarán por asignarle nueve horas semanales por las que percibe 360 pesos al mes, una cifra nada despreciable para un profesor de veintitrés años en tiempos en la que una entrada al cine costaba diez centavos, y un helado de vainilla, cinco.

Según recuerdan algunos de sus ex alumnos, las clases de Cortázar eran originales y con frecuencia recurría a textos literarios para ilustrar aquello que, de otra manera, le resultaba tedioso.

Fuera del ámbito escolar, la vida de pueblo parece no sentarle bien a su carácter y pretensiones. La correspondencia de aquellos y posteriores años está plagada de ingeniosos ejemplos de un desprecio poco gentil.

---

1. Ezequiel Martínez Estrada, *Radiografía de la pampa*, Fondo de Cultura Económica, México, 1996, p. 7.

La manera de divertirse en Bolívar es inefable. Consta de dos partes:

a) Ir al cine. b) No ir al cine. La sección b) se subdivide a su vez: a) Ir a bailar al Club Social. b) Recorrer los ranchos de las cercanías, con fines etnográficos. Esta última sección admite, a su vez, ser dividida en: a) Concurrir, pasado un cierto tiempo, a un dispensario. b) Convencerse de que lo mejor es acostarse a las nueve de la noche.[2]

Bolívar le queda chico y las personas con las que llega a compartir sus inquietudes pueden contarse con los dedos de una mano.

Los microbios, dentro de los tubos de ensayo, deben tener mayor número de inquietudes que los habitantes de Bolívar.[3]

Alguna vez, el aburrimiento en Banfield y la sobreprotección de las mujeres de la casa lo habían llevado a buscar refugio en Verne, Poe y El tesoro de la juventud. Ahora es aquella isla en la pampa, su mar de girasoles y sapos cancioneros.

Había llegado con algunos libros bajo el brazo; otros le fueron enviados por su madre en encomienda desde Buenos Aires. También estaban los que pudiera facilitarle Nicolás Larrazábal, bibliotecario del Nacional, más algún que otro fascículo o revista en la mesa de ofertas de El Globo, la única librería del pueblo, de la que también se mofa en algún pasaje.

La vida, aquí, me hace pensar en un hombre a quien le pasan una aplanadora por el cuerpo.[4]

2. En carta a Eduardo A. Castagnino, Bolívar, 1939. Cartas, Alfaguara, Buenos Aires, 2000, p 40.
3. Ibid., p. 28.
4. Ibid., p. 27.

Como alternativa a la lectura, Cortázar decide perfeccionar su rudimentario conocimiento del inglés, para lo cual recurre a la «señorita» (entre comillas a falta de pruebas) Mercedes Arias, también profesora en el Colegio Nacional. Pero en la pensión donde se hospeda la profesora de inglés no permiten las visitas de varones, lo cual quizás explique el hecho de que fuera señorita. Seguramente Cortázar pensó que las clases podían tener lugar en su cuarto, el número 59 del Hotel La Vizcaína. Afortunadamente evitó mencionarlo, ahorrándose un disgusto: la presencia de Mercedes en el cuarto de Cortázar hubiera disparado los titulares y la ira de las fuerzas vivas.

Como para probar definitivamente que en el matriarcado pampeano las *chaperonas* se meten hasta en las clases de inglés, interviene, salvadora, Marcela Duprat —también profesora y «señorita»—, quien sugiere como lugar de encuentro la casa en la que vive junto a su madre, la muy francesa Lucienne.[5] Para ser un hombre que buscaba escapar de las tres mujeres que lo rodeaban, tardó muy poco en volver a rodearse del mismo número de hembras. (Ahora que lo pienso, y dando un salto hacia el futuro, fueron tres también sus cónyuges...)

El arreglo propuesto por las Duprat —en realidad, según se sabe fue idea de Lucienne— beneficiaba a todos por igual: Cortázar lograba que alguien le diera las clases de inglés que andaba buscando —suponiendo que no tuviera otras intenciones; Lucienne ganaba con la compañía de los visitantes; y Merche —que sí tenía otras intenciones— con la posibilidad de frecuentar a un varón sin que los chismes llegaran a oxigenar la fragua de rumores.

Las clases tenían lugar una vez a la semana: los días jueves, de cuatro a cinco de la tarde, pero las visitas solían extenderse en entretenidas charlas. Cortázar compartía con Lucienne el buen gusto por la pintura. Ella había sido discípula de Eduardo Sívori y su

---

5. «En la casa alquilada de la avenida Venezuela 174, eran tres mujeres: Luciana, Marcela y Nelly de Duprat, su suegra» (Emilio Fernández Cicco, *op. cit.*, p. 42).

frecuentación le permitía practicar el francés, idioma que Cortázar conocía vagamente y que ella tenía como su primera lengua a pesar de no arrastrar las erres al hablar en castellano. Lucienne había nacido en Francia y llegado a Buenos Aires con sus padres a los tres años de edad. Era una mujer culta, con inquietudes, ciertamente beata y de alguna manera producto de la estrechez provinciana.

Hablando de devociones, pienso ahora en que la idea de la religión en Cortázar es frecuentemente minimizada, cuando no anulada; sin embargo, bien vale la pena considerar algunos datos que pueden ayudar a definir aspectos de la relación entre el escritor y el pensamiento mágico. Sabemos que su hermana Ofelia fue bautizada en la iglesia católica de San Antonio en Zürich. Sería razonable suponer que Cocó también lo hubiera sido; lo cual, por otro lado, no dice mucho de sus convicciones: para someterse al rito del bautismo bastó con la determinación y el convencimiento de los padres.

La tradición católica en América está ciertamente vinculada a la familia de su padre; la relación de María Herminia y su madre con la Iglesia es quizás un poco más compleja. En principio, existen elementos que permiten suponer ciertas diferencias. Durante su peregrinaje por la pampa Cortázar vivió acompañado de una Biblia luterana que leía con la ayuda de un diccionario alemán-castellano. Según las voces familiares, la intención del profesor era aprender alemán y el hecho de que la Biblia fuera luterana poco y nada tenía que ver; sin embargo, resulta inverosímil creer que para el estudio de esa lengua recurriera a un libro sagrado cuando para los estudios de francés e inglés le bastaban tutores. No podría asegurarse que, como tantos otros alemanes, Victoria fuese devota de las reformas de Lutero, pero la presencia de aquella Biblia en los cuartos de pensión de Bolívar y, más tarde, de Chivilcoy debiera, al menos, alertar acerca de la posibilidad de un cisma doméstico. Buscar definiciones sobre el padre sin considerar la relación fundacional de la Iglesia con la nacionalidad que el salteño enarbola en sus banderas, resulta desatinado. Religión y Estado son para Julio José un mismo cuerpo en la lucha contra el enemigo ateo y masón. La reacción de las mujeres Cortázar frente al vínculo de Julio con María Herminia es la misma que violenta la vida nacional a partir de la llegada de anglicanos, protestantes y puritanos al país durante la primera mitad del siglo XIX. Judíos había habido desde siempre y con ellos la relación de exclusión era mucho más clara. Por lo pronto, pertenecían a otro universo y con eso bastaba para dividir las aguas. Pero con los recién llegados el tema se complica; después de todo, le rezan al mismo dios, y la parafernalia ritual y simbólica que trajinan es semejante. Quizá sean esas semejanzas las que hayan determinado que el desprecio de la tradición católica argentina haya sido más encarnizada con los reformistas que con cualquier otro culto.

La idea de Dios en Cortázar, y en el momento de llegar a Bolívar la tenía, lo ubica al margen del cuerpo social. Es difícil que pueda llegar a integrarse al orden cerrado de esos fortines miserables de la fe como fueron sus destinos pampeanos. Si las circunstancias lo deslizaban hacia el centro del embudo, sus cuestionamientos habrán de producir la fuerza que lo expulse. Lucienne, en mérito a su beatitud y devoción, había sido recompensada con un título de catequista. Lo que en principio pudo haber entorpecido las relaciones (y, de hecho, en cierta oportunidad la cosa casi pasa a mayores) fue resuelto finalmente con un salomónico «de eso no se habla» y a otra cosa mariposa. A pesar de esas diferencias en asuntos de la fe que mantiene con Lucienne, Cortázar se siente cómodo frente a quien, en otros aspectos, bien resume sus herencias y preocupaciones transatlánticas.

En Bolívar, Cortázar comienza a escribir sonetos inspirados en los poetas franceses del siglo XIX. Percibe algo en aquella lengua que no domina y ese algo va más allá de ser una mera pretensión *snob* de porteño afrancesado. En Cortázar, lo francés es un destino, todo un signo. Su compromiso con la lengua francesa y también con la pintura son prioridades que debieron de haber ocupado un lugar de privilegio en la crítica frente a la idea dominante que lo vincula, por ejemplo, al box y al tango, en un esfuerzo constante por concebirlo *accidentalmente* argentino.

Además de leer y jugar a las visitas con las Duprat y Mercedes Arias, Cortázar ocupa las noches traduciendo del francés o del inglés al castellano algunos encargos de la editorial Sopena y de los editores de la revista *Leoplán*. Con esas traducciones, el profesor gana algún dinero extra con el que busca ayudar a su familia en Buenos Aires, ya que María Herminia apenas consigue sostenerse con el sueldo que recibe de la Caja Civil de Jubilaciones y con las clases de corte y confección que imparte a las laboriosas muchachas del barrio.

El traqueteo que hacía la máquina de escribir de Cortázar por las noches les quita el sueño a sus vecinos de pensión. Al igual que Payró en Bruselas, Cortázar suele quedarse escribiendo hasta tarde. Para que finalmente entendiera que era hora de irse a dormir, Cancio, en el cuarto contiguo, encendía la radio y frotaba la descarga a tierra contra el tejido de alambre de su cama produciendo descargas estruendosas a las que Cortázar, siguiéndole el juego, respondía con un «¡Se viene la tormenta, Adolfo!». De aquella ruidosa máquina van a surgir una serie de sonetos que acabarán reunidos en *Presencia*, un primer libro que el autor encarga publicar en 1938 bajo el seudónimo Julio Denis. Aquellas noches también darán un puñado de cuentos destinados a integrar *La otra orilla*.

Sobre *Presencia* Cortázar ha dado impresiones contradictorias. Por un lado, dijo no sentir ningún remordimiento de haberse atrevido a publicarlo, y por otro, años más tarde, que *Presencia* ha sido «felizmente olvidado» por la crítica y el público.

El libro se hizo con una tirada absurda de 250 ejemplares que estaban destinados a los amigos. El librero y a la vez editor lo vendió y creo que logró colocar algunos ejemplares, pero el libro no estaba destinado para eso. Yo lo escamoteo un poco en mi bibliografía. Es la única transgresión al hecho de no querer publicar hasta estar verdaderamente seguro que valía la pena.[6]

La poesía fue una de las preocupaciones más evidentes en Cortázar a lo largo de toda su vida. Junto a la música y las artes plásticas constituye una sagrada trinidad que no deja demasiado lugar para pensar en otras pasiones, sino a través de una mirada que las contenga. Durante las vacaciones de verano de 1939 regresa a Buenos Aires y aprovecha para visitar a Ricardo Molinari, a quien pide opinión sobre sus versos.

> [...] me dijo que mi libro indicaba una juvenil falta de equilibrio; me hizo notar la falta de selección en el vocabulario, y me regaló con la lectura de dos obras suyas inéditas, que aparecerán este año.[7]

Seguramente recurrió a muchos otros en busca de consejo y opinión. Cortázar se siente poeta y duda de su capacidad para escribir cuentos. En su opinión, los que ha reunido en el volumen *La otra orilla* no merecen ser publicados y acabará destruyéndolos, o cuando menos, convencido de haberlos destruido. Para él, el género breve es patrimonio exclusivo de Faulkner, Hemingway, Bates y Chesterton.

---

6. Entrevista citada de Joaquín Soler Serrano en Televisión Española. Apenas quedan ejemplares localizados de esa edición. Además del que posee Aurora Bernárdez y del que custodia la Biblioteca Nacional Argentina, sólo hay noticia de otro: el que una librería argentina tiene a la venta por nueve mil dólares en internet y que formaba parte del Legajo Personal N 26.C de la Universidad de Cuyo. Tiene esta inscripción en la contracubierta: «Perteneciente a Julio Florencio Cortázar, concurso realizado el 30-XI-45. El presente documento ha sido considerado por los jurados de Literatura y devuelto al interesado a su solicitud, el 30-VII-46». Ese detalle indica que Cortázar apreciaba la calidad del libro por lo menos hasta 1946.

7. En carta a Luis Gagliardi, 4 de enero de 1939. *Cartas*, p. 45.

El verano porteño le permite ponerse al día con las miserias de la capital. A poco de andar se cruza frente a la estación Retiro con un desfile de hombres con camisas pardas que llevan ceñidos en el brazo izquierdo brazaletes con la cruz esvástica mientras alzan el derecho como las tropas de Hitler en los noticieros de la Movietone. El principio del fin de la década infame, que se había iniciado con el golpe del 6 de septiembre de 1930, les brinda a los fascistas la posibilidad de regodearse con los titulares de los diarios.

En enero, Lisandro de la Torre se pega un tiro en el corazón; en marzo, Franco acaba con la resistencia de Madrid, con lo que se da por terminada la contienda y, en agosto, los alemanes vuelven a cuestionarse la falta de espacio. Triunfa la espada y la cruz en la madre que nos parió y los alemanes declaran *open season* de judíos y masones. ¿Qué más podían pedir los cruzados en esta orilla del Atlántico? Los que no marchan al grito de ¡*Viva Dios!* sueñan con la posibilidad de marcharse.

Aquel verano y el siguiente, el destino fue, para Cortázar, una aventura llamada México, un lugar en el que siempre «ha vivido una juventud llena de ideales, trabajadora y culta, que apenas se encuentra en Buenos Aires».[8]

> Me gustaría poder apreciar por mí mismo si todo lo que me han contado de México es cierto: desde las pirámides aztecas hasta la poesía popular. Probablemente me iré el año próximo (a menos que ocurra un milagro que me habilite para marcharme mañana o pasado).[9]

Cortázar cuenta con sólo tres meses para planear y ejecutar el viaje. La posibilidad de embarcarse en un buque de carga, «un poco pasajero y un poco tripulante», lo lleva a recorrer los mue-

8. *Ibidem.*
9. *Ibidem.*

lles de Buenos Aires en busca de un «capitán que acepte una pequeña suma y la contribución personal». De ese modo descubre que los únicos pasajes a México zarpan de Chile y que el tiempo no le alcanza para sumar la cordillera a la carrera de obstáculos en la que se está convirtiendo su intento de fuga.

> ¡Triste mundo de las cosas, contra el cual se estrella la tentativa de evasión! [...] Mis investigaciones en las dársenas no dieron otro resultado que el de una sorda desesperación.[10]

La idea de regresar a Bolívar, lugar en el que «un vigilante de la capital pasaría por erudito», lo exaspera. Una vez más el embudo, la caída. Cortázar despierta de noche pensando: «O te vas, o te mueres». El dilema refleja algo más que la mera inquietud del hombre de ciudad confinado a una rutina de estiércol, curas y domingos. La asfixia lo lleva a temer por un «morir que no es el poco importante morir filosófico; un morir en vida, un progresivo paso de hombre a máquina, de conciencia a simple cosa». Y ese destino que teme, al menos en Bolívar, es la *simple cosa* que lo espera en el fondo del embudo, en el punto de fuga interior del que no se regresa.

El encuentro con México y todo lo que ese viaje pudiera ofrecerle deberá esperar muchos años. La fuga se pospone para el verano siguiente y, del siguiente, irremediablemente al próximo.

A mediados de año, mientras dicta una de sus clases en el Nacional de Bolívar, lo interrumpen para avisarle de una llamada de larga distancia esperando en la Dirección. Las llamadas telefónicas no eran una de las forma formas habituales de comunicación. Con frecuencia anticipaban tragedias. Sólo establecer un llamado requería de la paciencia de un chamán y la tolerancia de un faquir. Había que esperar horas, a veces días, a que una operadora consiguiera establecer línea de larga distancia entre dos abo-

---

10. En carta a Luis Gagliardi, enero de 1939. *Cartas*, p. 47.

nados. Es posible que se hubiera imaginado lo peor, pues imaginación no le faltaba, y seguramente se sorprendió al oír del otro lado del auricular la voz de Juan Pedro Curuchet, un rengo de mal carácter que alternaba dando clases entre Bolívar y Chivilcoy. Con ese llamado se entera de que acaban de nombrar a Curuchet director del Nacional de Bolívar, para lo cual tendría que desprenderse de las horas de clases que dictaba en Chivilcoy. La oferta es la siguiente:[11] las horas de geografía de Cortázar en Bolívar por las de Curuchet en Chivilcoy. Cortázar no lo duda un instante. Ha llegado la hora de abandonar una isla para nadar sin ropa hacia la siguiente. Aún no tiene muy claro qué es lo que está buscando pero sabe perfectamente que no lo va a encontrar practicando francés con Lucienne o dando la vuelta del perro por la plaza los domingos.

Al amanecer del día siguiente, con su equipaje listo, esperaba en el andén la llegada del tren que habría de rescatarlo. En la estación sólo estaban el profesor y el guardabarrera.

11. Ya había solicitado vacante en la Escuela Normal de Chivilcoy. A poco de llegar a Buenos Aires en las vacaciones de verano de 1939, Cortázar responde así a un pedido de ampliación de datos del Normal: «Buenos Aires, diciembre 20 de 1939. A la Señora Secretaria de la Escuela Normal. De mi mayor consideración: Me es grato acusar recibo de su carta de fecha 18 del corriente, y responder a ella con los datos que me son solicitados. Títulos: Profesor Normal en Letras. Recibido en la Escuela Normal de Profesores Mariano Acosta de Buenos Aires. Certificado número 416, libro G/19, de fecha 17 de diciembre de 1935. Cargos desempeñados fuera de la enseñanza secundaria: Ninguno correspondiente al presupuesto nacional, excepto una breve suplencia en una escuela primaria, entre agosto y noviembre de 1936. Publicaciones: Ninguna. Deseando que estos datos satisfagan las necesidades de esa Secretaría, saludo a Vd. con mi mayor consideración y respeto, Julio Florencio Cortázar» (Carta citada en *Cortázar en Chivilcoy, 1939-1944*, de Gaspar J. Astarita, Grafer, Chivilcoy, 1997).

El hijo del vampiro

Figura 19.   Julio Cortázar. Banfield, c. 1938.

Casi una década ha transcurrido y la pose es la misma (véase la foto de la p. 125). La primera junto a una medianera con reja que permitía el diálogo con los vecinos. La segunda, posiblemente en casa de los Pereyra Brizuela, el otro lado del muro, alzado y sin reja.

«My father was frightened of his mother. I was frightened of my father, and I'm dammed well going to make sure that my children are frightened of me.»

JORGE V (1865-1936)

«El hijo del vampiro», relato sorprendente por lo que implica en términos autobiográficos, es uno de los primeros cuentos escritos por Julio Florencio Cortázar. Al igual que el resto de los relatos que integraban *La otra orilla*,[1] «El hijo del vampiro» permaneció desaparecido durante décadas. Según Cortázar, él mismo los habría destruido. Sin embargo, los *Cuentos completos* en dos volúmenes que Alfaguara edita en 1994 incluyen *La otra orilla*. «El hijo del vampiro» fue concebido en 1936, cuando el autor todavía no se decidía a dejar de ser Julio Denis y, más allá de la atracción que pudo ejercer en Cortázar el tema de los vampiros, en el referido cuento hay elementos que aluden a su mundo familiar de modo enternecedor.

«El hijo del vampiro» es la historia de amor entre un lepidóptero llamado Duggu Van y Lady Vanda, el objeto de sus desvelos y succiones. Hasta aquí, nada nuevo. Todas las historias de vampiros hablan de un amor apasionado que trasciende las barreras del tiempo, de la vida y de la muerte. Pero en éste, Cortázar da un salto sorpresivo: del contacto con Duggu Van, Lady Vanda queda tan encinta como debió haberlo quedado la costurerita que dio el mal

1. El volumen *La otra orilla*, al igual que *Bestiario* años más tarde, está dedicado a su amigo Paco Reta, y viene precedido de una cita a Matthew Arnold que concuerda con el estado de ánimo expresado en su correspondencia: «And we are as on darkling plain / swept with confused alarms of struggle and flight, / Where ignorant armies clash by night». ¿Cuáles son los ejércitos ignorantes que se enfrentan por la noche?

paso. Esto genera un escándalo en el castillo e inmediatamente se toman las medidas para impedir que el vampiro inseminador reincida. Lady Vanda acaba recluida a uno de los cuartos del castillo a los cuidados de Miss Wilkinson, una enfermera inglesa.

La separación mortifica a los amantes, que agonizan a distancia. El *bloodsucker*, privado de su alimento predilecto, acaba bebiéndose la hemoglobina de niños, ovejas y —¡horror!— hasta de cerdos que encuentra en su camino.[2] Entretanto Lady Vanda va adquiriendo una fisonomía decrépita sin que Miss Wilkinson y los médicos que peregrinan al castillo puedan hacer nada al respecto. Ante la impotencia de los galenos y de la enfermera-*madre*, Lady Vanda se consuela acariciando su vientre y repitiendo una y otra vez «es como su padre, es como su padre».

Los médicos contemplan la posibilidad de un aborto que podría salvarle la vida a la madre del hijo del vampiro, pero Lady Vanda se opone rotundamente sin dejar de repetir «es como su padre, es como su padre; es como su padre, es como su padre».

Los doctores, tan resignados como Miss Wilkinson, dejan que la naturaleza siga su curso. Sin embargo, el hijo del vampiro no se digna a nacer en los términos previstos. El feto crece dentro del vientre sin dar señales de estar dispuesto a hacerle frente al mundo. Tanto crece que, hacia el final del período de gestación, ocupa no sólo el lugar previsto, sino todo el interior del cuerpo en el que se aloja temporalmente. Según explica Cortázar (muchos años más tarde), el hijo se está comiendo por dentro a la madre.[3] En consecuencia, Lady Vanda se ha deformado como un guante para alojar al flamante *alien* de los Cárpatos. En la medianoche del trigésimo día del noveno mes de la concepción se presenta el padrevampiro con intención de asistir al alumbramiento. Al acercar-

---

2. Hay un halo anticipatorio en esto: recuérdese la escena análoga en el filme *Entrevista con el vampiro* cuando el bueno de Brad Pitt no quiere reincidir en morder cuellos humanos.

3. Julio Cortázar, «Paseo entre las jaulas», en *Territorios*, p. 47

se al cuarto en el que yace su amada se encuentra con Miss Wilkinson, que está allí para prevenir en caso de que el *nomuerto* diera señales de vida. Duggu Van le explica a la enfermera que viene por su hijo y no por la madre, con lo que gana el consentimiento de Miss Wilkinson, más preocupada por su «hija» que por el hijo del vampiro.

El parto tiene lo suyo y no deja de ser tan revelador como lo anterior. Ante la mirada atónita de todos los presentes, se produce una metamorfosis mediante la cual la madre acaba transformándose en el hijo que engendra. Como sucede con los gusanos que se convierten en mariposas, uno de los dos deberá perecer (y está muy claro cuál) para que el otro pueda seguir viviendo. Una vez producido el milagro, Duggu Van, que ha presenciado el sacrificio de su amada, toma a su heredero de la mano. «Los dos, mirándose como si se conocieran desde siempre, salieron por la ventana.» Como las mariposas.

De no haber mediado este cuento, escrito al poco tiempo de llegar a Bolívar, nos hubiésemos privado de la entrañable visión del padre que regresa, del niño que crece tan desmesuradamente que para nacer tiene que adueñarse del cuerpo y del sexo de su madre —cosa que hace desangrándola previamente con la más refinada de las crueldades—, y, por fin, de la figura de la enfermeraabuela que quiere cerciorarse de que el vampiro vaya en busca de su hijo y no de Lady Vanda, con lo cual queda en claro que cualquier intento del padre por regresar en busca de su amada hubiera sido (acaso lo fue) frustrado por la abuela. Respecto de las refinadas crueldades, sería conveniente recordar aquella otra en la que Cortázar interviene para evocar la figura paterna como víctima del juego copulativo: «Siempre hay una tía que huye despavorida y un padre que autoritariamente proclama la inofensiva naturaleza del mamboretá, mientras acaso piensa sin decirlo que la hembra se come al macho en plena cópula».[4] La idea de que el

4. *Ibid* , p. 32.

padre hubiese abandonado a sus hijos, su esposa y su suegra no me convence. Pero quisiera aclarar que la hipótesis de que María Herminia se lo haya comido me parece totalmente descabellada aunque, por qué no, *très sympathique*.

La figura del espectral, del *nomuerto* o vampiro es, como se supone, anterior a «El hijo del vampiro».

> Si el hombrelobo no rondó demasiado mi cama de niño, en cambio los vampiros tomaron temprana posesión de ella; cuando mis amigos se divierten acusándome de vampiro porque el ajo me provoca náuseas y jaquecas (alergia, dice el médico, que es un hombre serio), yo pienso que al fin y al cabo las picaduras de los mosquitos y las dos finas marcas del vampiro no son tan diferentes en el cuello de un niño, y en una de esas vaya usted a saber. Por lo demás, las mordeduras literarias fueron tempranas e indelebles; más aún que ciertas criaturas de Edgar Allan Poe, conocidas imprudentemente en un descuido de mi madre cuando yo tenía apenas nueve años, los vampiros me introdujeron en un horror del que jamás me libraré del todo. La imaginación se paga cara, es sabido, y el placer del sufrimiento mental es una de las hormonas más potentes de esta literatura que estamos explorando...[5]

En uno de los primeros romances de Cortázar aparece la misma idea en un contexto algo más infantil, teñida por la cadencia en los versos de García Lorca, por entonces una de sus lecturas predilectas.

> —Madre, que yo tengo miedo
> de que me lleven las ánimas.
> —Clavel te puse en el pelo
> para alejar de tu almohada
> la legión de los vampiros

---

5. *Ibid.* p. 47.

y las brujas de cerámica
con que sueñas, niño tonto,
cuando te vas a la cama.[6]

Cortázar no renegó de las prebendas que le otorga una crítica dispuesta a recompensar las carencias afectivas de sus ídolos
culturales con dulces elogios a la orfandad. Cuánto más miserables hayan sido los primeros años en la vida del ídolo, más mérito
tendrán sus logros. Pero ¿fue tan así?

Julio José Cortázar se marcha (o es desterrado) y no vuelve a
dar señales de vida hasta el momento en que le habría escrito una
carta a su hijo con motivo de la publicación de un artículo titulado «Colette» en el suplemento *Cultura* del diario *La Nación*.[7] La
carta, como todas las cartas recibidas alguna vez por Cortázar, ha
desaparecido. Es curioso, existen tres volúmenes que reúnen aquellas escritas por Cortázar (y otros dos en preparación) y, sin embargo, nada se sabe de aquellas otras que pudo haber recibido de
sus corresponsales. ¿Será posible que siendo tan severo en su correspondencia no haya tenido la precaución de guardar las cartas
que le enviaran García Márquez, Vargas Llosa, Manuel Antín o
Antonioni, para mencionar tan sólo algunos nombres de prestigio? ¿Ni siquiera las que le enviara su madre?

El tono de la carta que le habría enviado su padre fue —según cuenta Walter Bruno Berg—[8] amistoso. Según Berg, el padre
buscaba, en primer lugar, felicitarlo por la publicación del artículo publicado en *La Nación* y, en un segundo, instarlo a que viera
de modificar su firma, quizás incluyendo su segundo nombre Florencio, ya que la gente podía mal interpretar asumiendo que
quien escribía aquellos artículos era el padre y no el hijo.

La respuesta del hijoescritor no se hizo esperar; con gran

6. En carta a Eduardo A. Castagnino, Bolívar, 23 de mayo de 1937. *Cartas*,
pp. 29 y 30.
7. Diario *La Nación*, domingo 20 de noviembre de 1949.
8. Académico alemán de la Albert Ludwigs Universität.

economía verbal, algo poco frecuente en él, habría escrito a su padre:

«Querido señor: He recibido su carta. Puesto que mi nombre es sencillamente Julio Cortázar, voy a seguir publicando mis trabajos bajo esa firma. Cordialmente, Suyo, Julio Cortázar».[9]

En el documento de identidad que obtiene a la edad de quince años, Julio Cortázar firma como J. Florencio y no Julio F., como suele suceder. De hecho, los formularios prevén el espacio a completar con el nombre seguido por uno más pequeño en el que se debe indicar la inicial del segundo.

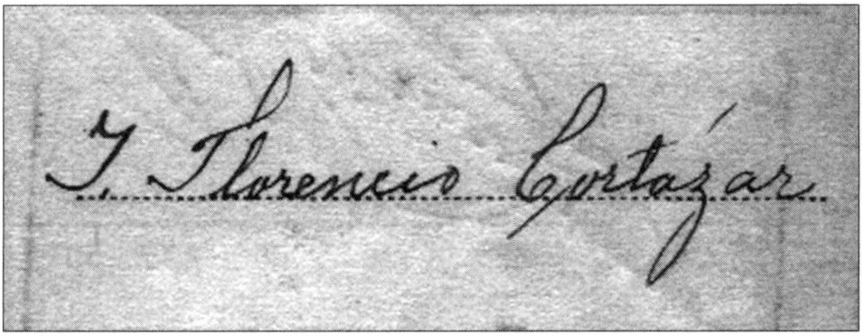

Figura 20.   Firma en el documento de identidad. 7 de enero de 1929.

Aurora Bernárdez desestimó la posibilidad de que Cortázar hubiera respondido en algún momento al nombre de Florencio. César A. Cascallar Carrasco y Enrique M. Mayochi, quienes conocieron al Cortázar de aquellos años, se refieren a él en toda correspondencia como Julio Florencio, ni Florencio ni Julio. Sin

9. La respuesta al padre aparece citada en *Grenz Zeichen Cortázar. Leben und Werk eines argentinischen Schriftstellers der Gegenwart* (Vervuert Verlag, Frankfurt del Main, 1991), de Walter Bruno Berg. La cita proviene de *Recherches sur Julio Cortázar. Aspectes d'une biographie* de Catherine Beaulieu-Camus (Faculté de Lettres de Nanterre, Départment d'Études Ibériques et Latinoaméricaines, junio de 1974). Berg traduce la cita de Beaulieu-Camus del francés al alemán y de allí es que hemos vuelto a traducir al castellano. De manera que podría haberse modificado el tono con las sucesivas traducciones del texto (castellano-francés-alemán-castellano).

embargo, en algún momento, al menos aquel en el que se detuvo un instante para firmar su documento de identidad, fue J. Florencio. ¿Acaso Victoria Ofelia no fue Memé o su segundo nombre para evitar confusiones con la abuela Victoria? De la misma manera Julio fue Cocó, y probablemente Florencio, en la intimidad antes de ser Julio. La inicial que se insinúa en aquella firma sólo pudo ser Julio, cobrar su verdadera dimensión, cuando Cortázar entendió que el padre ya no iba a regresar, que ya no iba a pretender el lugar que ahora le tocaba a él. Es cuando menos atípico que llamándose Julio Florencio firme en su documento J. Florencio a menos que quiera que le digan Florencio o, mejor aún, que no lo llamen Julio. Por tonterías como ésta pasan los problemas de identidad cuando se tiene la edad que tuvo Cortázar en el momento de imprimir su huella digital en el documento que obtuvo el 7 de enero de 1929.[10]

---

10. La cuestión es más compleja. Entre 1934 y 1944 Cortázar firma o aparece en sus textos bajo las siguientes variantes: Julio F. Cortázar, J. Florencio Cortázar, J. F. Cortázar, Julio Florencio Cortázar, Julio Denis y Prof. Julio Florencio Cortázar. Sólo en 1945 aparece como traductor del *Robinson Crusoe* de Defoe bajo la sencilla combinación que luego sería casi una marca registrada: Julio Cortázar.

Interdunlop

El interés que me lleva a promover un acercamiento biográfico a Cortázar culmina en el momento en que el escritor regresa a Europa, es decir, cuando se cierra el círculo, cuando el protagonista concluye un viaje para iniciar otro. El Cortázar que surge a partir de entonces es harto conocido. En aquella búsqueda alguien, cuyo nombre me está vedado revelar so pena de incurrir en un acto de poca caballerosidad, me ofrece una fotografía del hijo de Carol Dunlop («Es el mismo que realizó algún dibujito para *Los autonautas de la cosmopista*»).

La mención de quien yo suponía canadiense y madre de ninguno hizo que me retrotrayera a milnovecientossetentaypico sin conseguir recordar ningún vástago de Carol, la última compañera de Cortázar. La idea resultaba interesante. Si de aquel encuentro con una fotografía surgía un hijo oculto de Cortázar, las hipótesis habidas hubieran naufragado, sobre todo considerando que para consolidarse como mito nacional un argentino no sólo debe tener padre ausente sino que se hace indispensable que no haya tenido descendencia (al menos no hijos varones). Pero si bien la fotografía reveló un hijo que se llamaba (y sigue llamándose) Stéphane, éste era anterior a la relación de Carol Dunlop con el escritor. Mejor dicho, con Cortázar, ya que el padre de Stéphane también era escritor. La fuente me advirtió que «el niño era un adolescente y que Julio le dejó saber a Carol, desde un principio, que no conviviría con ambos. Que más de dos ya no era una pareja». Demás no está decir que me supe consternado. Pobre pibe: la madre engancha un buen partido y el partido lo deja afuera.

Por un lado yo, biógrafo de un período muy particular, ganaba con la aparición de un nuevo personaje para la saga; por otro, un aspecto revelador de la personalidad de Cortázar afloraba y no dejaba de ser menos interesante. Pero cómo justificarlo si mi aventura cortazariana tiene previsto fecha de desembarque muchos años antes de la aparición de Carol y su hijo. Sin embargo, la historia que se vislumbra tiene mucho que ver con el Cortázar anterior al Cortázar conocido y es precisamente por esa razón que interrumpo el relato proponiendo que el lector desempolve su copia de *Rayuela* abriéndola en el capítulo 17:

> —Pero Rocamadour está enfermo.
>
> —Más bien—dijo Oliveira—. Qué querés, a mí los cambios me parecieron de otro orden. En realidad, ya no nos aguantamos demasiado.
>
> —Vos sos el que no me aguanta. Vos sos el que no aguantás a Rocamadour.
>
> —Eso es cierto, el chico no entraba en mis cálculos. Tres es mal número dentro de una pieza.[1]

Veamos ahora cómo se sucedieron los hechos. Al conocerse, Carol introduce en su relación con Cortázar a Stéphane Hébert, un hijo preadolescente, fruto de su matrimonio con François Hébert, exquisito poeta *québécois*[2] con quien Carol mantuvo una

---

1. ¡Que horror, dijo pieza! *(N. del A.)*
2. François Hébert, n. 1946, canadiense. Autor, entre otros, de *Les Anglais* (Éditions du Beffroi, 1987); *Le dernier chant de l'avantdernier dodo* (Du Roseau, 1986); *Histoire de l'impossible pays...* (Primeur, *c.* 1984); *Holyoke* (Quinze, 1978); *L'homme aux maringouins* (Éditions du Beffroi, 1986); *Homo pasticus* (Éditions du Beffroi, 1987); *Lac Noir* (Éditions du Beffroi, 1990), *Monsieur Itzago Plouffe* (Éditions du Beffroi, 1985); *Les pommes les plus hautes* (L'Hexagone, 1997); *Le rendezvous* (Quinze, 1980); *Triptyque de la mort: un lecture des romans de Malraux* (Presses de l'Université de Montréal, 1978). Algunos de los escritos de François Hébert han sido incluidos en antologías y trabajos de investigación sobre la literatura *québécoise*.

amistosa relación hasta el último momento. Carol fue una mujer de la que mucho se dijo y poco se sabe. De tanto llamarla *osita* hay quien llegó efectivamente a creer que estaba rellena de peluche y que sirvió para decorar los últimos años en la vida del escritor. Quizá por esto último sea conveniente aportar algunos datos escenciales. Veamos.

Carol Dunlop, segunda esposa del escritor (con Ugné Karvelis no media matrimonio), nace en Boston, Massachusetts, el 2 de abril de 1947. Al terminar los estudios secundarios decide trasladarse a Montreal, lo cual no tiene absolutamente nada que ver con ninguna postura política frente al tema de la guerra en Vietnam, como se sugirió en reiteradas oportunidades. Si bien pudo haber tenido amigos que eligieron emigrar a Canadá para evitar la conscripción (decenas de miles de jóvenes de su generación lo hicieron), las razones de Carol fueron estrictamente económicas. En primer lugar, estudiar en Montreal era mucho más barato que hacerlo en Boston y, en segundo, para quien se interesara en aprender el francés, y tal era el caso de Carol, Montreal también era, para quienes viven a tan sólo seiscientos kilómetros de la frontera con Québec, una alternativa menos onerosa que París. Una vez en la ciudad de las gárgolas, Carol se inscribe en la McGill University, donde cursa estudios de literatura y francés en busca de una licenciatura en Arte. En la universidad conoce a François Hébert, poeta vanguardista, con quien se casa en Boston el 1 de julio de 1967. Poco después de la boda, la pareja se instala en Francia, donde François planea completar su doctorado. Para mediados de febrero del año entrante, Carol Dunlop y su marido esperan un hijo. El 3 de noviembre de 1968 nace Stéphane Hébert. En junio de 1972, François, Carol y Stéphane regresan a Canadá. Cuatro años más tarde, Carol Dunlop y François Hébert deciden separarse. La separación fue en buenos términos. Suele decirse que Cortázar fue una de las razones de la ruptura y esto es tan falso como que Carol hubiera dejado Estados Unidos como refugiada política. La relación amorosa entre el escritor argentino y la norteamericana nace tiempo después. Carol y François no se separan a causa de Cortázar y, de hecho, otros intereses amorosos ocuparon algún lugar de importancia en la vida de Carol en lo que va de su separación con François Hébert al inicio de su relación con Cortázar.

Durante ese tiempo, más precisamente en octubre de 1977, François Hébert participa de la organización de un congreso de escritores conocido como Rencontre Québécoise Internationale des Écrivains, que tiene lugar en Mont Gabriel, una localidad en las afueras de Montreal. Cortázar, por quien François manifiesta aún hoy una sincera admiración, acude al encuentro para participar en un debate sobre la relación entre el escritor y el lector. Carol y ·Cortázar se conocen durante esa semana y por la generosa intermediación de François. El resto ya es historia.

Quedan desterradas así algunas teorías que hacen de Carol un osito de peluche, una joven canadiense o, en el mejor de los casos, una norteamericana comprometida con los movimientos progresistas, a raíz de lo cual habría sido deportada al país vecino. Queda establecida la fecha de su nacimiento y la de su hijo Stéphane.

En la medida en que la relación entre Carol y Cortázar progresa, Stéphane se convierte en obstáculo para Cortázar. Frente a la escena que refleja en la vida real lo que años antes había escrito en las páginas de su novela, Cortázar le plantea a Carol, en términos próximos a los de Oliveira en diálogo con la Maga, que no podría convivir con los dos. Ante la disyuntiva, Carol pacta con François para que *Rocamadour*-Stéphane regrese a Montreal. El acuerdo estipulaba que, durante los veranos, Stéphane regresara con su madre. Existen muchas fotografías y tres rollos de filmes Súper 8, rodados por Cortázar, cámara en mano, en donde se conserva la imagen de verano, detenida en el tiempo, de Carol, Cortázar y Stéphane.[3]

---

3. Algunos de esos momentos fueron incluidos en el filme *Cortázar: apuntes para un documental*, de Eduardo Montes-Bradley, estrenado en Buenos Aires en diciembre de 2002.

Julio Cortázar no tuvo hijos, tuvo libros. Y en sus libros, algunos hijos. De todos ellos, el único que consiguió juntarse con su padre fue el hijo del vampiro Duggu Van. Si aquello de que hay que matar al padre para poder crecer y a la vez ser padre es cierto, también es cierto que en el caso de los dos Julios se trata más de un caso de doble homicidio con atenuantes y agravantes significativos. Después de todo, Julio Florencio no tuvo más remedio que prescindir del suyo y éste, sin saberlo quizá, aniquiló toda posibilidad de que su hijo se viera reflejado en ese espejo.

El mito del Cortázar falangista

Figura 21. Julio Cortázar, c. 1935.

Las facciones son las de un adolescente. Cortázar tiene apenas veintitrés años y es un ignoto profesor de provincia. La confusión llevó a pensar que había sido amanuense de los nacionalistas católicos; el sentido común y la edición parcial de su correspondencia permite desentrañar el mito, uno de los pocos que no construyó con la ayuda de su madre.

Hoy son muchos los que suponen que el pasado de Cortázar esconde oscuras filiaciones antidemocráticas. Y, en principio, esto ha servido para profundizar en la trascendencia que pudo haber tenido un supuesto cambio de filiación a partir de la revolución cubana. Quienes aseguran que Cortázar viene del riñón del conservadurismo criollo sostienen que su «descubrimiento de Cuba» es lo que finalmente lo redime convirtiéndolo en un ser humano sensible y entregado a las causas populares. La idea es tan absurda como la de un Cortázar franquista, pero una depende de la otra. Más aún, una necesita de la otra. Para exacerbar el sentido que no tuvo la revolución cubana es imprescindible exaltar *a priori* la condición reaccionaria del converso.

Un buen día de otoño me encuentro caminando por la calle Corrientes. En uno de los cafés que alguna vez fueron interesantes coincido con el señor G., a quien le comento detalles de los recientes descubrimientos en la *genialorgía* cortazariana. El señor G., atento al relato, no me ofrece compartir su mesa pero a cambio me regala un detalle que hasta entonces me había pasado totalmente inadvertido. «Fíjate —dice el hombre que no me ofrece compartir su mesa—. Hay un libro de Ernesto Goldar en el que habla de la adhesión de Cortázar a los nacionalistas españoles en tiempos de la guerra civil.» Por descabellada, la idea no tenía asidero; sin embargo, el dato venía del señor G., y no importa cuán descabellado sea un argumento si viene de la mano de alguna suerte de prestigio. En esos casos se hace imprescindible recoger el guante y lanzarse al acecho por el simple placer de recoger la apuesta. De manera que, al salir del café y retomar por la calle que no es calle sino avenida, caminé hasta la librería Lorraine del gallego Sirera y compré un ejemplar de *Los argentinos y la guerra civil española*, de Ernesto Goldar. Para mi sorpresa, todo estaba allí:

> ¿Quiénes son los artistas y los intelectuales argentinos amigos de Franco? Comparativamente pocos: Tita Merello, Gloria Guzmán, Eduardo Marcen y […] Lola Membrives, son las personalidades principales que trabajan activamente junto a los falangistas. La nómina de escritores a favor de Franco es importante, asegura Enrique Pereyra en su artículo «La guerra civil española en la Argentina» (*Todo es Historia*, núm. 10) y resalta que además de firmar manifiestos se movilizan por el gobierno militar de Burgos. Están con Franco, Carlos Ibarguren, Manuel Gálvez, José León Pagano, Arturo Cancela, Leopoldo Marechal, Ignacio B. Anzoátegui, Alfonso de la Ferrère, Josué Quesada, Homero Guglielmelli, Rafael Jijena Sánchez, Pilar de Lusarreta, Vicente Sierra y Gustavo Martínez Zuviría (*Hugo Wast*), entre otros, todos hispanófilos ligados a la Iglesia católica. Sigfrido Radaelli y Julio Cortázar, muy jóvenes, activan en una sección de socorro falangista.[1]

El señor G. tenía razón, había razones para sospechar. Pero las sospechas debieron haber recaído en el origen del chisme. Tras haber constatado lo que tan descabelladamente sonaba, me dirigí al departamento de mi amigo Bartolomé Cilantro, a sabiendas de que escondía la colección completa de *Todo es Historia* debajo del catre. Con ayuda de Bartolomé, no tardé demasiado en encontrar el número que buscaba. El texto completo del manifiesto aludido por Goldar dice:

1. Ernesto Goldar, *Los argentinos y la guerra civil española*, Editorial Plus Ultra, Buenos Aires, 1996, p. 180.

Los escritores que suscriben, argentinos nativos, de distintas ideologías, protestamos —sin inmiscuirnos en la política de un país extranjero— contra los crímenes, incendios de templos, destrucción de obras de arte y crueldades inicuas que, en la lucha por la implantación del sistema soviético en España realizan los partidarios de la república comunista, llegando hasta amenazar la seguridad y la vida del embajador argentino. Acompañamos con nuestra simpatía a los que reivindican heroicamente la nacionalidad, la religión y las glorias tradicionales de su patria.

Lo que *Todo es Historia* no pudo confirmar es que entre las firmas al pie estuviera la de Cortázar. De hecho, entre el original y la cita existen algunas mutilaciones e inclusiones significativas. Goldar omite algunos nombres y agrega dos. Entre los omitidos figuran Pedro Miguel Obligado, Carlos Obligado, Margarita Abella Caprile, Héctor Olivera Lavié, Alfredo Bufano e Ismael Bucich. Y entre los de su propia cosecha, los de Martínez Zuviría y Julio Cortázar. La inclusión de Martínez Zuviría no debería llamarnos la atención; más aún, puede entenderse como una perogrullada. Que Martínez no figurase entre los firmantes hubiera sido toda una curiosidad: su firma debió haber estado allí junto a las de sus camaradas. Sin embargo, la inclusión de la firma de Julio Cortázar es producto de algún ajuste de cuentas, de rencor o, en el mejor de los casos, es una burrada.

En el momento del estallido de la guerra, residían en Buenos Aires más gallegos que en Santiago de Compostela. Falangistas en el Café Español junto al Teatro Avenida y leales en el Iberia; vallas dispuestas por la policía a lo largo de Avenida de Mayo para evitar posibles enfrentamientos separaban a unos de otros. Aquel escenario encontraba a la Argentina de 1937 dividida. Todos estaban comprometidos, cada uno a su manera y el país, partido en dos, como si por momentos la batalla hubiera tenido lugar en el Río de la Plata.

Julio Cortázar no firma ninguna solicitada en apoyo al bando nacionalista (ni republicano) ni participa de las acaloradas discusiones de los cafés de Avenida de Mayo, lo cual le hubiera resultado un poco difícil viviendo a trescientos kilómetros de la capital, desde donde, por otra parte, alienta a sus corresponsales en Buenos Aires a que lean a García Lorca, a quien define como «el más importante de los poetas hispanoamericanos». También alude en su correspondencia con afecto y gran admiración a León Felipe y a Rafael Alberti.[2] En respuesta a una carta de su amiga Lucienne, en la que después de haber leído los poemas afrancesados de *Presencia* lo llama un «mallarméen», Cortázar responde:

> Es una lástima que usted no lea a Rafael Alberti, a García Lorca, a Molinari y al más grande poeta de América: Pablo Neruda. Si usted gustara de esa acre y virgen Poesía, se me ocurre que, *entonces*, dejaría de considerarme «mallarméen».[3]

El 1 de abril de 1939 Franco declaraba oficialmente el fin de la contienda y el triunfo del bando nacionalista. La carta a Lucienne está fechada en julio de 1940. Se hace un poco difícil conjeturar que las lecturas de los citados autores republicanos date de tan sólo catorce meses o que provengan de un espíritu dispuesto a firmar a favor de quienes se manifiestan «simpatía a los que reivindican heroicamente la nacionalidad, la religión y las glorias tradicionales de su patria».

Por otra parte, Cortázar cuenta con apenas veintitrés años en el momento de la publicación del manifiesto. Es un ignoto profesor de enseñanza media rural con enormes pretensiones, pero nada más que eso. ¿Con qué credenciales podría haberse sumado a la lista de notables de uno u otro bando cuando apenas conseguía hacerse notar entre sus amigos? La idea de un Cortázar compro-

---

2. «En las librerías se venden los poemas de Rafael Alberti. Losada ha hecho una edición integral. ¿Quiere leer a un gran poeta? Allí lo tiene» (carta a Mercedes Arias, abril de 1940, *Cartas*, p. 75).

3. En carta a Lucienne C. de Duprat, 31 de julio de 1940, *Cartas*, p. 90.

metido con los nacionalistas es absurda y, si aún persistieran las dudas, sirva la siguiente cita, única referencia del autor al tema en carta a Eduardo A. Castagnino, fechada en Bolívar el 27 de mayo de 1937 —exactamente un mes después de que fuera reproducido en todos los periódicos del país la noticia del bombardeo de Guernica—, en la que Cortázar asegura:

> Yo parto de la base de que has leído mucho. Te concedo —homenaje a la amistad, o armisticio momentáneo— que *Residencia en la Tierra* sea un merengue y que resulte necesario desmontar el libro verso a verso, sacarle lustre y luego mirar adentro, para ver qué hay. Concedido. Pero ¿y *Veinte poemas de amor y una canción desesperada?* Ahí tienes algo que es muy simple, simplísimo. Una iniciación a Neruda. ¿Qué contestas acusado? ¿No contestas nada, con mil diablos?... lamento no tener aquí el libro, y carecer de memoria; de lo contrario te endilgaba algunos versos que habrían de mostrarte si ese chileno es o no un señor poeta, quizás menos que Federico, pero sin que esto sea lesivo para él, ya que Federico es la cúspide. Todavía más, te invito a que compres *Residencia en la Tierra* [...] y le dediques un mes. Bien vale la pena un mes de vida el descubrimiento de un poeta.

Años más tarde, escribe al pintor triestino Sergio Sergi advirtiéndole sobre la posibilidad de que una edición de sus cuentos (que no tuvo lugar) fuera a ser ilustrada por el plástico gallego Luis Seoane, por entonces exiliado, como tantos otros en la Argentina del primer peronismo. Resulta cuando menos dudoso que Seoane, Lorenzo Varela y Arturo Cuadrado, a quienes Cortázar frecuentaba, hubieran tenido algo que ver con quien se hubiese manifestado abiertamente en favor del bando nacionalista durante la contienda. Sin embargo, la idea de un Cortázar conservador, nacionalista, se ha ido perpetuando. La sospecha del señor G. estaba fundada no sólo en lo que habría expresado Goldar, sino también en el consenso.

Los vínculos sanguíneos

Segunda digresión de los señores prologuistas

—¿Viste? Cuando el tipo se lanza a interpretar, ¡échale un galgo!

—Sí, pero es que el vampirismo, y eso de los chupasangres es tan argentino… era una de las especialidades de Cortázar *himself*. Cuatro datos a vuelapluma. Uno: era alérgico al ajo. La ingestión de ese bulbo le producía cefaleas (véase *Cartas*). Dos: le encantaba disfrazarse con largos colmillos. Tres: probablemente por culpa de la prematura lectura de Poe, siempre se deleitó con la literatura de fantasmas, espectros y otros bichos (léanse la famosa conferencia sobre lo gótico y lo fantástico en el Río de la Plata o el castillo sangriento que es como un coágulo andarín en *62. Modelo para armar*, y recuérdese que aun en el viaje París-Marsella se dejaba aterrorizar con la lectura de *Entrevista con el vampiro*, de Anne Rice).

—Es cierto. También prologó una novela de Pierrette Fleutiaux sobre la hija del murciélago, y se felicitó en una carta por haber recibido en una transfusión masiva más sangre que la libada por el Conde en muchas noches. De todos modos, y aunque aprecio lo estrambótico de tu erudición, debo señalar que flojeas en aritmética. Dijiste *cuatro datos* y todavía te falta una bala de plata.

—Ahora viene lo mejor. Es un soneto titulado, precisamente, «Soneto gótico». Apareció en 1978 en una revista bilingüe de Siracusa, Nueva York, y luego ha sido recogido en *Salvo el crepúscu-*

205

lo. Como diría un tal Lucas, en sus versos se da algún extenuante aparejamiento por culpa de la rima, esa vieja maniática, pero bueno.

—¡Dale!

—No te impacientes, tío, que te hierve la sangre y en este contexto es peligroso. Ahí va:

Esta vernácula excepción nocturna,
este arquetipo de candente frío,
quién sino tú merece el desafío
que urde una dentadura taciturna.

Semen lunas y posesión vulturna
el moho de tu aliento, escalofrío
cuando abra tu garganta el cortafrío
de una sed que te vuelve vino y urna.

Todo sucede en un silencio ucrónico,
ceremonia de araña y de falena
danzando su inmovilidad sin mácula,

su recurrente espacio catatónico
en un horror final de luna llena.
Siempre serás Ligeia. Yo soy Drácula.

El cuento del tío que viene a cuento

y otros cuentos de la otra orilla

Figura 22. «*Las manos que crecen*».

Julio Cortázar era soltero, sin
hijos y tan santito que no daba sospecha para ningún mal
pensamiento, y que aunque me parecía viejo, seguramente
tendría sesenta años cuando murió.[1]

Julio José Cortázar vivió bajo el signo de la desventura financiera
y la mala suerte hasta el día de su muerte, poco más de cuarenta
años después del advenimiento de su primogénito. El conocimiento de personas bien vinculadas y la frecuentación de un
círculo favorecido por el poder no le depararon ningún beneficio.
Quienes lo recuerdan dicen que era soltero y que nunca se había
casado. Aquellas personas con las que pudimos establecer contacto en busca de datos sobre la misteriosa desaparición del padre de
Julio Florencio Cortázar coincidieron en recordarlo con afecto y
simpatía como un hombre muy culto, muy fino, dueño de una
discreción y una delicadeza propias de caballeros de otra época.
De la misma manera, todos los entrevistados coincidieron en que
la persona a la que hacían referencia era el «tío» del escritor:

> […] el escritor tenía un tío de su mismo nombre, más viejo, muy
> amigo de mi marido. Era un hombre muy pobre, la imagen de la
> mala suerte. Con la revolución del cuarenta y tres le prometieron
> un puesto en la intervención de San Juan, entonces ocurrió lo
> del terremoto;[2] en otra oportunidad le prestaron el palco presi-
> dencial en el Teatro Colón, él quería sentarse en la silla del pre-

1. En carta de Esther Soaje Pinto al autor.
2. El 15 de enero de 1944 un terremoto sacude la ciudad de San Juan durante
veinticinco segundos. El incidente, en el que perecieron más de diez mil personas, fue
el más severo de los desastres naturales registrados en la historia argentina.

sidente, ésa fue la noche en que una revolución lo volteó.[3] Tengo más cuentos de él [...] y va el último, cuando lo fueron a enterrar, al coche fúnebre en el que llevaban el cajón con sus restos, se le pinchó una goma. En fin, ése era Julio Cortázar.[4]

El tema de la mala suerte del padre no deja de asombrarme. Siempre me pareció caprichoso y de mal gusto etiquetar a tal o cual como *yetatore* o pájaro de mal agüero. La práctica es frecuente entre los argentinos, supongo que por herencia napolitana. Sin embargo, en el caso de Julio José Cortázar habría que darle la razón a los caprichosos y a los hombres de mal gusto porque el individuo y sus coincidencias constituían una verdadera amenaza para los otros y para sí mismo.

Aquel Julio Cortázar que se hacía pasar por el tío del escritor y el padre de Julio Florencio son la misma persona: las edades coinciden; ambos responden a la descripción; los dos se ausentaron la misma cantidad de años en los mismos destinos, en Europa primero y en Buenos Aires después y ambos murieron en la ciudad de Córdoba.

«Las manos que crecen» es un relato que pertenece al mismo período bolivariano que «El hijo del vampiro». En «Las manos que crecen», el señor Plack —víctima de un crecimiento desproporcionado de las manos— se ve envuelto en situaciones desopilantes. Como sabemos, Cortázar era un hombre de proporciones singulares. Mucho se ha dicho al respecto, y sería oportuno aclarar que no hubo condición alguna que merezca ser señalada. El tema lo tenía un tanto harto y con justa razón. Los mismos temperamentos que se ocuparon de promulgar rumores infundados acerca de los motivos de su muerte en 1984 llevaron a muchos a especular en torno a lo desproporcionado de su talla. Los Cortázar fueron en su mayoría gente de gran tamaño. Es posible que él no lo supiera —quien podría habérselo contado no estaba allí

3. Revolución del 6 de junio de 1943.
4. En carta de Esther Soaje Pinto al autor.

para hacerlo— pero hay datos que permiten suponer que ese «gigantismo» tiene sus raíces en algún rincón de las Vascongadas:

> Mi abuelo, a quien no llegué a conocer, era un personaje que medía más de más de dos metros de altura. Delgado, pero muy fornido. Con decirte que los judíos de la calle San Luis [en la ciudad de Rosario] temblaban cuando lo veían llegar porque rasgaba las camisas en la espalda al medírselas... A los catorce años se fugó de la casa; según tengo entendido, porque se había jugado al póquer unas reses que estaban a su cuidado. Naturalmente, perdió. (No era un hombre de buena suerte.) En consecuencia, si regresaba a la casa, su madre —una inglesa de lo más temible— lo hubiera matado.[5]

El hombre de los dos metros era Eusebio, hijo de Francisco Cortázar Bengoa. Así fue relatado por Ada Beatriz Cortázar, una rosarina devota de los libros y la docencia que vive en Asunción del Paraguay. Según asegura Ada, en su familia siempre se dijo que el escritor era pariente por parte de un hermano del bisabuelo que se había marchado a Salta; es decir, existe una mínima posibilidad de que la historia sea cierta. Aunque no he podido verificarlo, la historia de un Cortázar que rompe camisas aterrorizando a los tenderos de la calle San Luis me parece digna de ser incluida en este libro, y no estoy dispuesto a dejarla de lado simplemente porque no pueda probar que entre aquel Atlas y nuestro señorito hubiera en común algo más que su altura. Visto que el que avisa no es traidor...

Las historias que contó Ada hablan efectivamente de la existencia de un hermano de Pedro que habría venido con él desde Guipúzcoa. Este hermano se quedó e hizo fortuna en Uruguay, más precisamente en los alrededores de Colonia, donde tiene una descendencia numerosa. Aparentemente los hermanos no podían ni verse pero los rumores circulaban de una rama a la otra.

---

5. En carta de Ada Beatriz Cortázar al autor.

La tía Luisa le dijo a mamá que Julio era hijo natural, que, hasta donde ellos sabían, los papás nunca se habían casado. Lo que no sé es si se refería al abuelo o al padre. La pobre tenía ochenta y pico de años, así que no sé qué decirte...

Muy simpática la rosarina. Pero sigamos con el tema del crecimiento. Ya está dado en el feto que llega a ocupar todo el interior del cuerpo de Lady Vanda en «El hijo del vampiro», y vuelve a cobrar vigencia en las manos del señor Plack, un tipo que un día decide usar sus puños para pelearse con quien lo insulta acusándolo, además de cobarde, de ser un mal poeta. Es importante recordar que en el momento de escribir este cuento Cortázar se considera poeta y no cuentista.

El tercer cuento, también parte de *La otra orilla*, volumen destruido-recuperado, tiene que ver, una vez más, con la figura paterna. En «Llama el teléfono, Delia», el profesor vuelve a indagar sobre el padre ausente. Delia, la protagonista, espera junto a su bebé un llamado del padre que hace tiempo los abandonó. (¿Hay algún *sicuanalista* en la sala?) En las palabras de Delia no es difícil adivinar la voz de Cortázar haciéndose las mismas preguntas:

Si él pudiera comprender el mal que nos hizo, Babe... Si tuviera alma, si fuese capaz de pensar por un segundo en lo que dejó atrás cuando cerró la puerta con un empujón de rabia... Dos años, Babe, dos años... y nada hemos sabido de él... Ni una carta, ni un giro... ni siquiera un giro para ti, para ropa y zapatitos... No te acuerdas ya del día de tu cumpleaños, ¿verdad? Fue el mes pasado, y yo estuve al lado del teléfono, contigo en brazos, esperando que él llamara, que él dijera solamente: «¡Hola, felicidades!», o que te mandara un regalo, nada más que un pequeño regalo, un conejito o una moneda de oro...[6]

6. Julio Cortázar, *Cuentos completos*, 1, p. 44.

Este Cortázar me gusta. Me complace la idea de que pueda hacerse esas preguntas; especialmente si esas preguntas tienen cabida en la ficción. Ese Cortázar contrasta notablemente con el otro, el de las intervenciones, el que repite en entrevistas casi mecánicamente la versión de los hechos heredada de madre y abuela. Aunque un tanto lacrimógeno, «Llama el teléfono, Delia», donde una madre espera junto a su niño a que el padre dé señales de vida, me parece un rasgo de compromiso con la humanidad (la propia) mucho más arriesgado a título personal que cien manifiestos a favor del Frente para la Liberación de Murundanga. En ese sentido, al menos en ese cuento, uno de sus primeros, Cortázar ya se vislumbra como un escritor comprometido.

El increíble hombre inmenguante

Tercera intervención de los señores prologuistas

—Ni erre francesa, ni padre diplomático, ni crecimiento imparable, ni nada de nada. A este ritmo de derribo pronto nos quedaremos sin personaje.

—Y qué quieres, si la cosa fue así. Los adultos suelen encoger; a lo sumo les crecen las orejas, o la nariz, como a Pinocho. Más aún se achican los escritores si les sumas el tiempo y la distancia... Sólo a algún lector aquejado de megalomanía pudo ocurrírsele esa fabulosa historia del gigantismo; una historia que casaba tan bien con la figura que todos la creyeron. En una de sus «crónicas perdidas», en una escrita para conmemorar el trigésimo aniversario de *Rayuela*, Bryce Echenique sigue la leyenda a pie juntillas y asegura que en los últimos tiempos Cortázar aún padecía «aquella enfermedad que, siendo ya tan alto, lo hacía crecer otro centímetro más cada año». Como no dice cuándo se manifestó esa patología, olvidemos la estatura simbólica y echemos cuentas: si murió con sesenta y nueve años...

—Y medio.

—Sí, pero prescindamos de decimales y de milímetros. Si murió con sesenta y nueve años, digo, y en 1980 medía un metro con noventa y tres centímetros...

—¿Cómo sabes eso?

—Espera, espera, que pierdo el hilo... lo dijo a Manuel Pereira en una entrevista en La Habana... en 1951, o sea veintinueve años antes, debió alejarse de la Argentina no sólo un escritor para

215

quien la realidad, como lo imaginaba Mallarmé, debía culminar en un libro; digo bien, no sólo un escritor exquisito de reducida fama sino aun de mediana estatura: ciento sesenta y cuatro centímetros. Un individuo que, en el punto actual del relato, llegaría a Chivilcoy en julio de 1939 para desempeñarse como profesor con ciento cincuenta y dos centímetros. Por eso los alumnos lo consideraban un igual y lo llamaban «compañero».

—Bueno, bueno. Lo de Bryce debía de ser un modo de escribir, un guiño al mito. No volvamos al tema de Gulliver y los liliputienses, te lo ruego.

—De acuerdo, pero date cuenta de algo desmesurado: si es cierto que, de acuerdo con la sabiduría popular, el hombre deja de crecer *al menos físicamente* cuando ingresa en el ejército (y Cortázar lo hizo supuestamente en 1933), deberíamos restar cincuenta y un años de enfermedad imaginaria al metro noventa y siete con el que, según esa hipótesis, fallecería. Entonces, tenemos que el escribano de la oficina enroladora de Saladillo debió escuchar, como el tendero que vendió a Pulgarcito un céntimo de azafrán, una vocecita bajo el mostrador, la voz de un recluta de un metro cuarenta y seis que gritaba: *¡Julic Floguencio Cogtázag!, ¡Julio Floguencio Cogtázag!*

—¡Eureka! ¡No hizo la colimba no porque tuviera acomodo sino por corto de talla, pues el límite médico del enanismo está establecido en un metro cincuenta!

La caldera del diablo

Figura 23.   Julio Cortázar. Chivilcoy, c. 1940.

No puede ser sino su cuarto de pensión. De otro modo, cómo se explica la ausencia del ropero. Seguramente tenía uno en casa de su madre, pero los propietarios de pensiones cobraban extra por el beneficio. Una mesa de noche de roble con mesada de mármol de granito rosado, velador *déco* y un reloj que marca las nueve y media de la noche. ¿Adónde vas, Cortázar, tan empilchado? ¿Acaso al cine Metropol con tu ex alumna? Mucho Old Spice y Lord Cheseline para mantener las chapas en su lugar. El Príncipe de Gales es nuevo, no te lo habíamos visto antes. Se te ve seguro, Cortázar, las manos cruzadas sobre un muslo interminable parecen las del pobre señor Plack.

La Iglesia es ancha, pegada
a la tierra. Las mujeres retardan
las charlas a su vuelta de misa,
apoyando la sombra espesa
de los árboles placeros al
deseo de quedarse.

Julio Cortázar, «Bruja»

Cortázar llega a Chivilcoy el 31 de julio de 1939 para hacerse cargo de unas cátedras en la Escuela Normal. Chivilcoy es la continuidad de Bolívar en un trazado infinito en el que la nada y el cielo se juntan para consagrar la pampa como la Caldera del Diablo. Respecto de su anterior estación, al menos ahora está mucho más cerca de Buenos Aires. Por lo pronto deberá recorrer ciento cuarenta kilómetros menos cada vez que quiera regresar. Pero igual queda lejos, mucho más lejos que París o Estocolmo. Cualquier desplazamiento desde Buenos Aires hacia el interior del embudo acaba indefectiblemente conduciendo al interior de un tubito que desagota en la inmensidad en donde hasta el ombú puede ser considerado un extraño.

Si Cortázar no encuentra el camino de regreso a la civilización, está perdido. La pampa se lo va a tragar como una selva sin sombras. Entre Bolívar y Chivilcoy no hay nada; ambas son estaciones en un camino en el que lo que realmente importa es llegar. Entre un pueblo y otro: el silencio, las vacas, el olor a bosta, los alambrados, un hombre a caballo, una cantina infecta poblada de miradas vacías, de manos agrietadas, de voces roncas y, sobre todo, moscas, muchas moscas.

Al llegar a Chivilcoy, Cortázar debió de haber experimentado lo que muchos protagonistas de la *Dimensión desconocida*. Como si nunca hubiera dejado Bolívar; como en su pesadillesco «Distante espejo», donde recorre calles para alcanzar un punto que, en el momento de ser alcanzado, se convierte en el mismo punto del que había partido.

Recién llegado a Chivilcoy, Cortázar se instala en la pensión que administra doña Micaela Díez de Varzilio en el 191 de la calle Pellegrini. Un edificio de una sola planta dónde Cortázar ocupa la primera habitación sobre el ala derecha. Las ventanas de su cuarto dan a la calle.

El 8 de agosto de 1939 es el primer día en que asiste como profesor a la Escuela Normal. Tiene a su cargo un total de dieciséis horas de clases: nueve de historia, cinco de geografía y dos de instrucción cívica. De literatura, ni hablar. En la Argentina se enseña lo que se puede, lo que está al alcance de la mano. Si le hubieran ofrecido manualidades o corte y confección hubiese sido lo mismo. El maestro sirve para ocupar las vacantes que quedan libres. Si se toman el trabajo de estudiar y capacitarse es posible que los alumnos acaben el año con una idea aproximada del tema que les dictan. Y Cortázar es de los que se preocupan. Con el tiempo espera que el reajuste en la asignación de materias que promueve el Ministerio de Educación y Justicia llegue a beneficiarlo con dos horas más de clases, hasta llegar a un total de dieciocho horas semanales.

La idea detrás del esfuerzo que realiza, primero en reducir a la mitad el número de kilómetros entre su lugar de trabajo y la capital, y segundo en aumentar considerablemente las horas de clase, pasa por la posibilidad de tentar «a algún joven colega que quiera abandonar los paseos por Florida y embarcarse hacia la jungla». Pueblo chico, infierno grande. Si lo que Cortázar busca es un incauto dispuesto a cambiar su suerte para embarcarse él hacia la jungla porteña es porque Chivilcoy le queda chico y la posibilidad de regresar a Buenos Aires es demasiado tentadora. De sus miserias sólo pueden rescatarlo algunas relaciones personales, su correspondencia, la lectura de *Madame Bovary* y de los versos de Rilke, sus escritos y el jazz, «negro, que es el genuino», que le llega desde una emisora de Buenos Aires o que brota de una púa que horada los surcos en una grabación de la orquesta de Spike Hughes. También el capítulo de su amistad con una ex alumna del Colegio Normal de Chivilcoy; cosa seria, amores de provincia.

En preparación para lo que vendrá, lee los *Cuentos de Pago Chico* y *El casamiento de Laucha*. También *Ciudad Imperial*, de Elmer Rice, de donde rescata «el romántico idilio de Gay con su alumna; ahí, por sobre la vulgaridad de la situación, se respira un aire más humano y más bello». Por aquel entonces él también vive un idilio. Al fruto de sus desvelos, Nelly Mabel Martín, Coca, le dedica algunos poemas tan sentidos como lamentables en los que vuelca su fascinación por aquella joven de dieciocho años que había sido su alumna en el Normal y que ahora se pasea frente a la ventana del aula en la que está dictando clase: «La señorita maestra / pasa vestida de blanco; / en su oscuro pelo duerme / la noche aún, perfumado, / y en lo hondo de sus pupilas / yacen dormidos los astros»...[1] Todo lo que pueda decirse sobre esta amistad en aquellos años queda aclarado en la carta que Nelly envió a Gaspar J. Astarita, el 9 de diciembre de 1996. La carta está fechada en Buenos Aires.

A la disparada y para cumplir con su solicitud le envío la foto del año 1938 que es la misma que una vez le di a Julio. Le aclaro que fuimos amigos, amigos del alma. Fui su alumna y él mi profesor preferido. Cuando me recibí, nos veíamos y charlábamos en la plaza España en sus horas libres y cuando pasaba por mi «escuelita», él, desde la ventana del Normal, me saludaba. Y me escribía versos también.

Nos hicimos amigos porque sí y en forma muy especial. Él

---

1. Julio Cortázar, «Romance de los vanos encuentros». Dedicado a Nelly Mabel Martín y reproducido en revista *Viva*, Buenos Aires, 21 de septiembre de 1997, p. 75, con el facsímil de una nota manuscrita: «¿Me perdonas esta tontería sentimental?».

me escribió unos versos y no los firmó, pero un día en el cine Metropol hubo un festival y nuestras entradas numeradas coincidieron y aparecimos juntos, charlamos, me preguntó por los versos y así supe que él me admiraba como yo a él. Me escribió muchos versos. Nos llamábamos por teléfono y estando de vacaciones también nos comunicábamos.

Cuando se fue a Francia también me llamó para despedirse. Nos habíamos conocido en 1939 y cuando hago un balance de los años de Chivilcoy, de él me queda un dulce recuerdo, un amor platónico, adolescente, pero lo llevo conmigo y lo llevaré siempre a pesar de la cantidad de años transcurridos. Supe de él luego sólo por lo que decían los diarios y revistas, y por la aparición de sus libros.

Nunca le dije adiós, siempre fue un recuerdo y me acompaña como entonces, con sus versos y cartas que atesoro, ya viejitas y amarillentas, llenas de cariño. Se preguntará por qué dejamos de vernos. Durante unas vacaciones conocí al que luego sería mi esposo. Sólo supe de Julio cuando se fue definitivamente a París. Su última carta es de 1957.[2]

Cortázar no tiene suerte con las mujeres. Si bien hay evidencias de que más de una suspiraba de amores por el galante profesor, no hemos sabido de ningún caso en que se haya pasado más allá de la contemplación. Transcurrirán aún varios años antes de que pueda concretar sus aspiraciones.

---

2. Citado por Gaspar J. Astarita, *op. cit.*, pp. 45 y 46.

Chivilcoy: la otra campana

Figura 24.   Con sombrero de explorador, c. 1938.

El *chapeau* de explorador ya lo tenía en Bolívar, sólo faltaba la buena fortuna de O'Neill y contar con los recursos para no tener que preocuparnos del bienestar de los dependientes. De seguro doy con el capitán de un carguero que me dé pasaje a cambio de hacer algunas tareas a bordo. En una de esas me aparezco por México el verano que viene. «Hasta las nubes: aquí están, mías. Las nubes sobre el Llanquihue, una tarde de enero del 42; la gran nube pizarra que me aplastó en Tilcara, llenando el río de fangos amarillos; los nimbos sexuales, nieve de espaldas y delirio frío sobre el agua teñida de añil que es el cielo al mediodía en Mendoza la pulida; las nubes de una canción con que jugaba Juan hace años; y las que puse en cuatro líneas para golosina de mi perra muerta» (Julio Cortázar, *Diario de Andrés Fava*).

Yo tengo un miedo que no sé si usted ha sentido alguna vez:
el miedo a convertirme en pueblero.

Julio Cortázar

A pesar de lo que él mismo expresa en sus cartas, no todo lo que
sucede en el Peyton Place pampeano lo tiene acorralado en su
cuarto. Por el contrario, en Chivilcoy Cortázar encontró más de
un espíritu solidario que lo llevó a comprometerse con el desa-
rrollo cultural de la ciudad y la comunidad. Por alguna razón
hace todo lo posible por transmitir lo contrario.

> [Cortázar] renegó de Chivilcoy, como podría haber renegado de
> Bolívar, de Pergamino o de Carlos Casares, pues sus actitudes y su
> comportamiento hubieran provocado las mismas reacciones en
> cualquiera de esos lugares. No renegaba de gentes, sino de un esta-
> do de cosas generalizado en cualquier pueblo chico del interior.[1]

Astarita tiene razón, el problema son sus actitudes y su com-
portamiento. Chivilcoy no es el lugar indicado para manifestarse
en contra de la enseñanza religiosa en la instrucción pública, para
celebrar el 4 de julio como si fuera el día de la independencia,
para simpatizar con los aliados cuando la mayoría apoya al Eje
o para mirar con cariño a una ex alumna a la que, además, uno le
dedica versos de amor. Pero a pesar de todo, o precisamente a raíz
de, es que Chivilcoy se convierte en el *bootcamp* donde Cortázar
templa su estrategia de supervivencia, las armas secretas de un modelo que va a repetirse a lo largo de toda una vida.

1. Gaspar J. Astarita, *op. cit.*, p. 30.

A poco de llegar a Chivilcoy, Cortázar comienza a tejer redes. Uno de los primeros lazos lo vincula al socialista Carlos Santilli, editor de *El Despertar*, otro a Ignacio Tankel,[2] con quien escribe el guión cinematográfico de *La sombra del pasado*, un filme del cual no se conserva copia.[3] Santilli, Tankel y Cortázar, a los que se sumaría también Nicolás Cócaro, solían reunirse en la imprenta de *El Despertar* o en la pensión Varzilio, donde Cortázar se alojó durante casi cinco años, convirtiendo aquel lugar en un virtual referente, prácticamente un segundo hogar, evocado con afecto en el primer capítulo de *Rayuela*.

Con la propietaria de la pensión y con sus hijas, especialmente Rosa y Micaela, Cortázar teje una relación que reproduce su hábitat familiar. Una vez más son tres las mujeres que lo rodean, que lo contienen. Las cartas de Cortázar a Rosa aún no han sido publicadas y seguramente guardan datos de importancia.

El 22 de octubre de 1941, *El Despertar* edita un suplemento especial en adhesión al 87° aniversario de la fundación de Chivilcoy. Cortázar colabora en ese número y una vez más aparece el seudónimo Julio Denis firmando al pie del cuento «Llama el teléfono, Delia». También aquel año y con la misma firma publica «Rimbaud», un primer ensayo crítico en el que asegura: «Alberti y Neruda, Aleixandre y García Lorca, como la avanzada aún indecisa de los poetas españoles y sudamericanos —¡México, Argentina, Cuba!—, guardan en la mano izquierda el corazón sangrante de Rimbaud y escuchan su latido, aunque muchos no hayan abierto la página primera de *Les Illuminations*».

En 1942 prologó el libro *Erques y cajas*, de su amigo Domingo Zerpa; la firma al pie era de Julio Denis. También en los círculos literarios chivilcoyanos evidenció talento y su erudición en conferencias sobre Racine y Mallarmé. A mediados de 1941 realizó una adaptación de *El puñal de los troveros*, de Belisario Rol-

---

2. Ignacio Tenkelevitch.
3. Esa experiencia marcó el inicio de Tankel en el cine y también el de Cortázar.

dán, que con motivo del Día del Estudiante se representó en el cineteatro Metropol. En octubre del mismo año se reconstituyó la comisión de la Peña de la Agrupación Artística Chivilcoy integrada, entre otros, por Cortázar, Domingo Zerpa, Jesús García de Diego, Ricardo De Francesco, Juan Vera, José María Gallo Mendoza y Francisco Menta. Siete meses más tarde la peña presentó *Página bibliográfica*, cuyas notas a una antología de la literatura fantástica llevaba la firma de Julio Florencio Cortázar. Antes, el 18 de mayo de 1942, en el transcurso de un acto llevado a cabo en la Municipalidad en celebración del Día de la Escarapela, Cortázar había disertado sobre *La importancia en que debe encuadrarse la enseñanza de nuestros hechos históricos*. Hasta donde sabemos, en abril de 1944 se realizó otra reunión de la peña bajo la dirección de Cortázar con motivo de la muerte del poeta Miguel A. Camino, y pocos meses después, en julio, integró junto a Domingo Zerpa el jurado de admisión de una muestra de pintura organizada por la Agrupación Artística. En esas fechas, Cortázar también tuvo la oportunidad, a pedido de la señora Elcira Gómez Ortiz de Martella, entonces profesora de música de la Escuela Normal, de impresionar a sus colegas con cierto grado de erudición musical adaptando algunos de sus versos a la *Canción de cuna*. La versión de la obra de Brahms fue, durante años, entonada por distintas promociones de alumnos del establecimiento

Sin embargo, Cortázar no parece satisfecho: «Aun aquellos que leen, que tienen inquietudes, que comprenden algo, no pueden huir del clima emponzoñado del ambiente». A sus relaciones de Bolívar les escribe llorando la carta: «Ahora, más que nunca, siento el deber —¡agradable deber!— de acudir otra vez allí donde encontré amigos buenos, y donde supe que el arte no es privilegio de las grandes ciudades». *Danger!* Cortázar idealiza las tardes de Bolívar junto al piano de Gagliardi, que, cuando vividas, debieron de haber sido pesadas como canapé de locro. Pero, para el profesor, todo tiempo pasado fue mejor según el corresponsal con que se mire. O, mejor dicho, Cortázar teje a dos puntas (o tres) y a cada uno le dice lo que cada uno tiene que oír en la construcción de su propia angelización. A pesar de todo lo que despotricó contra la ciudad y sus gentes, a pesar del esfuerzo que hizo por dejar en claro (sobre todo a sus relaciones de Bolívar) que no lo detestaban, al final de su estadía sólo habrán palabras de elogio para el profesor en *La Razón* de Chivilcoy:

> Prestigiado por su profunda versación, por su inteligencia, por sus ponderadas y originales concepciones y en fin por el influjo de su dignidad personal, el profesor Cortázar fue invariable y perseverante en su posición docente, conquistando la consideración y afecto de sus colegas de enseñanza, a la vez que el respeto, la admiración y la cordialidad del estudiantado.

La estrategia chivilcoyana es el modelo que Cortázar habrá de calcar inexorablemente en su paso por Mendoza, por Buenos Aires y, finalmente, en París. Cortázar y sus amigos; Cortázar soberano en corte de poetas, imprenteros, fotógrafos, músicos, bibliotecarios, profesores universitarios, críticos y revolucionarios de turno. ¡Y a todos habrá de conformar con su erudición enciclopédica! En Chivilcoy se modela el proto-Cortázar a la medida de todos los que sobrevivieron a su destierro pampeano. De ahora en más, lo que vendrá son etapas de perfeccionamiento —por error y enmienda— del Cortázar forjado en la fragua de Chivilcoy, su alma máter, su escuela en «cómo ser Cortázar». La idea de un Cortázar atrincherado en Chivilcoy con sus libros, su radio, su victrola y su mate de lata es una postal para incautos que contradice la naturaleza social de quien aprendió a sobrevivir a la hostilidad tejiendo redes como ningún otro.

El paraíso perdido

Durante los fines de semana Cortázar aprovecha para tomarse un respiro en Buenos Aires. Visita librerías, sobre todo Viau. Compra una edición integral de los poemas de Rafael Alberti y frecuenta los cines de calle Lavalle para ver, entre otras cintas, *The Wizard of Oz*.

Con relación a la afición de Cortázar por el cine, Carles Álvarez Garriga me sugiere introducir una perlita de *Cuaderno de Zihuatanejo. El libro, los sueños*, un texto sumamente curioso que Julio Cortázar escribió en sus vacaciones en Zihuatanejo en 1980, publicado por Alfaguara en 1997, en el que Cortázar evoca la pantalla. Carles tiene el mal hábito de la razón. Concedo:

> Toda la mañana devuelto a más de cincuenta años atrás: *Juda Ben-Hur* [Carles aclara que Cortázar se refiere al Ben-Hur de J. J. Cohn y Fred Niblo (1925) y no al grandilocuente de Wyler (1959), todo un detalle por parte del barcelonés] la más salvaje y dulce conmoción de un fin de infancia, ocaso del cine mudo con despedidas que eran zarpazos en las yemas de los ojos, Chaney fantasma de la ópera, dramas ya irreconocibles que se llamaban —en Buenos Aires— *Las hijas de la noche* o *La escollera peligrosa*, entonces Fred Niblo superproduciendo el novelón del general Lewis Wallace [novelón que Julio Cortázar recomendaba a sus alumnos en Chivilcoy], soltando en pleno circo romano, en arenales palestinos, en mares henchidos de trirremes las tres estrellas

que los llenarían de furor ya que no de sonido, Novarro, Francis Bushman, Mae McAvoy. Memoria terrible de Ruiz para los nombres, no solamente de los actores sino de los personajes, aunque aquí se le escapa el de la pequeña Mae, sin duda bíblico, Ruth o Noemí, pero tan lancinantemente claros el de Messala con la cara de *marine* anticipado de Bushman, y el suave resbalar de sílabas, Juda Ben-Hur desde un Novarro tan latinoamericano, tan Ramón Samaniego. Y todo era odio y amor y carreras de cuadrigas y combates contra piratas y cavernas de leprosos en la montaña, el Mesías y el César, qué más darle a Ruiz para el llanto y la adoración y las identificaciones.

A partir de esas visitas a Buenos Aires, visitas que comienzan a regularizarse a mediados de 1939, Cortázar intuye que los aires han cambiado y que empiezan a pesarle. El país está cambiando, sus amigos, la gente que conoce, los lugares que frecuenta van adecuándose a una nueva realidad, a una Argentina transformada vertiginosamente al ritmo de una marcha militar.

En los cafés, en la calle, en las reuniones ocasionales no se hablaba de otra cosa más que de la guerra en Europa. Una guerra que para Cortázar «está más allá o más acá de las palabras; es fatalidad de la historia». Las novedades del frente lo remiten a la literatura, a la pintura o a cuestionamientos de orden existencial. Pero con Cortázar nunca se sabe. Una vez más, depende de a quién se esté dirigiendo.

Los *weekends* porteños le permiten recuperar el lugar de Adán en el paraíso materno, el delicado equilibrio de la armonía familiar donde se siente cómodo. Frente a los suyos no tiene que lucirse derrochando ingenio en agudas observaciones con las que deslumbra a corresponsales y alumnos. Es probable que Ofelia esta vez tenga razón, que sus recuerdos no la engañen:

> Era un muchacho muy simple, que venía con cuentos, le gustaba reír y contar cuentos y todas simplezas, pero nunca hablaba de su saber, de lo que él sabía o escribía, o pensaba.

Así lo recuerda en sus visitas al paraíso su hermana Ofelia muchos años más tarde, y agrega:

> [...] de lo que es el literato, el escritor, nosotros con mamá no hemos tenido visión. Porque él llegaba a casa y era el muchacho simple, el hermano, el hijo, pero de todas esas cosas que él sabía, que escribía, con quienes estaba, dónde estaba, nunca en casa abría la boca para esas cosas.[1]

Ofelia dejó algunas entrevistas que no aportan mayores datos en la reconstrucción del Cortázar más íntimo. La relación de Ofelia con su pasado lleva el sello familiar del desprecio. Tras la muerte de la madre, estuvo a punto de quemar la escasa documentación que había sobrevivido a la censura. Afortunadamente la intervención de Aurora Bernárdez llegó a tiempo y algo pudo salvarse del fuego purificador. En esos días, revisando cajas, Ofelia encuentra la única fotografía del padre de la que tengamos noticia. Al descubrir la imagen, en un último intento por borrar de la memoria la figura de aquel a quien nunca tuvo el gusto de conocer, Ofelia corta la fotografía en trozos muy pequeños sin que Aurora pueda hacer nada por impedirlo. Ofelia tenía cuatro años cuando el padre desaparece de la vida familiar. ¿A quién puede atribuirse el origen del desprecio?

---

1. Testimonio de Ofelia Cortázar recogido por Mario Goloboff en *Julio Cortázar. la biografía*, Seix Barral, Buenos Aires, p. 16.

La condición de turista

Figura 25. Por el río Paraná.

Probablemente se trate de una foto tomada por Paco Reta en el viaje de regreso de unas muy largas vacaciones. Han recorrido juntos más de cinco mil kilómetros. En tercera clase de un barquito a vapor que navega por el Paraná, Cortázar se lamenta por los pasajeros de primera que no duermen a la intemperie y se pierden ese cielo tan lleno de estrellas y esa luna que en el litoral le está vedada a quienes no están dispuestos a dormir en cubierta. ¿Quién viaja a su izquierda que se preocupa por leer las noticias que pueda ofrecer el periódico?; ¿qué lleva en el maletín de cuero que tiene a su lado y que está a punto de explotar?

En el verano de 1941, diez años antes del celebrado periplo al sur de Guevara y Granado, Cortázar emprende junto a Francisco Claudio Reta, un ex compañero del Mariano Acosta, una verdadera hazaña turística. Un recorrido de algo más de cinco mil kilómetros por el Norte argentino. Con Paco, Cortázar comparte sus primeros cuentos, sus sonetos, sus lecturas y prolongados silencios.

> Yo era feliz, vuelto a una antigua condición de niño, y *sentía* el trópico. Aquello era Salgari, Horacio Quiroga, Somerset Maugham, Kipling. ¡Dormí con una toalla mojada sobre la cara, hasta despertar, al amanecer, en un sitio llamado «pampa del infierno»…![1]

Muchos años después de aquel viaje iniciático, Cortázar evocará su paso por la selva misionera entre perros que ladran y caballos enfurecidos por la presencia de un jaguar, sintiéndose como un inglés de cacería.[2] Pero Cortázar no es inglés, más bien belga, de una manifiesta sensibilidad por la lengua de Schiller y los impresionistas; también por los *spirituals* y la poesía francesa del XIX, la cocina italiana, el canto gregoriano, la mitología helénica, «los

---

1. En carta a Mercedes Arias. Chivilcoy, 1 de junio de 1941. *Cartas*, p. 106.
2. Julio Cortázar, «Paseo entre las jaulas», en *Territorios*, p. 35.

Romains, los Valéry, los Mann, los poetas y los músicos, los artistas y los sabios», y también por las milanesas de la vieja, es decir: Cortázar es un argentino si se entiende por argentino aquella idea de Borges de que sólo un argentino podía ser auténticamente europeo.

A poco de regresar de su viaje al Norte, lo sorprende en Buenos Aires la muerte de su amigo Alfredo Mariscal. Cortázar le dedica algunos sonetos «un poco tristes», diría, que acabarán reunidos bajo el título *Fábula de la muerte*, un libro que debió haber integrado el volumen *De este lado*, del cual no se conservan copias. La de Mariscal es la primera en una seguidilla de tres muertes que habrán de sacudir a Cortázar en un período muy breve.

Aquel mismo año de 1941 en que los alemanes capturan Minsk, Smolensk, Tallinn y partes de Ucrania abriéndose paso hacia Leningrado y Moscú, Cortázar cree haberles ganado la batalla a los teutones en otro frente:

> ¿Sabe que le gané la batalla al alemán? Ya leo textos —no muy difíciles, ni alta poesía—; la lucha duró tres años menos tres meses, y tengo la satisfacción un poco vanidosa de decir que no conté con aliados. ¡Qué enemigo terrible! Y qué hermoso cuando, ya batido, empezó a mostrarme su gracia, sus matices...[3]

Las lecturas de ese año incluyen *La sombra*, poemas de Eduardo Jonquières publicado en la editorial de la librería Viau, a la que todo el grupo de amigos del Mariano Acosta estaba vinculado a través de Jorge D'Urbano. También lee algunos ensayos de estética que lo llevan a escribir páginas en las que «se habla del drama poético y del musical, del creador y del intérprete»,[4] dejando entrever su fascinación por el jazz.

3. En carta a Mercedes Arias. Chivilcoy, 13 de junio de 1941. *Cartas*, p. 109.
4. En carta a Mercedes Arias. Chivilcoy, 25 de agosto de 1941. *Cartas*, p. 112.

Cortázar sigue soñando con la posibilidad de un viaje a México, pero las alforjas no dan para tanto. Cuyo es otra de las posibilidades para una excursión de verano, pero se impone finalmente un *remake* de la hazaña del viaje con Reta. Esta vez lo espera un recorrido por Salta, Catamarca y Santiago del Estero.

Cortázar y Reta parten desde Chivilcoy en enero de 1942 haciendo pie a tierra en Córdoba, en donde permanecen apenas un solo día. Desde allí cruzan las salinas, y el anochecer de la segunda jornada los sorprende ya en Tucumán dispuestos a establecer campamento y emprender la aventura. El profesor y su amigo se alojan en la casa que un hermano de Reta tiene en Tucumán. El Norte argentino es un destino atractivo, salvo que no pareciera ser el ideal de verano cuando las temperaturas promedian los cuarenta grados centígrados a la sombra. Pero qué más da. Las consideraciones climáticas no son el único contratiempo. La idea inicial era llegar hasta la Quebrada de Humahuaca (...*donde la mano de Dios-Pintor espera a quien sabe buscarla*) y, de allí, cruzar a Bolivia. Pero antes de que tuviera la posibilidad de emprender el camino recibe noticia en Tucumán de la muerte de su cuñado-*tío*. La desaparición de Sadi, vástago del capitán Pereyra Brizuela, condenaba a Memé a viudez perpetua. Cortázar aborta la expedición con Reta y regresa a Buenos Aires en un trimotor de la compañía norteamericana Panagra.

Desde los dos mil metros de altura la pampa parece inofesiva. ¿Y si continuara el vuelo? La idea de permanecer en el aire es tentadora (suele serlo). El ronroneo de los motores, la cabeza sobre la ventanilla, las nubes, las líneas que unen puntos en tierra para continuarse en otras líneas y otros puntos que invitan a pensar —como alguna vez lo hicieron los buques anclados en el puerto de Buenos Aires— en la posibilidad de fuga.

Sadi y Cortázar congeniaban. Habían sido vecinos, sobrino y tío respectivamente y cuñados al casarse Sadi con Ofelia, dos años antes de su muerte. Pero, por sobre todo, habían llegado a ser buenos amigos y confidentes. La noticia del fallecimiento fue un golpe duro para el profesor que venía herido por la pérdida de su amigo Mariscal en abril del año anterior. Como consecuencia de la tragedia, Ofelia regresa con su madre y su abuela en la calle Artigas, donde, de ahora en más, vivirán las tres juntas. Es poco probable que a Cortázar le hubiera pasado desapercibido el hecho de que los hombres que se acercaban a las mujeres de la casa terminaban por desaparecer más temprano que tarde. Y esto considerando que desconocía los avatares de la generación precedente en la cual Pedro palma antes de tiempo y Octavio Augusto se toma las de villadiego para esquivar el bulto de la beata Lozano. El drama familiar, la tragedia. ¿Qué maldición se cierne sobre aquellas mujeres o en todo caso sobre los hombres de aquellas mujeres a quienes se los traga el mar o los engulle la tierra? Desde el aire, a dos mil metros de altura, parece un maleficio que busca garantizarle al hijo del vampiro el lugar del único hombre entre tres mujeres, siempre tres.

Más rectángulos verdes, mares de girasol y trigo: la pampa. ¿Dónde está la salida de emergencia? Entonces un río, el Paraná que había conocido con Paco. En algún lugar tiene guardada una foto en aquel barco en el que dormían sobre la cubierta contando estrellas hasta quedar dormidos. El Paraná lo deja bien, el piloto sólo tiene que seguir en curso hasta avistar los primeros destellos de las luces del Tigre, los canales, las casas bajas de San Fernando, las barrancas de San Isidro. Así, sin más complicaciones, Buenos Aires es un destino inobviable, una consecuencia del curso del río. El piloto obedece una voz y se escucha el ruido de las compuertas del tren de aterrizaje al desplegarse sobre las embarcaciones. La azafata de piernas largas interrumpe el sueño y le recuerda al profesor que debe ajustarse el cinturón de seguridad para el buenosairaje. Linda mina, azafata: ¿azafata algo? «No gracias. Voy a un velorio. ¿No querrá acompañarme?» Como para pensar en sentar cabeza y arrimarse a una mujer... los antecedentes no son muy alentadores.

Con la muerte de Sadi y el luto familiar no terminan los flagelos. Para mediados de octubre de ese mismo año, Cortázar, ya de regreso en Chivilcoy, recibe un llamado en el que le advierten que Paco Reta acaba de ser internado. ¡Yeta, mufa! Cortázar, meado por los perros, parece haber heredado la suerte de su padre. De tal palo tal vampiro. 1942 es un año miserable. No hay vuelos a Buenos Aires. Esta vez verá los campos de girasoles desdibujarse desde la ventanilla de un ómnibus, ni siquiera el traqueteo del tren le servirá de consuelo. Son ciento sesenta los kilómetros hasta la capital. Cien millas rebobinando, deshilvanando el ovillo. El viernes 30 de octubre, muere, *sin el auxilio de la religión*, Francisco «Paco» Reta alias Monito, a los veintinueve años de edad. Esta vez Cortázar llega a tiempo para despedirse.[5] «Esa noche comprendí lo que es morir sin el auxilio de una religión —diría Cortázar—. Morirse físicamente, biológicamente; dejar de respirar, de ver, de oír.» La muerte física, la muerte biológica como oposición a la muerte del padre que aún respira. Cortázar se refugia una vez más en Rilke, siempre Rilke.

> La soledad inenarrable de toda muerte. Estar junto a un ser humano, tocándolo, ayudándolo; y tener que admitir, sin embargo, que inmensos abismos separan a uno de otro; que la muerte es una, solamente personal, indivisible, incompartible. Que se está solo, absolutamente solo y desgajado en ese instante; que ya no hay comunión posible entre seres que momentos antes eran como ramas de un mismo árbol.[6]

---

5. «El personal Directivo y Docente de la escuela 25 del C.E. 3.º, participa el fallecimiento de su querido ex compañero de tareas e invita a acompañar sus restos al Cementerio del Oeste, hoy sábado 31 a las 10 horas. Casa mortuoria, Anchorena 91. Servicio Casa Carlos Volpi, Hnos. y Cía. Callao 595, esquina Tucumán 1788» (Diario *La Nación*, Buenos Aires, 31 de octubre de 1942, p. 10).

6. En carta a Lucienne C. de Duprat. Buenos Aires, diciembre de 1942. *Cartas*, p. 140.

A Reta va a dedicarle *Bestiario*, su primer libro de cuentos y que finalmente fuera incluido en la edición de sus cuentos completos. Inexplicable, Yurkievich interpreta que ese «Paco» era Paco Porrúa, editor de Sudamericana al que Cortázar no conocería sino años más tarde. También hubo significativas referencias de pasada: esa «fotografía del amigo muerto» que aparece fugazmente en «Carta a una señorita en París», el «muerto que jugó conmigo sus últimos juegos de cartas sobre una sábana de hospital» de *Salvo el crepúsculo*, un extenso y gráfico pasaje en *Diario de Andrés Fava* y el relato entero «Ahí pero dónde, cómo» en *Octaedro*.

Un mes más tarde, en noviembre de 1942, los alemanes ocupan Vichy. Las noticias que llegan de Europa no son alentadoras. Los franceses le enseñan al mundo cómo agachar la cabeza y decir *oui* en alemán, sin chistar y con una sonrisa. Los franceses aprenden rápido. Si Cortázar sigue pensando en fugarse no son muchos los lugares o los destinos posibles. 1942 es un año olvidable, un filme prescindible y una cifra para jugar con el descubrimiento de América. Por fortuna, el verano está a la vuelta de la esquina, siempre el verano salvador y la posibilidad de deslizarse hacia adentro, hacia la parte más delgada del embudo en caída libre. Esta vez será un viaje sin compañía, su primer vuelo solo. El punto de partida vuelve a ser Chivilcoy, la primera escala: Mendoza. Ahora sí, Cuyo. Hasta allí en tren y luego en auto hasta Santiago, al otro lado de la cordillera. Siete días más tarde vendrán los lagos del sur: Llanquehue y Todos los Santos. Una vez más Santiago, después Osorno y Valdivia. Antes de embarcarse de regreso a Buenos Aires en el vapor *Arica*, Cortázar hace pie en Valparaíso y Viña del Mar disfrazado de turista, «para no desentonar».

Cortázar regresa a Buenos Aires a fines de febrero de 1943 tras veinte días de navegación, listo para exiliarse en Chivilcoy una vez más. Es notable que no contemos con una sola línea de su pluma sobre aquel viaje que fascinó por igual a Mr. Byron y Verne.

Cabo de Hornos, el faro del fin del mundo, la mitológica Patagonia, el estrecho de Magallanes. Quizá fuera aquélla su más digna travesía hasta entonces y nada. ¡Ni un renglón! Imperdonable, don Julio, imperdonable.

La evidencia de un cuento

Coqueteando con la ficción

Figura 26.   Julio Cortázar, Chivilcoy, 1942.

«Yo, vestido con la vieja *robe* a rayas azules y las pantuflas de abrigo que mi madre me regaló ese otoño.»

Las cartas de aquellos años están sembradas, como todas, de guiños a futuros biógrafos. Se agradece. En una, dirigida a Mercedes Arias en marzo de 1942, advierte: «No se extrañe de mi insistencia; tengo que poner en orden los datos para mi biografía, y no quiero malos entendidos». Tranquilo, don Julio, tomo debida nota.

Las preocupaciones de Cortázar no se limitan a la correspondencia. La ficción resultaba también una herramienta formidable a la hora de volcar mucho más que sueños. «Creo que se aprendería bastante sobre la Argentina estudiando la evolución de los tipos de nuestra edad», sostiene el cronista, uno de los personajes en *El examen*. Y, si bien podría decirse que aquello no es más que literatura y que la búsqueda de rasgos personales en ese terreno ha de ser infructuosa, bien podría afirmarse todo lo contrario siguiendo en detalle las instrucciones que, una vez más, Cortázar dejó para sus biógrafos:

> Nosotros, tímidos productos de la autocensura y de la sonriente vigilancia de amigos y críticos, nos limitamos a escribir memorias vicarias, asomándonos a lo Frégoli desde nuestras novelas.[1]

---

1. Julio Cortázar, «Verano en las colinas», en *La vuelta al día en ochenta mundos*, Siglo XXI, México, 1970, p. 18.

Y Cortázar se asoma con cierto resquemor, con relativa culpa por no decidirse a escribir él mismo sus memorias. «¿Por qué no escribiría yo mis memorias ahora que empieza mi crepúsculo?»,[2] se pregunta, sin encontrar más respuesta que la que pueda brindarle el gato que salta sobre sus rodillas. Con justa razón supone que la mirada mezquina de sus contemporáneos habría de condenarlo:

> Si Robert Graves o Simone de Beauvoir hablan de sí mismos, gran respeto y acatamiento; si Carlos Fuentes o yo publicáramos nuestras memorias, nos dirían inmediatamente que nos creemos importantes.[3]

El cuento «Distante espejo» pertenece a este género de confesiones biográficas. En él da cuenta de sus pasos, de su peregrinación por un pueblo dormido en la siesta americana. Ya desde las primeras líneas advierte, como si estuviera escribiendo una carta:

> Comprendo que mi relato ha guardado hasta ahora el exterior de un diario, manera elegante de someter *comptes rendues* a biógrafos futuros, pero era necesario acaso para que el posible lector se extrañe, como lo hice yo, de la rara sensación de encierro que me vino en la tarde del 15 de junio.[4]

En «Distante espejo», Cortázar asegura llevar una vida de estudio aportando una detallada selección de sus lecturas, como suele hacerlo en su correspondencia. Cuenta el profesor que engulle libros como el Extraterrestre. Lee, acumula, toma notas, hace fichas. Dicta clases por la mañana, hasta cerca del mediodía cuando regresa, «siguiendo siempre el mismo itinerario», a su

2. *Ibidem.*
3. *Ibidem.*
4. Julio Cortázar, «Distante espejo», en *Cuentos completos*, 1, p. 82.

cuarto de pensión. «Allí, iluminado por el sol que toda la tarde golpea las dos altas ventanas, preparo lecciones hasta las tres y media y a partir de ese momento me considero plenamente dueño de mí mismo.»

Dueño de sí mismo, soberano de las tardes y la siesta, Cortázar lee la Biblia de Lutero tratando de ganarle la batalla al alemán que lleva dentro y también una considerable lista de títulos que no duda en aportar: dice haber devorado, en tres años y medio, las obras completas de Freud, novelas inglesas y americanas, la poesía de Eluard y Saint-John Perse, la obra de Lewis Carroll *exhaustivamente*, Kafka y los trabajos de Vicente Fatone; la *Historia de Grecia* de Bury, las obras completas de Thomas de Quincey y «una tremenda bibliografía acerca de Sandro Botticelli», además de doce novelas de Francis Carco y una antología de poesía angloamericana de Louis Utermeyer. Como si esto no fuera suficiente para impresionar al lector, Cortázar agrega al erudito índex la *Historia del Renacimiento de Italia* de John Aldington Symonds y la serie de los Césares romanos «desde el héroe epónimo hasta el último capítulo de Amiano Marcelino», para lo cual se apoya en el estudio de Tácito, Suetonio, los escritores de la Historia Augusta y Macedonio.

Quizás estuviera equivocado Hesse en sus *Escritos sobre literatura* al asegurar que los enemigos de los buenos libros, y del buen gusto en general, no son los que los desprecian, sino los que los devoran, pero convengamos en que la enumeración supera las expectativas de cualquier lector inquieto.

«Distante espejo» permite, además de un acercamiento biográfico, una mirada a su reflejo apampeado. Más elocuente que muchos de los testimonios recogidos en Chivilcoy a lo largo de los años, el cuento aporta datos que lo unen a la ficción. ¿Acaso existe otro lugar para Cortázar? El espejo distante devuelve distorsionada la imagen de un belga apoltronado en una de las butacas del cine Metropol viendo un filme de René Clair, de Walt Disney o de Marcel Carné. El cuento también documenta la frecuentación con ex alumnos del Normal, su gusto por el whisky Mountain Cream (y de su afición a las marcas), su lectura de *Noticias Gráficas,* su afición a los programas de radio de la BBC y de la KGEI de San Francisco en los que atento espera el boletín informativo o algún concierto de jazz. Al índex de autores y nombres propios deberíamos sumarle una de marcas registradas que también serán su *marca registrada* en un cielo no muy lejano.[5]

Al escribir «Distante espejo», Cortázar tiene veintinueve años y una mirada, la que ejerce sobre sí por un artificio fantástico con el que construye el relato.

Artificio del cuento:

Desde el umbral de la puerta de su cuarto de pensión puede verse a sí mismo contarnos lo que a su vez está observando en una mezcla de verdades a medias en las que, como en todo buen cuento, el lector se pierde. Un Cortázar mira al otro que lee la Biblia de Lutero sentado en su habitación «vestido con la vieja *robe* a rayas azules y las pantuflas de abrigo que mi madre me regaló ese otoño».

Fue la mención de esa indumentaria la pieza que faltaba para que toda media verdad cobrara sentido. Una fotografía, cuyo contexto hasta entonces me era desconocido, revela al profesor vestido tal y como dice el cuento. Cortázar está sentado vestido con la *robe de chambre* que le regalara su madre aquel otoño y sostiene un libro del que resulta imposible distinguir el título, posiblemente la Biblia de Lutero. Detrás, la puerta del cuarto desde la que dice haberse visto a sí mismo, distante en el espejo de su pe-

---

5. «Algún día habrá que hacer el catálogo de los nombres, los lugares y las marcas comerciales que sostiene el estilo de Cortázar: ese repertorio dibujará, sin duda, la marca de una compulsión y dejará ver hasta qué punto su obra ha sido siempre fiel a esa pasión avara por apropiarse de la realidad a través del mercado» (Ricardo Piglia, «El socialismo de los consumidores», diario *La Opinión Cultural*, 8 de diciembre de 1974, p. 2).

sadilla pampeana. Es curioso. En aquella fotografía, Cortázar parece haber posado con el único propósito de dejar testimonio, «a biógrafos futuros», de su coqueteo con la ficción. La evidencia de un cuento.

Una nación en armas

Figura 27. Julio Cortázar. Retrato, c. 1943.

El parecido con el mitológico Kent es sorprendente. Cortázar se quita el sombrero de explorador, se calza los lentes de aumento y de Livingstone pasa a convertirse en el pretendiente de Luisa Lane en menos que canta un gallo. ¿Canta un gallo? ¡Qué serio, don Julio, si te viera la Peri Rossi...! No alcanzo a distinguir la insignia en la solapa. Pero a juzgar por el resto bien podría tratarse de la de rotario. ¿Qué haremos con tu imagen, san Cortázar? ¿Con cuál de todos nos quedaremos?

A mediados de 1943, la historia sorprende a Cortázar inundando las ondas de radio con el tono marcial. Con el golpe del 4 de junio los militares se exponen saliéndole al paso al poder político. Suponen los uniformados que acabarán con una época de fraude y corrupción; pero a ellos no les preocupaba tanto el fraude —con el que se venían manejando bastante bien hasta entonces— cuanto la posibilidad de que Robustiano Patrón Costas, otro salteño conservador, llegara a la primera magistratura poniendo en peligro el delicado equilibrio de neutralidad.

Para los amigos del poder en la Argentina, los acontecimientos del frente no son muy alentadores. Si los alemanes no frenan al Ejército Rojo, Europa va a tener que aprender a manejarse con el alfabeto cirílico. Nace la fiebre anticomunista al grito de «The Russians are coming!». El oso soviético está molesto y el oso es amigo de los liberales. Y los liberales son, para los nacionalistas argentinos, los guardias suizos del Kremlin.

El general Arturo Rawson encabeza el golpe, pero se sostiene menos de una semana e inmediatamente asume en su reemplazo el general Pedro Pablo Ramírez, que se había desempeñado hasta el 4 de junio como ministro de Guerra. De manera un tanto curiosa, los ministros de Guerra acabarán ocupando la primera magistratura de gobiernos sucesivos.

Para octubre Ramírez recompone su gabinete. Al frente de la cartera de Guerra designa a su eventual sucesor el general Edelmiro Farrell. Ramírez despliega, además de Farrell, un muestrario de lo mejor que tienen para ofrecer los distintos vértices del nazifascismo criollo. Farrell designa, a cargo de la cartera de Justicia y Educación Pública, a Martínez Zuviría (¡el mismo que Goldar asociaba a Cortázar en tiempos de la guerra civil española!). Acerca de Martínez Zuviría, Cortázar ironiza en carta a su amigo Eduardo A. Castagnino:

> [...] hemos encontrado por fin al intelectual que necesitábamos, el hombre democrático y de amplios alcances. Ahora sí que será jauja en nuestro ámbito didáctico. El ornitorrinco nos va a hacer leer sus obras completas, tú verás, como condición «sine qua non» para inscribirse en los concursos.[1]

El profesor no estaba del todo equivocado. El cambio de gabinete fue acompañado por la puesta en marcha de una maquinaria de propaganda al estilo Pétain en la que *Travail, Famille et Patrie* fueron reemplazados por *Honestidad, Justicia y Deber*, como ya había sucedido en el cuño de las monedas de dos francos. Desde el aparato del gobierno se hablaba de una «Nación en armas» contra la corrupción y el comunismo apátrida. El flamante gobierno revolucionario invitaba a los ciudadanos a denunciar a quienes fueran sospechosos de actividades antipatrióticas.

El 28 de julio del mismo año, a menos de dos meses del golpe, Martínez Zuviría ordena la intervención de la Universidad del Litoral, al frente de la cual designa a Giordano Bruno Genta, quien puso manos a la obra con toda la prepotencia e incapacidad hasta para el daño de la que fue capaz.

La mayoría del estudiantado, democrático y aliadófilo, se tomó muy en serio la amenaza que representaba el régimen. Comenzaron los reclamos llamando a la derogación del estado de sitio, a la plena vigencia de la Ley 1.420, a la reincorporación de

---

1. En carta a Eduardo A. Castagnino, octubre de 1943. *Cartas*, p. 151.

los profesores y maestros que habían sido separados de sus tareas. Los estudiantes también reclaman la autonomía y libre funcionamiento de las organizaciones y centros de estudiantes.

Martínez Zuviría responde ordenando la represión en las universidades y decretando la obligatoriedad de la enseñanza religiosa que había sido suprimida en tiempos del general Roca a fines del siglo XIX.

Las disposiciones imponen clases especiales destinadas a exaltar los valores patrióticos de la revolución en todo el ámbito nacional. También en los colegios secundarios deben dictarse clases especiales en las que se expongan ante los alumnos los principios revolucionarios del gobierno de facto.

Al parecer, y hasta donde sabemos, Cortázar no acató las directivas al pie de la letra y sus clases en Chivilcoy no estuvieron a la altura de los requerimientos. En consecuencia, un grupo de colegas del Normal denuncia su escaso fervor gubernista.[2] El horno no estaba para bollos.

> ¡Dulce Argentina! Cuando pienso que el ornitorrinco va a ser nuestro ministro, que el ministro de Obras Públicas se llama Vago y que Ameghino capitaneará la hacienda, me veo obligado a discrepar profundamente (¡por primera vez!) con los designios de la Providencia. *Tout va très bien, madame la marquise...*[3]

Cortázar busca refugio en la correspondencia y alterna sus lecturas de Rice, y de *Cuentos de Pago Chico* y *El casamiento de Laucha* con las de Keats, Shakespeare, León Felipe, Ellery Queen y la biografía de Bernard Shaw escrita por Frank Harris. Los viernes por la noche sintoniza, en la banda de veinticinco metros, una emisora californiana que transmite *negro spirituals* y algunas de las últimas grabaciones de Armstrong. Cuando puede, frecuenta el biógrafo y en el tiempo que le queda libre escribe *Las*

---

2. En carta a Lucienne C. de Duprat. *Cartas*, p. 173.
3. *Ibid.*, p. 123.

nubes y el arquero, una novela que no parece entusiasmarle demasiado y cuyo destino nos es desconocido. De esa época son también sus traducciones de Defoe, con quien dice haberse puesto «a viajar por los siete mares del mundo», una buena alternativa a los desfiles militares, las escarapelas, los himnos y las declamaciones. Se trataba de mantenerse ocupado y llegar a fin de año como fuere. Durante el verano porteño tendría la posibilidad de buscarle una salida al acoso de sus colegas en Chivilcoy.

Pero en lo que resta del año lectivo la situación empeora. Martínez Zuviría redobla la apuesta acusando a los centros de estudiantes adheridos a la FUA de perseguir finalidades subversivas y de mantener relaciones con organizaciones comunistas. El ornitorrinco habla de la necesidad de extirpar las doctrinas del odio y del ateísmo. A fines de 1943, Farrell decreta la intervención del resto de las universidades nacionales y designa como interventores a miembros del movimiento clerical antirreformista.

Grave problema argentino

El que quiera oír que oiga
(lo que yo quiero que oiga)

El verano porteño no escondía bajo la manga ningún destino extraordinario. Para esos meses de vacaciones, Cortázar se conforma con Buenos Aires. «Fueron muy simples y sin interés alguno por cuanto permanecí todo el verano en casa... Tenía mis libros, los amigos, un campeonato de box muy interesante,[1] música en cantidad... ¿qué más podía pedir?»[2] (Vacaciones sin interés alguno en las que comienza y termina, entre febrero y marzo, una traducción; nada menos que la de *Robinson Crusoe* para una edición de lujo que piensa publicar Viau.)

Si de pedir se trata, un par de cartas más podrían habernos dado una pauta del derrotero de ese verano que, para él, según parece, carece de interés alguno. Porque sucede que en su correspondencia está todo lo que alguna vez usted quiso saber y no se animó a preguntar. Es notable cómo la percepción cambia tras la publicación de los tres volúmenes que contienen muchas de las cartas escritas a lo largo de casi medio siglo. La mayor parte de las aventuradas conjeturas sobre la vida anterior a la pública y notoria (concretamente, las correspondientes a los años del Cortázar sin barba) podrían haberse evitado contando con las indiscutibles

---

1. El 5 de enero de 1944 el campeón mundial de peso semipesado Fritzie Zivic venció a Ossi Harris por KO en el décimo round, en un match realizado en Filadelfia. *La Nación*, 6 de enero de 1944.

2. En carta a Lucienne C. de Duprat. Chivilcoy, 30 de marzo de 1944. *Cartas*, p. 159.

pistas de la correspondencia. Aunque hablar de correspondencia implica una reciprocidad que en los citados volúmenes no tuvo cabida. Los tres volúmenes publicados hasta la fecha (hay dos más en preparación) contienen parte de las cartas escritas por Cortázar, omitiendo aquellas que le fueron dirigidas. Así, su voz es la única en un diálogo de sordos en el que los otros son sistemáticamente devorados por el silencio. Sabemos qué dice Cortázar y cuándo lo dice; lo que los otros callan, por ausentes, es todo un misterio. El silencio de los corresponsales en la construcción de su temprana biografía coincide con otras ausencias no menos intrigantes, como lo son todas las referencias al abuelo náufrago o al padre desaparecido. En las biografías de Cortázar sólo su voz perdura (y en su voz, la de su madre): el resto es silencio, especulación o leyenda. Para profundizar en su universo debemos conformarnos con ese murmullo y creerle cuando dice (refiriéndose a sus cartas): «He dejado en cada una de ellas mucho de mí, mucho de lo mejor o de lo peor que hay en mi mente y en mi sensibilidad».[3] En algún lugar entre lo mejor y lo peor, subsiste su deliberada pasión por decirle a cada uno lo que cada uno quiere oír. En las cartas nos prevé y se prevé a sí mismo como escritor exitoso; tiene en cuenta al destinatario del sobre pero también al lector futuro de su correspondencia, al lector de sus biografías. Cortázar construye y lo hace con inteligencia. De la misma manera que busca complacer en el diálogo personal, busca acercarse a futuros biógrafos, a quienes considera destinatarios de su correspondencia. En una de esas cartas, dirigida a Sergio Sergi en Mendoza, Cortázar advierte:

> [...] presumo que usted guarda cuidadosamente todas mis cartas, ya que en el futuro habrán de publicarse en suntuosas ediciones, y usted se beneficiará con menciones como ésta: «El coronel

---

3. En carta a Sergio Sergi. Buenos Aires, veintialgodejuliodemilnovecientoscuarentayalgo. *Cartas*, p. 208.

Osokovsky (cuya fotografía no aparece aquí) fue uno de los corresponsales más fieles del gran cuentista J. C.». Ya ve su conveniencia de guardar mis cartas.[4]

El coronel Osokovsky (cuya fotografía no aparece aquí) fue uno de los corresponsales más fieles del gran cuentista J. C., que aún no había publicado nada que le permitiera prefigurar su destino al escribir aquellas líneas. La advertencia es una premonición que merece la pena ser tenida en cuenta como esbozo de su estrategia. En otra oportunidad —esta vez dirigiéndose a Mercedes Arias— dice con referencia a la carta que le envía que «parece de esas que se escriben pensando en que alguna vez será publicada».[5] Incluso antes, con tan sólo veintiséis años: «Ya sé que cuando yo muera (de alguna manera rara, ya verá) ustedes, los amigos, publicarán mis obras completas, y que, en bellos apéndices, agregarán mi copiosa correspondencia. Por lo tanto tengo que lucirme».[6] Y Cortázar se luce. Habla de sí mismo como alguien que merece ser objeto de una biografía para luego convertirse en ese mismo objeto. ¡Hasta la rareza de las circunstancias que envuelven su fallecimiento logra predecir! Aunque quizá no debamos hablar de predicciones sino de la fuerza que entraña un destino prefigurado.

Cortázar nos tiene en cuenta para ocultar o revelar. Ignoto profesor de provincia que sueña en devenir afamado cuentista, no deja de alertarnos respecto de cómo deben ser leídas sus cartas liberándonos del compromiso de tener que creerle.

Sirva esta advertencia para poner sobre aviso al lector respecto de la fragilidad de ciertos argumentos en los que el profesor busca comprometernos (al menos afectivamente). Al escribir para el segundo destinatario de su correspondencia Cortázar busca despejar dudas sobre sus intenciones, busca el reconocimiento por

---

4. *Ibidem.*
5. Mendoza, 24 de septiembre de 1944. *Cartas*, p. 169.
6. A Marcelle Duprat. Chivilcoy, 16 de agosto de 1940. *Cartas*, p. 95.

lo que quiere ser (un escritor famoso) y no por lo que es (un «profesor» de provincia designado a dedo por un amigo cuyo nombre no está dispuesto a revelar). Cortázar nos advierte que se esfuerza, que lucha denodadamente por superar el signo de la mediocridad a la que lo condena el supuesto abandono de su padre dejándolo en manos de un matriarcado que no supo, o no pudo, hacer de él nada más que un maestro de escuela. De allí su empecinamiento, de allí su obstinación por convertirse en erudito, por saber, por leer, por devorar libros, por conocer y, ante todo, por dejar que se note, por dejar constancia.

Al referirse a sus vacaciones como «muy simples y sin interés alguno...», Cortázar busca complacer y lo hace exhibiéndose ante el destinatario como un hombre que está más allá, lo cual ya sabemos que no es cierto. De alguna manera sucederá lo mismo con la impostación de su voz, que no será la misma al hablar con un cubano, con un español o con un argentino. Al igual que en su correspondencia, Cortázar condicionará acento y tono en función de su interlocutor buscando nuevamente complacer. Las variantes de tono en su correspondencia y en su trato personal son parte de la versatilidad camaleónica común a muchos argentinos, particularmente porteños. Es curioso pero, a poco de llegar a España, un porteño pronuncia «Madriz» y se despacha con un «¡hombre!» cada cuatro palabras como si hubiera bajado de las sierras de Guadarrama montado en una burra. Los hay también aquellos que al cabo de tres semanas en Nueva York parecen haber olvidado la mitad del vocabulario con el que contaban el día antes de embarcarse en el aeropuerto de Ezeiza. No conozco otra fauna semejante a la nuestra. El argentino de clase media que emigra antes de los cuarenta busca, curiosamente, desaparecer; y aún más: busca distanciarse de aquello que dejó con la convicción de un converso. También hay quienes, al desembarcar y reconocerse tan perdidos como suelen estarlo, recurren al mate, la bombilla, el folklore, el tango y la camiseta de la selección nacional en un intento por diferenciarse de aquello que no comprenden o que no están dispuestos a comprender. Pero también sería justo reconocer que hay quienes sobreviven a dos aguas en medio de una y otra variante según soplen los vientos de la nostalgia rioplatense. En definitiva, se trata de lo mismo: el que llora su desdicha en una casa de empanadas en Estocolmo y el que reniega de todo y se integra de pies y manos al destino de inmigrante. Cortázar no escapa a las generales de la Tercera Ley del Inmigrante pero consigue imprimir su sello a la correspondencia del mismo modo que al arte de la conversación. Cortázar supo adaptarse eficazmente a su interlocutor con sutiles y no tan sutiles matices, como obviar las eses si el diálogo lo sorprende con un dirigente obrero,[7] o añadir un «tú» cordial y de salón reservado para quien estima merecedor del trato, o escribir una carta en la que asegura a su corresponsal que sus vacaciones «fueron muy simples y sin interés alguno», o, simplemente, lamentarse de no poder volver a donde no tenía ninguna intención de volver cuando ya no podía volver porque no lo dejaban. De algún modo, la amenaza que representó para Cortázar la fauna militar le vino como anillo al dedo a su discurso. De no haber corrido peligro su vida, hubiera tenido que fabricar una circunstancia que le permitiera justificar su voluntad. Y su voluntad no fue otra que la continuación del deseo de su madre de haber permanecido en Europa tras la «fuga» del marido. Desde Europa, ya con barba y al igual que Gardel, Cortázar insinuaba los versos de un *Volver* comprometido ante la mirada de los otros para después regocijarse en la feliz distancia. Valga una salvedad: lo anterior no implica ningún juicio de valor, es más, comparto la idea de que vivir en París en los años cincuenta, e incluso después, fue mucho más interesante que haber so-

---

7. Cuando ya estaba muy enfermo, una de las personas más allegadas contó que al revisar los mensajes del contestador telefónico encontró la grabación de un diálogo entre el dueño de la casa y un amigo de extracción obrera a quien Cortázar invitaba a «comerse uno bifacho de chorizo cualquira de esto días». También son elocuentes algunas de las entrevistas radiales o para la televisión en España o en Cuba, en las que recurre con candor al acento de sus anfitriones.

brevivido en Buenos Aires. El problema no pasa por las opciones al alcance de la mano sino por la cursilería que supone tratar de justificar lo que no debería requerir ninguna justificación, con el agravante del hecho de que la argumentación esgrimida por Cortázar pasaba por la amenaza que representaba la junta militar a partir del 24 de marzo de 1976. Pero fueron miles los argentinos que partieron al exilio con una mano atrás y otra adelante frente a una amenaza real o lo que fue mucho peor aún. Al definirse como exiliado de un país al que no tenía pensado volver y en el que no residía desde hacía más de veinte años, Cortázar busca complacer nuevamente a sus lectores y ocupar el lugar que le estaba reservado en el Panteón de los Barbudos Estoicos como un escritor *comprometedor*.

Entre la espada y la pared

> The greater part of what my neighbors call good I be-
> lieve in my soul to be bad, and if I repent of any thing,
> it is very likely to be my good behavior.

HENRY DAVID THOREAU

A mediados de la década del cuarenta, Estados Unidos intensifica su campaña contra el régimen de facto y acusa a la Argentina de ser una cueva de fascistas. Se incrementan los envíos de armas norteamericanas a Brasil, lo cual inquieta a los argentinos. En los cafés de Buenos Aires se habla de un inminente ataque del país vecino (en los cafés de Buenos Aires se habla de casi todo). Pero aquélla no fue la primera vez ni será la última que la fiebre consuma a los porteños con el fantasma de una invasión que nunca llega. En respuesta a la actitud norteamericana, el gobierno opta por realizar una compra de armas alemanas, con lo que Washington termina de convencerse de las escasas convicciones democráticas de los argentinos. La escalada continúa y Estados Unidos intensifica el envío de pertrechos al *melhor país do mundo*. La paranoia, de este lado del Río de la Plata, alcanza ribetes de zarzuela.

Si los porteños estaban medio locos con el tema, en los pueblos del interior los niveles de histeria eran aún más elevados. Cortázar se cuida hasta del volumen con que escucha la radio para evitar que los vecinos se enteren de que prefiere escuchar las noticias emitidas en inglés por una estación californiana a los boletines oficiales. Tampoco pareciera muy buena idea seguir discutiendo con los alumnos en horas de clase su afición a los versos de Neruda o de García Lorca.

[...] aquí, en Chivilcoy, el nacionalismo alcanza expresiones absolutas, y no hay nada que esperar de un pueblo donde la lectura de *The Standard* es considerada como «un acto subversivo y revelador de ideologías exóticas» (!).[1]

El clima debió de haber sido insoportable para un tipo como Cortázar, para un liberal aliadófilo. Las provincias eran intervenidas por el gobierno federal, había camisas negras desfilando por las plazas de los miserables pueblos de provincia y una retórica monocorde y moralista aturdiendo la siesta con sus altoparlantes. Y precisamente fueron aquellos altoparlantes en Chivilcoy los que anunciaron la llegada del obispo de Mercedes, una visita esperada desde hacía días con las celebraciones que había preparado el cura párroco Luis R. Conti. La agenda del funcionario vaticano contempla una visita a la Escuela Normal. Alumnos, profesores, autoridades municipales, padres y madres emocionadas hasta el caracú esperan ansiosos la llegada al patio de la escuela del emisario de Pío XII.

Cortázar no ve con mucho agrado las investiduras eclesiásticas y desde hace unos meses se siente molesto con la imposición de la instrucción religiosa. De los veinticinco profesores de «moral lugareña» —calificación que él mismo usa en el cuento «Bruja»—, será el único que no bese en aquella ceremonia el anillo del prelado. Según cuentan, el hecho provoca reacciones similares a las que había recogido en octubre de 1941 al pronunciar una conferencia titulada «Ser o no ser. Misión y máscara del hombre» en el Club Social. En aquella oportunidad un periódico local calificó su exposición como un «alegato anticlerical», lo cual debió de haberle servido de advertencia. Pero parece que al profesor le costaba entender razones.

Para tener una noción más acabada de las implicancias que pudieron haber tenido sus actitudes sería conveniente recordar que el número de parroquias en Buenos Aires había aumentado

1. En carta a Mercedes Arias. Chivilcoy, 14 de octubre de 1939. *Cartas*, p. 56.

de 39, en el año 1929, a 105 para el verano de 1941. En 1933, apenas tres años después del golpe de Uriburu, los miembros de Acción Católica eran veinte mil; diez años más tarde, el número alcanzaba los cien mil. El Congreso Eucarístico de 1935 en Buenos Aires había conseguido reunir casi un millón de personas en su acto de clausura. Para muchos, la Argentina vivía en un estado de gracia que no se conocía siquiera en tiempos de los apóstoles, ni en las catacumbas, ni siquiera en las cruzadas.[2] Si efectivamente Cortázar se negó en aquel contexto a besarle el anillo al obispo de Mercedes, hay que sacarse el sombrero frente a un acto de desobediencia civil digno de ser narrado.

Algunos profesores del Normal que le guardan simpatía hablan de rumores sobre su inminente expulsión. «Se llegó a cosas como éstas —cuenta tiempo después en carta a Mercedes Arias—, en un café se preguntaron en voz alta, de mesa a mesa si ya lo habían echado a Cortázar, y qué estaban esperando para hacerlo.»[3] Ante la amenaza concreta de una delación, Cortázar decide replegarse un par de días a Buenos Aires a la espera de que los ánimos se calmen o que los acontecimientos lo encuentren lejos de su cuarto de pensión en Chivilcoy.

Bien. Hasta aquí la historia oficial. La musa ha sido generosa y hemos aportado nuestro granito de arena en la sólida construcción de un Cortázar mitológico; las futuras generaciones deberán mostrarse agradecidas citándonos al pie de página. Sin embargo, aún falta el testimonio de testigos que puedan equilibrar el sentido de la historia oficial. Esos testimonios fueron recogidos, grabador en mano, por Emilio Fernández Cicco. Veamos al menos uno.

2. Donald C. Hodges, *The National Revolution and Resistance*, University of New Mexico Press, Alburquerque, 1987, p. 52.

3. En carta a Mercedes Arias. Mendoza, 29 de julio de 1944. *Cartas*, p. 164.

Ernestina Iavícoli, profesora de historia y geografía en el Normal de Chivilcoy y amiga de Cortázar (de hecho es quien lo ayuda a ponerse al día con los programas de estudio en las materias que desconoce), entiende que la versión de su otrora colega es un tanto exagerada:

> En lo referente a aquella anécdota de que no quiso besar el anillo de monseñor Serafini, obispo de Mercedes, creo que Cortázar magnificó un poco el suceso cuando se lo contó a Mercedes Arias en carta del 21 de julio de 1945, un año después de su alejamiento de Chivilcoy. Yo estuve presente en ese momento y no me pareció un encuentro que tuviera los ribetes conflictivos que después le asignaría Cortázar. Monseñor Serafini estuvo acompañado por el padre Luis R. Conti, entonces cura párroco de Chivilcoy. Al ser presentado al ilustre prelado como «el joven profesor Cortázar», el padre Conti agregó: «¡Y un gran profesor!». Es cierto, Cortázar no besó el anillo del obispo. Se limitó a estrecharle la mano, actitud que monseñor Serafini no tomó como una descortesía, ya que continuaron hablando en términos muy cordiales y respetuosos.[4]

Mucho tiempo más tarde, hojeando las internacionales del *New York Times*, encontré una fotografía que aún conservo y que durante años (aquellos en los que duró la ilusión) llevé en mi billetera. En aquella imagen puede verse a un vigoroso Karol Wojtyla y, a sus pies, sonriente, el cura Ernesto Cardenal arrodillado. La imagen fue tomada en el aeropuerto Augusto César Sandino a poco de la llegada del Papa a Nicaragua. Según dicen los que dicen, Cardenal (que no era cardenal sino cura y ministro del gobierno sandinista) quiso besar el anillo papal. Pero el santo y muy polaco padre de la Iglesia se negó rotundamente. Alzando su mano derecha y con el índice extendido, el Papa exhortó al cura díscolo frente a todo el gabinete y coman-

---

4. Ernestina Iavícoli. Entrevista de Emilio Fernández Cicco.

dancia sandinista a que depusiera de inmediato su actitud de re-
beldía.

Para entonces Cardenal ya era amigo de Cortázar. Se habían
visto por primera vez un día de abril de 1976 en que el escritor
llega clandestinamente a Nicaragua de la mano de Sergio Ramírez. Esta historia viene a cuento del cuento que pudo haberle
echado Cortázar a Cardenal y lo que ambos debieron de haberse
divertido con la historia de aquel profesor de Chivilcoy que no
quiso besarle el anillo de monseñor Serafini, obispo de Mercedes.
Cuando menos, viene a cuento de lo mucho o poco que tienen
que ver en toda biografía los anillos que se besan o se dejan de
besar.

Comme il faut

Al regresar a Europa a principios de la década de los cincuenta, Cortázar es más argentino que nunca, más argentino y más conservador de lo que pudo haber imaginado el profesor del Normal de Chivilcoy. De sus posturas fervientemente antinacionalistas a «La literatura latinoamericana de nuestro tiempo» —conferencia dictada en la Universidad de Berkeley en octubre de 1980— hay un camino que comienza precisamente con su llegada a París y que termina en la exaltación de lo nacional y popular llegando a límites de una xenofobia cultural que contradice, en esencia, su obra y discurso anteriores:

> En vez de imitar modelos extranjeros, en vez de basarse en estéticas o en «ismos» importados, los mejores de entre ellos han ido despertando poco a poco a la conciencia de que la realidad que les rodeaba era su realidad, y que esa realidad seguía estando en gran parte virgen de toda indagación, de toda exploración por las vías creadoras de la lengua y la escritura, de la poesía y de la invención ficcional.[1]

Cortázar ya no difiere tan radicalmente del discurso de Baldrich o Ivanisevich. Al hablar de «esa planta que se llama tierra, nación, pueblo, razón de ser y destino», el verbo cortazariano tie-

---

1. «La literatura latinoamericana de nuestro tiempo.» Conferencia dictada por Julio Cortázar en la Universidad de Berkeley, octubre de 1980.

ne un punto de encuentro con el nacionalismo que lo llevó a construir muchas de las imágenes más acabadas de su tiempo. Ya no habrá realidades, sino su realidad, propia o del otro, pero sólo una.

El discurso radicalizado es reflejo de las convicciones que alguna vez supo enfrentar desde una universalidad porteña que se desbarata en París para dar lugar a la subespecie *Cortazaris argentinorum*:

> Lo que empezó como una toma de conciencia sobre las raíces de nuestros pueblos, sobre la auténtica fisonomía de nuestros suelos y nuestras naturalezas, es hoy en muchos países latinoamericanos un choque abierto contra las fuerzas negativas que buscan precisamente falsear, ahogar y corromper nuestra manera de ser más auténtica.[2]

«¡Nuestra manera de ser más auténtica!» *Help!* Cortázar empieza a sonar a como uno se imagina que el padre hubiera hablado o francamente perdió la chaveta y está mamando el nacionalismo fresco de las nuevas izquierdas latinoamericanas rebosantes de fascismo *créole*. Cortázar se aproxima así, peligrosamente, a la idea del ser nacional, a la que busca encarar en el discurso a las dictaduras latinoamericanas. Lo hace reduciendo todas las realidades sobre las que había trabajado a la simple enumeración de lo nuestro: *nuestros* gorriones, *nuestras* plazas, *nuestros* suelos, *nuestra* América, *nuestras* naturalezas, enfrentando esa nostredad a la de un enemigo que es el enemigo de su tiempo, como antes había sido fuente de inspiración. Si alguna vez dijo celebrar el 4 de julio,[3] en París habrá de encontrar que Estados Unidos es ahora el principal enemigo. Hetera o hermana carmelita, Cortázar no cuen-

---

2. *Ibidem*.

3. «Mis últimas semanas en Chivilcoy (hasta el 4 de julio, también para mí día de la Independencia) fueron harto penosas», en carta a Mercedes Arias. Mendoza, 29 de julio de 1944. *Cartas*, p. 163.

ta con un lugar en medio del Atlántico en el que pueda sentarse a mirar y pensar. París es el *ringside* desde donde ve enfrentarse las dos Américas como en un match de box mientras ignora las posturas críticas de la «nueva izquierda» francesa, que hacia fines de 1960 y desde el Centro de Estudios Socialistas intentaba despertar al movimiento socialista «para exigir una acción eficaz contra la guerra colonial, para tomar partido a favor de la independencia de Argelia».[4] Para Cortázar, Argelia no existe y la política hemisférica se reduce a fórmulas acabadas que fueron las de sus enemigos en tiempos de la Segunda Guerra Mundial. Cortázar habla de «destino histórico», «enemigo interno», «identidad profunda», «enemigo exterior»; las fuentes y los gorriones de ellos y los nuestros. Se acercará a sus antiguos enemigos más de lo que él mismo pudo haber sospechado. Su interpretación del concepto de lo foráneo está más cerca de los nacionalistas como pudieron haberlo sido su padre y Martínez Zuviría que de Lezama Lima o del hermano que dice tener en la sierra, y su percepción de Estados Unidos, más ajustada a la visión del ministro Baldrich que a la de Martí o Fidel Castro.

Allí, en París, capital en la que se resumen las razas y las culturas de todos los continentes, nace un Cortázar nacionalista y reaccionario, un Cortázar que entiende que los sentimientos patrióticos pueden jugar a favor o en contra de *malas causas*, un Cortázar que habla de «presencia iluminadora del hombre identificado con la causa popular» como lo hicieron los intelectuales de la Italia de Mussolini, la España de Franco y la Alemania de Hitler. En ese Cortázar está la síntesis de una izquierda latinoamericana que acabará, curiosamente, como pálido reflejo de las derechas europeas. El quiebre que se produce a partir de entonces no dio a luz un Cortázar comprometido, como muchas veces se supuso, sino todo lo contrario.

4. Yvan Craipeau, «El movimiento obrero del siglo xx ante el problema del Estado», prólogo a *Los marxistas y la noción de Estado*. Henri Lefebvre. *Les cahiers du Centre Socialiste*, París, Ediciones CEPE, Buenos Aires, 1972, pp. 9 y 10.

Desde aquella ventana en la que cree reconocer momentos hermosos e irrecuperables junto a una improbable victrola de la que emanan los acordes de «Mi noche triste», «La copa del olvido» y «El taita del arrabal», hasta su muerte treinta años más tarde, Cortázar vive todas las vidas de sus ficciones cumpliendo con el rito de ser, en cada oportunidad, lo que debía ser, *comme il faut*, un fiel reflejo de su tiempo, una imagen negra contrastada sobre una camiseta roja como aquella que llevaba sobre el lomo un pacifista africano en una manifestación antinorteamericana en Picadilly Circus creyendo que el tipo barbado de la fotografía (¡Cortázar!) era... el Che Guevara.

Dime con quién andas

Nadie sabe lo que es carne si no conoce el asado
de tira criollo, ni dulce que valga el de leche ni cóctel
comparable al demaría que sirven en La Fragata (¿todavía, lector?)
o en el Saint James (¿todavía, Susana?).

JULIO CORTÁZAR,
Lucas, su patrioterismo

«[…] con la seguridad de que la bomba explotaría en cualquier
momento»[1] en Chivilcoy, Cortázar se refugia en Buenos Aires por
el *weekend*. Al llegar, su madre le advierte que lo han estado llamando desde el Ministerio de Justicia y Educación. El profesor
supone que la llamada puede tener que ver con el episodio del
anillo; después de todo, el flamante ministro que reemplaza a
Martínez Zuviría es Alberto Baldrich, un abogado nacionalista y
mentor de Giordano Bruno Genta que venía de desempeñarse
como interventor en la provincia de Tucumán. Baldrich habla el
alemán correctamente y frecuenta la confitería del Hotel Jousten,
donde suele encontrarse con amigos a beber cerveza y a discutir
las últimas noticias del frente. Un poco más hacia el oeste, sobre la
vereda norte de la misma avenida Corrientes, quedaba La Fragata,
lugar de encuentro de la conducción de la Alianza Libertadora
Nacionalista. A los fascistas de La Alianza les quedaba mucho más
cerca el subsuelo de la confitería Bartolomé Mitre, a la que se
descendía por la esquina sin cruzar la avenida para encontrarse en
un ambiente de tulipas esmeriladas, *boisserie* y *vitraux*. Pero que el

1. En carta a Mercedes Arias. Mendoza, 29 de julio de 1944. *Cartas*, p. 164.

bar se llamara Bartolomé Mitre no les hacía mucha gracia. Los bares y la política argentina fueron siempre de la mano: en El Galeón o el Richmond —donde el cronopio «mojaba una tostada con sus lágrimas naturales»— se encontraban por entonces aliadófilos y liberales norteamericanistas. En aquellas escasas manzanas del centro porteño se cocinaba la política de todos los días.

Entre los amigos que solían juntarse en el Jousten con el flamante ministro figuraban Marcelo Sánchez Sorondo —que venía de hacerse un buen nombre como corresponsal de *La Nación* durante la guerra civil española—, Francisco Prado, Ramón Doll y Fernando Cruz. Doll y Cruz habían sido, al igual que Baldrich, militantes de izquierda cuando esa izquierda se sumó a los sectores nacionalistas enfrentados al entonces presidente de la nación Irigoyen. A la lista deberíamos agregar el nombre de Justo Pallerés Acebal, unido al grupo del Jousten por sus simpatías hacia el Eje, un mismo sentimiento antisemita y un origen común en la izquierda del que sólo conservaban una profunda desconfianza hacia la Iglesia y el compromiso antiliberal expresado desde sus respectivos espacios en revistas de neto corte fascista como lo fueron *Baluarte*, *Criterio* o *Nueva Política*. Esa desconfianza hacia la Iglesia fue el punto divisorio de aguas entre los fascistas de misa diaria y los que preferían considerarse nacionalsocialistas, como en el caso de Cruz, Doll y Baldrich. Con el tiempo las asperezas se fueron limando hasta que finalmente todos acordaron en que «para que la Argentina no sea comunista, es necesario que sea cristiana, no sólo en el orden de la fe, sino en el de la organización social».[2]

¡Qué manera de enroscarse con estos personajes! Pensar que había empezado este capítulo refiriéndome a los llamados que María Herminia había recibido en su casa de la calle Artigas en ausencia de Cortázar; éste, al enterarse de que lo andan buscando, se dirige sin demoras al ministerio temiendo que los llamados estu-

2. Alberto Baldrich.

vieran vinculados con los sucesos de Chivilcoy. Pero no. El profesor se equivoca: el motivo fue ofrecerle las cátedras que han quedado vacantes en la Universidad Nacional de Cuyo.

Cortázar se refiere directamente a este episodio en su correspondencia aludiendo a un misterioso amigo al que intencionalmente jamás nombra (sabe que lo estamos leyendo) y sobre cuya identidad nada se sabe:

> Al llegar me dijeron que toda la tarde habían estado llamándome de la secretaría privada del Ministerio. Debo haberme puesto bellamente verde al oír eso. Llamé a mi vez, y oigo la voz de un muchacho a quien había conocido yo en Filosofía y Letras. Pero de quien estaba enteramente desvinculado. Quería hablar conmigo urgentemente, y allí salí yo en un taxi, seguro de que la denuncia había llegado y que este amigo intentaba prevenirme, acaso defenderme. (*By the way*: un mes atrás yo lo había encontrado en Viau y entre otras cosas supe que había desempeñado cátedras en Cuyo pero que acababa de renunciar por cuestiones internas; y —lo que es moralmente más importante— esa misma mañana le manifesté terminantemente cuál era mi criterio con respecto al gobierno de Farrell y cuáles debían ser las legítimas medidas a adoptar en pro del país. *Observe usted que mi posición estaba deslindada;* ese mismo hombre era quien me llamaba ahora desde el mismo Ministerio.)[3]

La cita es asombrosa. Cortázar está dirigiéndose a Mercedes Arias, su profesora de inglés, para contarle que el gobierno de Farrell, contra el que viene despotricando a diestra y siniestra, acaba de ofrecerle unas cátedras en la Universidad de Cuyo sin que medie concurso alguno y sin que el profesor posea un título que lo habilite para la enseñanza superior. Lo asombroso no es el hecho de que aceptara las cátedras: muchos de los más brillantes intelectuales, plásticos, músicos y científicos fueron a sumarse a aquel

---

3. En carta a Mercedes Arias. Mendoza, 29 de julio de 1944. *Cartas*, p. 164.

experimento único que fue en muchos sentidos la UNC hasta el momento de la llegada de Perón a la presidencia. Lo asombroso es que a Cortázar le importe un comino aclarar su situación ante Mercedes Arias, y que oculte el nombre del misterioso amigo de filosofía y letras[4] que lo llama para ofrecerle las cátedras, cuando se cae de maduro que lo que debió de haber prevalecido fue la amistad de Cortázar con Fernando Cruz, a la sazón mano derecha (e izquierda) del ministro Baldrich, a cargo de la reestructuración de la UNC. Si lo llamaron de la secretaría del ministerio fue para que se encontrara con Cruz y posiblemente con Doll, por aquel entonces, ya interventor en la UNC.

Cuando el episodio cuyano llegue a su fin y nuestro protagonista vuelva a lanzarse a los mares pampeanos en busca de nuevas y peligrosas aventuras, habrá de escribirle nuevamente a Mercedes Arias explicándole «la raíz del problema»:

> Yo fui designado en los nefastos días del ilustre Baldrich. Esas coincidencias (pues en mi caso lo fue) parecen habitualmente otra cosa: incondicionalidad, sectarismo, etc.[5]

Cortázar parece comprometido, escribe como quien *corta el bacalao* —lo hace una vez más—, ajustando el tono a las expectativas de su corresponsal. Escribe como alguien que está *dentro de la cosa* y conoce a los protagonistas. Se *agranda*, como suele decirse; se está *dando dique* con Mercedes Arias utilizando el tono de quien está más inserto:

> He sabido lo que es pasar veinticuatro horas en continuo cabildeo, barajando argucias, destruyendo ataques, redactando solicitadas, organizando manifestaciones políticas y devolviendo cuan-

---

4. Julio Cortázar no fue, como suele decirse, alumno de la carrera de filosofía y letras. Frecuentó la cafetería de la facultad y asistió como oyente, en alguna oportunidad, invitado por ex compañeros del Mariano Acosta.
5. En carta a Mercedes Arias. Mendoza, 21 de julio de 1945. *Cartas*, p. 186.

to proyectil honorable tenía a mano. ¿Puede uno lavarse de algo semejante? No sé, viera usted cómo corta el jabón el agua de Mendoza...[6]

¡Al fin una aventura como la gente!, algo que valga la pena contar en sus cartas, y si en el trance puede deslizar el nombre de un Baldrich para jerarquizar su relato, mucho mejor; más intrépidas serán sus tribulaciones. Aunque la verdad es que Baldrich no tuvo la menor idea de quién era Cortázar, ni por aquel entonces ni aun tiempo después cuando el profesor adquiriera merecidas reputación y fama como escritor. ¿Que Baldrich firmó su nombramiento? Sí, es cierto, el de Cortázar y el de todos los profesores de todos los niveles de enseñanza de todo el país durante el tiempo en que fue ministro de Justicia y Educación. ¿Por qué iban a acusar a Cortázar como lo acusaron, de fascista y nazi, sólo porque en su nombramiento estaba la firma del ministro? Mucho más peligrosa para su futura imagen sería su sincera amistad con Fernando Cruz, con Guido Soaje Ramos y con Ramón Doll.

Ahora bien, ¿qué hace el nombre de Cortázar mezclado con el de prominentes figuras de la política nacional? Después de todo, quien muchos años más tarde llegará a ser uno de los referentes de la literatura argentina aún sigue siendo un ignoto profesor en colegios secundarios de provincia, aunque diga, un poco para darse aires, que ha «tenido violentos entredichos con dirigentes de la política universitaria cuyana».[7] Cortázar no tiene peso, en la política universitaria no es más que un valiente profesor que se atreve a decir, a enfrentar el *establishment* cuando son muchos los que callan y agachan la cabeza, lo cual, por otra parte, no es poca cosa considerando los tiempos en que les tocó vivir. Pero es indispensable notar que ninguno de sus ex compañeros del Mariano Acosta está vinculado a los círculos del poder y difí-

---

6. Mendoza, 21 de julio de 1945. *Cartas*, pp. 186 y 187.
7. *Ibidem*.

cilmente su madre o su abuela hayan tenido amistades que pudieran darle una mano en ese sentido. El paso de Cortázar por la Universidad Nacional de Buenos Aires fue efímero y, en todo caso, pudo servirle para vincularse con intelectuales como Daniel Devoto pero nunca con un Fernando Cruz, un Ramón Doll y menos todavía un Alberto Baldrich. Aquí es donde aparece la pregunta acerca de si efectivamente el padre habrá abandonado a Cortázar a los seis años como él suponía. La misma revolución que lleva a Farrell al poder y a Baldrich al Ministerio de Justicia y Educación nombra a Julio José Cortázar Arias funcionario en la provincia de San Juan. Por qué no pensar que el vampiro es quien está detrás del hijo moviendo los hilos; interviniendo ante terceros, ante sus amigos en la jerarquía conservadora y nacionalista. Después de todo, Julio José viaja con frecuencia a Buenos Aires, donde se reúne con colaboradores del régimen ante quienes pudo haber intercedido por el bien de su hijo. ¿Por qué no? Curiosamente se piensa en la figura misteriosa de un supuesto amigo al que Cortázar protege (divina construcción policial que requiere de un soplón en las sombras) en lugar de pensar en el padre, lo cual es mucho más razonable, dadas las circunstancias.

Jesucristo entronizado

En 1939 se funda la Universidad Nacional de Cuyo, centro de las transformaciones que impulsa el movimiento de la Universidad Reformista. El hecho tuvo repercusiones felices. La UNC se convirtió en lugar de encuentro de algunos de los nombres más importantes de la ciencia y la cultura en la Argentina. Su primer rector fue Edmundo Correas, un abogado liberal y progresista con una agenda revolucionaria para aquellos años:

> De inmediato renuncié a mi profesión de abogado y me consagré a la organización de la universidad. Yo sabía que el prestigio de toda universidad depende de sus profesores y como en las tres provincias cuyanas no había profesores para desempeñar algunas cátedras, me vi precisado a contratarlos en Buenos Aires y en el extranjero. Para el profesorado de la Facultad de Filosofía y Letras me asesoraron los doctores Ricardo Rojas, Ricardo Levene, Coriolano Alberini, Carlos Ibarguren, Rafael Alberto Arrieta y José A. Oría.[1] Rojas y Oría[2] me recomendaron a Jorge Luis

1. Casi todos los citados por Correas provenían de la Universidad Nacional de La Plata.
2. José A. Oría, a quien Baldomero Eugenio Otto Fernández Moreno (1886-1950) inmortaliza en 1949 con la publicación del soneto «José Oría en la calle»:

Yo que trové, y no es melancolía, / a Eleuterio Tiscornia, entrerriano / (si cito un nombre no lo cito en vano, / que me apoyo en su ilustre compañía), / escribo este soneto a José Oría, / como nacido en la calle, llano; / al par que estrecho con calor su mano / dulce de letras y filosofía. / De su redonda parva de lectura / saca una brizna y me la ofrece quedo, / más sinuosa que nunca su figura. / Agudo siempre, pero nunca acedo, / mientras ríe total su dentadura, / y yo esquivo sus ojos como puedo.

Borges para algunas cátedras de literatura. De inmediato escribí a Borges y nos reunimos en el City Hotel de Buenos Aires. Le ofrecí la cátedra de literatura española con remuneración de $300 mensuales. Es mucho —me dijo— porque aquí solamente gano $180 en una biblioteca municipal, pero no puedo aceptar, no soy catedrático, no sé hablar, apenas escribo algunas cosas insignificantes. Insistí, le ofrecí dos cátedras, incluso de literatura hispanoamericana, pero repitió que no sabía hablar, que los alumnos lo silbarían.

Traté de disuadirlo, le dije que era sabida su cultura europea, su pasión por las letras, su espíritu selecto, y para reforzar mi argumentación recordé que el retórico Boileau asegura que cuando se concibe fácilmente, se expresa fácilmente. «Yo le diría a Boileau —me contestó— que macanea, que más de un sabio ha tenido que ampararse en las letras para dar a conocer su sabiduría.»

Sin darme por vencido y animado por la seductora personalidad de Borges le propuse que hiciera un ensayo, que fuera a Mendoza y empezara disertando sobre el tema que él eligiera. Sin aludir a mi propuesta me dijo que no conocía Mendoza; entonces le ofrecí pasaje en avión o ferrocarril, sugiriéndole que fuera por tierra, así podría ver el paisaje. «Creo —respondió sonriente— que el paisaje no es muy variado: unas veces se ven cuatro vacas y un caballo, y otras veces, son cuatro caballos y una vaca.»

No lo convencí y siempre lo he deplorado. Su talento, su cultura, su espíritu maravilloso y su valiente sinceridad, hubieran contribuido al prestigio de nuestra universidad y formado discípulos que por siempre honrarían su memoria.[3]

Con el tiempo, Borges se arrepentiría de no haber aceptado la propuesta de Correas que muchos otros aceptaron. Sin embargo, el sueño duraría poco. Con el derrocamiento del presidente Castillo en 1943, las cosas cambian. El nuevo hombre fuerte de la

3. Edmundo Correas, «Borges y la Universidad Nacional de Cuyo», *Revista de la Junta de Estudios Históricos de Mendoza*, segunda época, n.° 11, tomo II (1989), p. 161.

Argentina, el general Farrell, ordena la intervención de la universidad y sus autoridades son reemplazadas por representantes del movimiento clerical antirreformista.

El nuevo rector, Ángel Puthot, es sustituido al poco tiempo por Ramón Doll, hombre de confianza del régimen que se dispone a seguir adelante con la limpieza de elementos contrarrevolucionarios en el plantel docente prevista por su predecesor. Más aún, completa las listas existentes con los nombres que no le gustan. Las medidas se toman a nivel nacional y en todas las universidades, no sólo en la de Cuyo. Miles de profesores son forzados a optar por una jubilación adelantada o, más abiertamente, son expulsados.

Al aceptar Cortázar las cátedras en la UNC, está resolviendo (satisfactoriamente) el dilema que se le había presentado: regresar a Chivilcoy —provocando a quienes hubieran puesto en peligro su única fuente de ingresos— o aceptar la designación a dedo de un gobierno de facto, en una universidad intervenida por un fascista responsable de la limpieza ideológica de los cuadros docentes. Hombre de su tiempo, superviviente eterno, Cortázar acepta el desafío. Después de la entrevista con Cruz y Doll, el profesor solicita una licencia en la Escuela Normal de Chivilcoy hasta el 31 de diciembre de 1944. La decisión de aprobar o no el pedido de licencia depende de Fernando Cruz, lo cual es otra manera de decir que Cortázar queda libre de emprender la fuga hacia Mendoza.

Hasta el momento no han surgido conflictos políticos en la vida del profesor. Cuando más, algún que otro comentario aislado. Precisamente es a partir de entonces cuando el tono de lo político va a pasar a un plano de mayor importancia. Parte de la mitología cortazariana habla de la existencia de dos Cortázar: uno anterior y otro posterior a su tardío descubrimiento de la revolución cubana. Nada más absurdo. Él mismo utilizó una figura muy divertida para ayudar en la construcción de esos dos que nunca fueron. Para el escritor había, en efecto, dos a la manera de un doctor Jekyll y un míster Hyde. Uno era aquel que prefería estar solo, el más egoísta de los dos y al que poco y nada le importaba lo que sucedía a su alrededor. El otro, el bueno, era el que había descubierto un mundo alrededor de sí y reconocido la necesidad de ayudar en lo que pudiese; es decir, el Cortázar comprometido. Según él mismo, el alumbramiento del segundo tiene como detonante su primera visita a Cuba a principios de la década del sesenta. Sin embargo, no es así. Cortázar es un animal comprometido con el pensamiento político desde mucho antes de su visita a la isla del nunca jamás. Admitir lo que nos dice sería negar sus elecciones y perspectivas en tiempos del Mariano Acosta, su visión de la realidad que le tocó vivir en Bolívar y Chivilcoy y, sobre todo, la naturaleza esencialmente política de las alternativas con las que coexistió en Mendoza.

> Lo curioso es que cuando me marché del pueblo (en dos días, casi sin despedirme de nadie salvo de los amigos más próximos) la reacción igualó casi los ataques anteriores; grandes llantos en los diarios, histerismo entre los colegas de la Escuela... algo así como si comprendieran oscuramente (y ya tarde) que yo me marchaba muy satisfecho de una atmósfera que se me había tornado irrespirable en grado sumo.[4]

Comunista, liberal y ateo fueron algunas de las acusaciones de las que fuera objeto antes de marcharse de Chivilcoy.[5] ¿Acaso es éste un Cortázar que vive al margen de las consideraciones políticas? Y al decir «consideraciones» me refiero a su perspectiva, lo cual no necesariamente se ajusta a la realidad. Al escribir a Duprat es muy posible que Cortázar esté buscando exacerbar el carácter político de su alejamiento de Chivilcoy para ayudar en la construcción de ese otro Cortázar que finalmente triunfa, pero lo

---

4. En carta a Lucienne C. de Duprat. Mendoza, 24 de septiembre de 1944. *Cartas*, p. 174.
5. En carta a Mercedes Arias, 29 de julio de 1944. *Cartas*, p. 163.

cierto es que las impresiones con la que se quedaron sus vecinos en Chivilcoy difieren. Más aún, están cargadas de afecto.

> El profesor Cortázar, que nunca hizo el menor esfuerzo para crear en su entorno un renombre, lo obtuvo sin embargo muy pronto en la escuela y fuera de la escuela, porque su esfuerzo de bien cumplir con sus deberes docentes, la idoneidad intelectual y moral con que supo realizarlo y su conducta cívica y social lo llevaron, inexorablemente, a ese renombre justiciero que él jamás se procuró y que fue apenas una resultante de su ejemplar conducta en el medio.[6]

En Chivilcoy nunca llegarán a comprender el desprecio de quien consideraban —aún hoy lo consideran así— uno de sus hijos predilectos. Por momentos da la sensación de que, para poder abandonar un lugar, Cortázar debe convencerse y convencernos de que no hay otra salida. Cortázar no va de isla en isla en busca de nuevas aventuras: huye, se fuga siempre hacia delante. Ahora las esperanzas están depositadas en Mendoza, donde arden brujas y donde los liberales van a ser reemplazados por representantes de la curia y de una derecha atrabiliaria.

Entre las nuevas designaciones de profesores que vienen a reemplazar a los expulsados figuran, junto a Cortázar, un número interesante de referentes del nacionalismo católico, entre los que habría que mencionar al cura Juan Ramón Sepich Lange —renovador del neotomismo, profesor de ética en la Universidad de La Plata—, a Felipe García Onrubia y a Guido Soaje Ramos. Algunos años más tarde, Cortázar hace referencia a estos dos últimos salvando una profiláctica distancia.

«¿Cree usted que iban a perdonarme que fuera amigo de Cruz, que me saludara con Soaje o que fuera camarada con Feli-

---

6. «El profesor Julio F. Cortázar es nombrado catedrático de la Universidad Nacional de Cuyo», *La Razón* (Chivilcoy), 6 de julio de 1944. Reproducido en Gaspar J. Astarita, *op. cit.*, p. 61.

pe?», pregunta en una de sus cartas.[7] Pero qué es lo que hay que perdonarle o dejar de perdonarle: ¿que fuera amigo de los amigos del poder, amigo de los conservadores y de los nacionalistas católicos que como su padre habían soñado un país que resultaba incómodo al navegante solitario y liberal?

Para salir de dudas, me puse en contacto con Guido Soaje Ramos, aquel Soaje que él menciona en su carta. Para mi sorpresa, el viejo profesor aún estaba con vida. Soaje respondió atentamente, escribiendo él mismo la respuesta:

> Efectivamente, fui colega de él en la Facultad de Filosofía y Letras de la Universidad Nacional de Cuyo, e incluso fui vecino de él en la ciudad de Mendoza durante el tiempo que permaneció en esa ciudad. Nuestra relación, desde el momento en que nos conocimos en esa Facultad hasta que abandonó definitivamente aquella ciudad, fue cordialmente amistosa. En algo influyó quizá nuestra vecindad, porque caminábamos en dirección a nuestros respectivos domicilios, una vez que dejábamos la Facultad (en ese entonces en el centro de Mendoza) y, en esas circunstancias, conversábamos mucho sobre temas de mutuo interés.
>
> Políticamente no era peronista y muy probablemente fue antiperonista. Era de ideas liberales y no comunista. Nunca manifestó interés en temas religiosos, por lo que yo jamás introduje ningún asunto de esa índole en nuestras conversaciones.
>
> Desde que Cortázar se fue de Mendoza no he tenido relación ni directa ni indirecta con él, por eso hasta aquí llegan mis recuerdos directos de nuestra relación, nunca alterada hasta entonces por problemas personales, derivados de alguna actitud de uno o de otro de nosotros, contraria a nuestro vínculo amistoso.[8]

Algún tiempo más tarde, una vez pasada la tormenta y ya desde Buenos Aires, Cortázar se pregunta aún si iban a perdonar-

---

7. En carta a Sergio Sergi. Buenos Aires, 26 de julio de 1946. *Cartas*, p. 212.
8. En carta del doctor Guido Soaje Ramos al autor.

le dichas amistades. Con cierta razón, el profesor sospecha que tarde o temprano alguien le va a pasar la factura. Y, en honor a la verdad, coqueteaba con Dios y con el diablo: cuando por un lado decía no tener «estómago para aguantar la vuelta de Jesucristo a la Facultad, los Sepich y los Soaje entronizados»,[9] por otro cultivaba la amistad y gozaba de los favores de lo que consideraba diabólico. Cortázar teje, arma redes, sobrevive. Seguramente le debió de haber sido muy difícil la búsqueda del equilibrio, pero mucho más difícil debió de haber resultado a los que tenían en claro quiénes eran los amigos de Cortázar en el poder. Y esa clase de poder instituyó formas de opresión que habrían de proyectarse años más tarde en sucesivas dictaduras y en modos bastante perversos de ejercerlo. Cortázar, entonces, va a saber cómo poner distancia y volver a sobrevivir.

9. En *Cartas*, p. 148.

La bohemia *en province*

Más allá de lo que pueda haber dicho años más tarde desde Buenos Aires, el profesor la pasó muy bien en Mendoza. Frente a los cerros precordilleranos juega con la eventualidad del tiempo que necesita para escribir y leer, pero la realidad es más apremiante. Cortázar ejerce dos cátedras de literatura francesa y una de literatura de Europa septentrional, temas que conoce y terreno en el que dice sentirse seguro.

> [...] buscaba pensión, vi un anuncio, era una casa de altos en la Avenida San Martín hacia el norte, en esa parte que se pone bonita con las alamedas y los comercios sirios.[1]

Finalmente consigue lo que anda buscando en la calle Las Heras 282, en la casa que el pintor Abraham Vigo comparte con su esposa e hijos en el barrio Godoy Cruz. Es un lugar apacible: «Hay un silencio admirable, grandes árboles y yo tengo una habitación llena de luz y comodidad».[2]

Abraham Vigo integraba, junto a José Arato, Santiago Palazzo y Agustín Riganelli, el grupo Los Artistas del Pueblo, fundado a mediados de la década de 1910 por Guillermo Facio Hebéquer. Casi todos los integrantes de aquella camada habían sido comu-

---

1. Julio Cortázar, *Diario de Andrés Fava*, Alfaguara, México, 1995, p. 15.
2. En carta a Mercedes Arias. Mendoza, 29 de julio de 1944. *Cartas*, p. 165.

nistas muy marcados por los acontecimientos de la Semana Trágica y el golpe del 6 de junio de 1930. Es probable que a Vigo no le haya complacido la presencia de quien había sido designado por el gobierno de Farrell en las circunstancias en que lo hizo, y muy probablemente a Cortázar no le hayan caído muy en gracia las escasas opciones éticas que el dueño de casa podía ofrecer. Lo cierto es que al poco tiempo cambia de morada y se distancia de su *landlord*.[3] Algunos años más tarde hará un comentario en relación con una muestra de Vigo en Buenos Aires en el que aprovecha para marcar diferencias:

> Aquí estuvo Vigo e hizo una exposición en Amauta. Fui a la inauguración y encontré a toda la *intelligentsia* de izquierda —¡claro!—. Me gustaron mucho algunas cosas viejas (que no conocía) y algunas recientes; creo con todo que la xilografía no es para él. Mirando los grabados de Vigo se descubre dolorosamente que un artista no da de sí todo lo que podría dar si no agrega la ciencia a la intuición pura. A veces una torpeza de dibujo le malogra algo que podría ser magnífico. Pero cuando se dedica más tiempo a leer la biografía del padrecito Stalin que a mirar grabados de Durero, las consecuencias saltan a la vista.[4]

Aquello de que, incluso pese a la intervención, la Universidad de Cuyo fue el foco de un resurgimiento de las artes en todo el país tiene más sentido si se aclara que Cortázar se relaciona por entonces con artistas plásticos con quienes sí se siente cómodo; particularmente Sergio Sergi, pero también Víctor Julio Delhez —otro belga—, Manuel Amengual y su esposa Dorita Zabalza, Ramón Gómez Cornet, Roberto Azzoni, Luis Cordiviola y Lorenzo Domínguez.

3. «[Cortázar] Se mudó de su casa en Godoy Cruz a una casa muy cercana a la de [Sergio] Sergi, en la hoy aristocrática 51 sección, Martínez de Rosas 955» (Marcelo López, «Aquella Mendoza del 44, donde alguien lo bautizó Largázar, *La Maga*, 1 de noviembre de 1994).
4. En carta a Sergio Sergi. Buenos Aires, 26 de julio de 1946. *Cartas*, p. 211.

La lista no termina con los plásticos. Al igual que en Chivilcoy, Cortázar teje en Mendoza una red que incluye los nombres de Ricardo Tudela, Antonio Di Benedetto e Iverna Codina (quien años más tarde ocupó un lugar de importancia en la dirección de Casa de las Américas en La Habana junto a Haydeé Santamaría). El hilo de saliva alcanza también a Carlos Alonso, Luis Quesada y el arquitecto Manolo Civit. El paso por Mendoza le valió a Cortázar algunas relaciones estratégicas que le vendrán como tela a la araña cuando le llegue el turno a Buenos Aires y París. Por intermedio de Lorenzo Domínguez, Cortázar establece contacto con Luis Seoane y Lorenzo Varela, lo cual explica que el primero se hubiera ofrecido en algún momento a ilustrar la tapa de su libro de cuentos.[5]

Cortázar teje y se deslumbra. Es comprensible. A quienes frecuenta son hombres y mujeres de mundo, gentes de buen beber y comer, europeos como él o argentinos, también como él, que han conocido Ítaca. Junto a esos navegantes varados en el Mar de los Caballos Muertos, víctimas de la calma chicha y el exilio, Cortázar adopta una renovada seguridad en sí mismo que lo lleva a elogiar sus propios cuentos al punto de admitir que «no se habían escrito en español, en mi país por lo menos, nada parecido»,[6] y también a conjeturas poco felices como aquella en la que asegura que Delhez y Sergi son «los dos mejores grabadores del país»,[7] desestimando que el estampero argentino ya entonces incluía los nombres de Víctor L. Rebuffo, Adolfo Bellocq, Fernando López Anaya, Raúl Veroni, Nélida Demichelis y Pompeyo Audivert.

5. En carta a Sergio Sergi. Buenos Aires, 21 de mayo de 1946. *Cartas*, p. 205.

6. Luis Harss, «Julio Cortázar o la cachetada metafísica», *Los nuestros*, Sudamericana, Buenos Aires, 1966, p. 264.

7. En carta a Lucienne C. de Duprat. Mendoza, 16 de diciembre de 1945. *Cartas*, p. 191.

El tiempo de que dispone para los placeres no es tanto como quisiera. Si bien se enfrenta a sólo seis horas semanales de clases, lo cual no es mucho para quien viene de dieciséis repartidas en programas que le son indiferentes, la responsabilidad de la enseñanza en una universidad es mayor. Alguno de sus cursos tiene muy pocos alumnos: «En tercer año me encontré con una multitud compuesta por dos señoritas».[8] Termina un semestre y decide llegar hasta fin de año diseñando su propio programa, exclusivamente basado en la poesía. Por momentos cree estar viviendo el sueño americano:

> ¡Los mendocinos me han sorprendido! La facultad tiene un club universitario hermosamente decorado, que ocupa varias habitaciones de un subsuelo. Hay allí bar, discoteca con abundante «boogie-woogie», banderines de todas las universidades de América, y tanto profesores como alumnos van allá a charlar, seguir una clase inconclusa, beber e incluso bailar. ¿Cree usted posible eso en Mendoza? A mí me pareció, cuando me llevaron, que entraba en Harvard, o Cornell; todo menos aquí.[9]

Ese sueño peligra cuando comienzan a circular por los pasillos de la facultad rumores de que ha sido designado a dedo por Baldrich y de que no cuenta con las debidas calificaciones para ejercer el cargo. Cortázar no sólo está dispuesto a que se llame a concurso para confirmar su puesto sino que así lo exige.

Sabe que la situación es insostenible y es el primer interesado en blanquear sus privilegios; pero también sabe que para presentarse en esos concursos conviene conocer a alguien de antemano o ser reconocido como un «caballero del régimen», cosa de la cual casi todos los que lo rodean empiezan a estar convencidos.

---

8. En carta a Mercedes Arias. Mendoza, 29 de julio de 1944. *Cartas*, p. 165.
9. *Ibid.*, p. 166.

Es así como se plantea una nueva manifestación del dilema «me quedo en Chivilcoy hasta que me rajen o me rajo a Mendoza hasta que me echen». Porque, si bien lo que sucede a su alrededor no va de parabienes con sus convicciones democráticas, está claro que va a costar que le crean. Él mismo se esfuerza en justificarse (una vez más ante Lucienne C. Duprat y ante futuros biógrafos) con argumentos un tanto frívolos:

> Mi designación ha sido lo mismo que cuando fui a Bolívar, obra de un amigo que me recordaba con estima desde los tiempos en que yo iba a la Facultad; dicho amigo, que ocupa actualmente una destacada situación en el Ministerio, pensó que yo podía dictar pasablemente esas cátedras y me las ofreció, conociendo perfectamente mi modo de pensar con respecto a muchas cosas del presente argentino. Estoy, pues, libre de compromisos, pero eso es precisamente lo que me hace temer que los concursos no sean en definitiva para mí.[10]

De sus palabras se deduce que sabe que no vendió el alma al diablo pero cree que su actitud puede llegar a entenderse como un *leasing* a corto plazo.

> Llevo aquí un mes y profundamente satisfecho. Aunque deba volverme luego al hastío de la enseñanza secundaria, estos meses de universidad quedarán como un sueño agradable en la memoria. Piense usted ¡es la primera vez que enseño las materias que yo prefiero! Es la primera vez que puedo entrar en un curso superior y pronunciar el nombre de Baudelaire, citar una frase de John Keats, ofrecer una traducción de Rilke. Eso se traduce en felicidad, es una indescriptible felicidad a la que se agrega la visión de las montañas, el clima magnífico, la paz de la casa donde

---

10. En carta a Lucienne C. de Duprat. Mendoza, 16 de agosto de 1944. *Cartas*, p. 167.

vivo. (Y qué difícil —imposible— va a ser reacondicionarme a Chivilcoy, si me toca volver allá.)[11]

Tiene demasiado presente la noción de que tarde o temprano alguien va a tocar el timbre y deberá ponerse de rodillas como los demás. Sabe positivamente que eso significa un imposible regreso al estiércol pampeano y que la única salida pasa por la fuga hacia delante, como ha venido haciendo desde su nacimiento.

Mientras puede, disfruta incorporando a los programas de un primer curso de literatura francesa de segundo año a Baudelaire y a Mallarmé, y planea para un segundo curso una breve historia de la poesía francesa «desde Rimbaud hasta nuestros días». Para los cursos de literatura septentrional europea se ha decidido nada menos que por Shelley, Keats y Rilke. También aprovecha para pulir algunos poemas y espera publicar algún cuento fantástico en el *Correo Literario* de Buenos Aires, donde, en efecto, aparece el relato «Bruja» el 15 de agosto. En él dice haber «buscado trazar un panorama pueblerino —Bolívar, Chivilcoy— con esa modorra moral e intelectual que ni siquiera sería capaz de utilizar un don sobrenatural, una capacidad de milagro. La protagonista [...] posee un don sobrenatural; verá usted en el cuento de qué mezquina manera lo aprovecha».[12]

Pero las circunstancias se precipitan. El hombre fuerte del régimen de Farrell es Perón, quien habrá de ganar las elecciones de febrero de 1946, inaugurando una nueva etapa en la vida institucional de los argentinos. Por primera vez en la historia se oye hablar de desaparecidos, de ejecuciones sumarias, de picana eléctrica. En el mes de octubre de 1945 los estudiantes de todo el país toman las universidades denunciando los abusos. El 21 de octubre, el Partido Comunista Argentino hace público el siguiente manifiesto:

11. *Ibidem.*
12. *Ibid.*, p. 168.

El malón peronista —con protección oficial y asesoramiento policial— que azotó al país, ha provocado rápidamente —por su gravedad— la exteriorización del repudio popular de todos los sectores de la república en millares de protestas. Hoy la nación en su conjunto tiene clara conciencia del peligro que entraña el peronismo y de la urgencia de ponerle fin.

Se plantea así para los militantes de nuestro partido una serie de tareas que, para mayor claridad, hemos agrupado en dos rangos: higienización democrática y clarificación política. Es decir, por un lado barrer con el peronismo y todo aquello que de alguna manera sea su expresión; por el otro llevar adelante una campaña de esclarecimiento de los problemas nacionales, la forma de resolverlos y explicar ante las amplias masas de nuestro pueblo, más aún que lo hecho hasta hoy, lo que la demagogia peronista representa.

En el primer orden, nuestros camaradas deben organizar y organizarse para la lucha contra el peronismo, hasta su aniquilamiento. Corresponde aquí también, señalar la gran tarea de limpiar las paredes y las calles de nuestras ciudades de las inmundas «pintadas» peronistas. Que no quede barrio o pueblo sin organizar las brigadas de higienización democrática.

Nuestras mujeres se han ganado un lugar destacado en la lucha por la democracia. Es preciso ORGANIZAR Y ENCAUZAR su acción. Es necesario que también ellas organicen sus piquetes para visitar las casas de familia, los comercios, sindicatos, industrias, centros de estudio, etc., reclamando la acción coordinada y unánime contra el peronismo y sus hordas. Perón es el enemigo número uno del pueblo argentino.

Las madres de los estudiantes detenidos se reúnen por primera vez frente a la Casa de Gobierno, en la misma Plaza de Mayo que habrán de ocupar, a partir de la década de los setenta, las madres de las víctimas de la dictadura militar.

Hablando de madres: Cortázar dice sentirse «huérfano de madre», aunque quien tiene padrino nunca está del todo solo y su padrino sigue siendo «el gordo» Doll por mucho que Baldrich ya no estuviera en el ministerio. ¿Por qué no pensar una vez más en su padre? Después de todo, Cortázar había dicho que se sentía: «...like a motherless child».[13]

---

13. En carta a Mercedes Arias. Mendoza, 24 de septiembre de 1944. *Cartas*, p. 170. El verso fue tomado de un *negro spiritual* que Cortázar pudo conocer en la versión de Paul Robeson o en aquella otra de Artie Shaw and His Orchestra: «Sometimes I feel like a motherless child / Sometimes I feel like a motherless child / Sometimes I feel like a motherless child / A long ways from home / A long ways from home».

La «quilombificación» en Cuyo

Si por un lado se saluda en los pasillos con nacionalistas católicos y curas franquistas, por el otro participa en la toma de la facultad en un contexto de resistencia estudiantil en todo el país que busca terminar con la influencia de Perón. Junto a medio centenar de alumnos y un puñado de profesores, Cortázar se atrinchera en la facultad de filosofía y letras durante cinco días, al cabo de los cuales los responsables son arrestados. Su actitud pone en peligro la relación con sus padrinos.

El 9 de octubre, desde el Regimiento de Campo de Mayo, se exige la renuncia de Perón a todos sus cargos. Cortázar justifica con ese episodio que la cosa no haya pasado a mayores y que los manifestantes arrestados durante la toma fueran puestos en libertad.[1] Ocho días después de la renuncia y posterior arresto de Perón, el pueblo invade las calles de Buenos Aires reclamando su libertad. El aluvión zoológico —como definieron los sectores antiperonistas a la pueblada del 17 de octubre— será protagonista de algunos de los cuentos más incisivos de Cortázar.

En la provincia de Cuyo los peronistas están divididos; ninguno de los caudillos locales, ni en la calle ni en la universidad, tienen la suma del poder ni el respaldo de Perón. La universidad es un caos. Para diciembre, poco después del casamiento en se-

---

1. En carta a Lucienne C. de Duprat. Mendoza, 16 de diciembre de 1945. *Cartas*, p. 190.

creto y por la Iglesia del coronel y Eva Duarte, un grupo de intelectuales que apoyan la candidatura de Perón para las elecciones del 24 de febrero se reúnen con el líder en Buenos Aires, en un local de la calle Piedras al 700. Entre los conspiradores se encuentran Arturo Cancela, José María Castiñeira de Dios y Leopoldo Marechal, que ese mismo año publica *El viaje de la primavera*. El marino Alberto Teisaire, que fue a informar sobre la situación en el interior del país, informó sobre la situación en Cuyo. El coronel escuchó atentamente y, tras un breve silencio, pontificó: «Entonces hay que quilombificar».[2]

Un año antes de la «quilombificación» de Cuyo, Cortázar estimaba que los concursos para las cátedras de literatura serían el año entrante y confiaba en que no le esperaría el mismo destino que a Juan Arévalo, presidente guatemalteco, doctorado en pedagogía en la Universidad Nacional de La Plata y profesor en Cuyo, a quien Sepich y Diego Pró,[3] no perdonaron su laicismo forzándolo a que abandonara Mendoza.

Hace unos meses que Cortázar sospecha que su correspondencia pasa por manos de intermediarios antes de llegar a destino y opta por cuidarse en lo que escribe y lacrar los sobres; pero nos advierte en esas mismas cartas que piensa que lo están observando y que su correspondencia pasa por manos de intermediarios antes de llegar a destino, lo cual suena un poco infantil si es que efectivamente pensaba de ese modo. Para compensar los brotes paranoicos, Cortázar busca refugio en la compañía de Danny Kaye, en una sala del centro mendocino donde acaban de estrenar *Soñando despierto*, filme que juzga uno de los mejores musicales de los últimos tiempos. También acude a ver *Bajo el puente* y *Si yo tuviera un millón*.

Antes de abandonar Cuyo definitivamente, Cortázar alcanza a ver publicado, en la *Revista de Estudios Clásicos de Mendoza*,

2. Fermín Chávez, *La chispa de Perón*, Cántaro Editores, Buenos Aires, 1990, p. 35.
3. Profesor de filosofía en la UNC, traductor y escritor.

un ensayo suyo titulado «La urna griega en la poesía de John Keats», dedicado a Arturo Marasso, su antiguo referente del Mariano Acosta.

El verano de 1946 volverá a encontrarlo en Buenos Aires. Para Cortázar son los «horribles aires» bajo los que participa activamente de los cabildeos universitarios, actuando en favor de unos y en contra de otros. El profesor se ensucia las manos y rosquea para «freír» a un candidato a la rectoría de la universidad. Esos pasos lo inician en un camino en el que, a pesar de las dudas, parece sentirse a gusto: «Me siento distinto, mundano, relajado. Por las noches (en las semanas críticas) volvía a mi casa y miraba mis libros como pidiéndoles perdón por el abandono en que los tenía».[4] El abandono recién empieza. La política cobra sentido para Cortázar precisamente a partir de entonces. El doctor Jekyll hacía su debut mucho antes de lo que afirmará él mismo en posteriores declaraciones y mucho antes de lo que algunos de sus intérpretes suponen.

Vive ahora en la calle Martínez de Rosas número 955. Los libros que mira en su biblioteca no le impiden seguir experimentando con nuevas sensaciones. Este Cortázar no se parece en nada al que me imaginaba antes de comenzar a pensar en un Cortázar inimaginable, en el Cortázar anterior a las revoluciones en islas tropicales del Caribe. Si en verdad aquel otro vivía para sí mismo y aislado en una burbuja de versos y anaqueles de biblioteca, resulta difícil explicar a este que se asoma en sus propias declaraciones veinte años antes del supuesto cisma:

> He pulsado todo lo posible en el ambiente, y me he mezclado bastante en el proceloso mar de la política (que le dicen). Estuve en la proclamación de la lista comunista en el Luna Park; es-

---

4. En carta a Mercedes Arias. Mendoza, 21 de julio de 1945. *Cartas*, p. 186.

tuve en la del P.S. Y, finalmente, ayer tuve el inmenso orgullo de estar en la avenida 9 de Julio cuando la proclamación de la fórmula democrática.[5]

Las elecciones tuvieron lugar según lo previsto y triunfó el Partido Laborista liderado por Perón. Cortázar ya no regresaría a Mendoza a hacerse cargo de la cátedra que había ganado legítimamente en los concursos de febrero.

Su determinación sorprende a los alumnos del Centro de Estudiantes que habían participado de la toma de la facultad junto a él. Le escriben una sentida nota que Cortázar responde en lo que podría considerarse su primer escrito político. La respuesta, escrita en un tono demagógico y paternalista, habla de «salvación espiritual de la patria» y de «un puñado de hombres de buena voluntad».

Cortázar aprovecha la ocasión para denunciar las mediocres e irritantes políticas universitarias, de las que hasta tres meses atrás había sido protagonista. Habla de «mal obtenidas sinecuras docentes», como si las suyas no hubieran sido el resultado de circunstancias tan particulares como pudieron haber sido aquellas a las que se estaba refiriendo; denuncia «los fáciles lugares comunes de las consignas baratas y las ideas en serie», pero no vacila en recurrir a ellas para decir que prefiere «una soledad de trabajo en Buenos Aires —confiado en el recuerdo de mis amigos y alumnos— a una falsa vida universitaria donde sólo se ponen trabas y regateos a toda ansiedad demasiado evidente de superarse y ser útil».

La carta a los alumnos del Centro de Estudiantes termina en un tono melancólico y «dolido», pero con la certeza que las salas de la facultad de filosofía y letras llegarán a ser recinto a cuya cátedra se ascienda por méritos genuinos Así, infiere que la deci-

---

5. En carta «A los firmantes de una nota del Centro de Estudiantes de la facultad de filosofía y letras de la Universidad Nacional de Cuyo (Mendoza)», *Cartas*, p. 199.

sión tomada es dolorosa pero que responde a un llamado irrenunciable de la ética. Sabemos que no es así: Cortázar no ve la hora de terminar con Mendoza como en su momento no vio la hora de irse de Bolívar y Chivilcoy, y como indefectiblemente llegará el momento en que cuente los minutos que le quedan antes de abandonar Buenos Aires.

Esta carta es el primer escrito político formal de Cortázar y, como tal, anticipa rasgos definitivos de sus futuras intervenciones. Vuelve a subirse el rodete y ajustarse el nudo de la corbata. Sus interpretaciones de la política nacional no están dirigidas exclusivamente a su amigo Sergi sino a los estudiantes, a la Patria con mayúscula, recurriendo para ello a los argumentos más recalcitrantes de los nacionalistas. Este Cortázar, muy poco interesante para seguir pensando, es el mismo que aparecerá años más tarde en *Argentina: años de alambradas culturales.*

Y basta. Me cansé de Cortázar. Volvamos a Cortázar, que era mucho más entretenido.

Consideraciones al margen

en torno a un oso

> Lo mismo te hallaría en tu casa, en tu luna, en el perro
> que estima la amistad de los troncos y el terciopelo búho
> que mastica su propio pico sabihondo.
>
> JULIO CORTÁZAR
> *Jangada para Sergio Sergi*

Una de las últimas cartas de Cortázar en el año 1944 está dirigida, una vez más, a su amiga Marcela Duprat. Comienza con la solemnidad habitual; tras cartón, una primera línea cortés: «Amiga Marcela: Largo tiempo ha estado aquí su carta sin que yo la contestara, y toda tentativa de excusa sería inútil».

La siguiente carta, en orden cronológico, está dirigida a Sergio Hocevar, profesor de dibujo y pintura en la Academia Nacional de Bellas Artes de Mendoza. El encabezado ya no es tan formal. Aquí aparece un lenguaje en el que lo cortés no quita lo Cortázar y donde se advierte un giro que permite reconocer al escritor que vendrá:

Peronlandia, 7 de enero de 1945

Querido Oso redondo y gruñón:
Corriendo el riesgo de que me llame hipócrita, mentiroso y adulador, he de decirle que los extraño mucho a Gladys y a usted. Extraño: el perfume de sus alcauciles, el ukelele de la Trovadora,

la fonética del Bichito, las estampillas de Sergito, y el grato desorden de su taller y de su living.[1]

Entre el Cortázar que le escribe a Marcela Duprat y el que lo hace a Sergio Sergi hay un abismo:

> En enero de 1945 inicia con Sergio Sergi un carteo que inaugura una extraordinaria mutación de estilo. Comienza la etapa más atractiva, marcada por una versatilidad mimética y paródica, propulsada por una pulsión rítmica, como la de los *takes* o arranques de los músicos de jazz, de impronta jocosa, efervescente, libérrima, que abunda en chispazos y chistes, en fulguraciones poéticas, en subidas y bajadas súbitas de lo bromista a lo cursi y a lo reo, al exabrupto y al cliché.[2]

Esta vez Cortázar parece dispuesto a terminar con algunas formas de cortesía sin abandonar del todo su delicada urbanidad. La distancia que impone a sus corresponsales y amigos —por otra parte muy frecuente en la época— se convierte, en el caso de Sergi, en sobrentendidos. Debió de pesar seguramente la naturaleza afable y el carácter universal del triestino, un embajador de *la otra orilla*, del *lado de allá*. La relación de Cortázar con Sergio Sergi y Gladys Adams, su mujer, va a modificar su manera de escribir y de relacionarse, lo cual sugiere una vez más la idea de un antes y un después en Cortázar, algo que quizá no sea necesariamente así. Algunos se preguntan si, en efecto, hay un Cortázar conservador antes de su viaje a París y un Cortázar diferente después; si hablamos de dos o de muchos, de tantos como corresponsales haya tenido. Al respecto, sería conveniente escuchar lo que él mismo tiene para decir:

> [...] la suma de los actos que define una vida, parecía negarse a toda manifestación antes de que la vida misma se acabara como

1. *Cartas*, p. 183.
2. Saúl Yurkievich, prólogo a *Cartas*, p. 20.

un mate lavado, es decir que sólo los demás, los biógrafos, verían la unidad, y eso realmente no tenía la menor importancia para Oliveira.[3]

A lo largo de toda su existencia, Cortázar multiplica relaciones en las que uno de los denominadores comunes son las artes plásticas. Ésa es una de las posibles unidades; quizá la música sea otra y la literatura sin duda una tercera, seguramente más importante que las dos anteriores. Si se piensa en las mujeres que se acercaron a Cortázar, y en aquellas con las que nació puesto, también se encuentra otra unidad, y una cuarta seguramente en sus experiencias en el terreno de la experimentación política.

> Y así el deber, lo moral, lo inmoral y lo amoral, la justicia, la caridad, lo europeo y lo americano, el día y la noche, las esposas, las novias y las amigas, el ejército y la banca, la bandera y el oro yanqui o moscovita, el arte abstracto y la batalla de Caseros pasaban a ser como dientes o pelos, algo aceptado y fatalmente incorporado, algo que no se vive ni se analiza porque es así y nos integra, completa y robustece.[4]

Cortázar comienza a robustecerse en el aparente desorden y en la policromía que descubre al encontrar en Sergio Sergi y en su esposa Gladys a nuevos compañeros de juegos. El desorden, esa manera de ordenar que Cortázar hace suya y promueve en gran medida, nace en Mendoza en el acogedor desorden del taller y el *living room* de Sergi, lugar en el que es dudoso que se hablara demasiado de política:

> Fui amigo de Sergio Sergi, eximio xilógrafo, que según mis recuerdos, había sido muy de izquierda durante la etapa de su vida en su Trieste natal, pero no creo que haya influido en la ac-

---

3. Julio Cortázar, *Rayuela*, capítulo 19.
4. *Ibidem.*

titud política de Cortázar, durante la permanencia de éste en Mendoza.[5]

Tampoco es que con él haya descubierto la pintura. Pocos escritores han puesto tanto interés en el diseño gráfico de su obra como Cortázar, quien concibió antes de su muerte, junto a Julio Silva, el concepto de la biblioteca que lleva su nombre en la editorial Alfaguara.

Me ayudaron más de lo que creés, vivos o muertos tuvieron su manera de invitarme a andar a su lado, me mostraron caminos por los que yo solo no hubiera rumbeado nunca. Me dejaron vivir cerca de ellos, me regalaron cosas, fijate que por eso este libro es como una casa en la que vivimos todos juntos y a la que cada uno aportó muebles y ventanas y latas de sardinas y botellas y guitarras y sapitos y sobre todo una tendencia general a no sentarse en las sillas, a no comer en la mesa, a leer en el baño y bañarse en la biblioteca, suponiendo que haya una.[6]

La idea de *casa en la que vivimos todos juntos* hace pensar una vez más en las unidades. Algunos de los escritos que integran *Territorios* ya formaban parte de trabajos anteriores pero, de acuerdo con el otro Julio, Cortázar quiso construir una unidad, una casa en la que el primero pueda sintetizar una de sus primordiales unidades: las artes plásticas. Esta unidad pasa a mediados de los años cuarenta por la estación Sergio Sergi, donde descubre el orden que lo sorprende, el lenguaje que lo revela y la mirada que le servirá para modelar el universo de cronopios *avant la lettre*.

5. En carta del doctor Guido Soaje Ramos al autor.
6. *Territorios*, p. 8.

Más violento que la naturaleza

Figura 28. Fredi Guthmann y Arturo Cuadrado, c. 1946.

Tiene la tez y los ojos claros, usa barba cuando le viene en gana, lee y escribe, es apenas unos años mayor que Julio, tres centímetros más bajo y en esos escasos treinta y cinco años ha vivido tanto como los personajes de las novelas de aventuras que devoró Cortázar en su infancia. Se llama Fredi Guthmann (1910-1995) y pasará al álbum del olvido como judío, hijo de joyeros y amigo del escritor. Pocas biografías han sido tan injustas.

J'ai toujours été plus violent que la nature. / J'ai toujours voulu / La forcer en soi m'en servir pour mon rêve / Le ciel n'est pas le ciel / Le ciel est toujours en moi cette chose sauvage / Cette cause et cette conséquence / Sauvage / A réduire à obliger / A être plus ciel / Que le ciel.[1]

Muy poco es lo que sabe de este poeta más allá de las cartas que le escribiera Cortázar. Sin embargo, Fredi Guthmann es una figura clave en la vida del belga. En un intento acertado por rescatar su genio, Alicia Dujovne Ortiz publicó en *La Nación*, el 9 de febrero de 2000, un artículo que permite imaginarse al aventurero romántico transfigurado en serpiente que viene a susurrar al oído de Cortázar las infinitas tentaciones de un eventual regreso a Ítaca.

Buenos Aires recibe a Cortázar con los brazos abiertos. Allí están sus amigos de siempre, su madre y su hermana y, desde luego, el puerto, es decir: *the exit*. El mar de los sargazos pampeanos quedará definitivamente *en la otra orilla*. Para embarcarse sólo necesita que alguien le hable de aventuras, que alguien le devuelva

---

1. Fredi Guthmann: *La gran respiración bailada* («J'ai toujours été plus violent»), Atuel, Buenos Aires, 1997, p. 46. Rafael Felipe Oteriño traduce así: «Siempre he sido más violento que la naturaleza. / Siempre he querido / Forzarla en sí servirme de ella para mi sueño / El cielo no es el cielo / El cielo siempre es en mí esta cosa salvaje / Esta causa y esta consecuencia / Salvaje / A reducir a obligar / A ser más cielo / Que el cielo».

la tentación y la noción de que el regreso es posible. Ese alguien fue Fredi Guthmann.

Natasha Czernichowska, viuda del poeta aventurero, parece estar convencida de que así fue, y hay razones para suponer que está en lo cierto. Natasha, quien en la actualidad reside en Buenos Aires, nació en Odessa[2] y creció en París a una distancia prudencial del exilio de sus compatriotas. Habla un castellano pausado que mezcla con palabras sueltas y expresiones en francés. Es una mujer culta como lo fueron o siguen siendo Jorge D'Urbano Viau, el director de la Alianza Francesa Ariel Maudet, Luis Baudizzone, Francisco Porrúa, Eduardo Mallea, Oliverio Girondo y Aldo Pellegrini, para nombrar algunos de los amigos y confidentes de Guthmann. El primer encuentro con Cortázar pudo haber tenido lugar en la librería de Domingo Viau. También pudo haber ocurrido en casa de Devoto, Satie mediante, en alguna de tantas noches plenas de música y poesía en la que los invitados buscaban escapar al rumor de los altoparlantes, las marchas militares, las consignas sindicales, los himnos, las banderas.

Suena el teléfono en un quinto piso de la avenida Santa Fe al 1900. Del otro lado del auricular espero respuesta: entonces escucho el *oui* trasnochado de Natasha. Quedamos en encontrarnos frente a su casa en la confitería La Misión para tomar el té a las cinco. Me acordé entonces de El Águila y de algunas tardes con mi tía Raquel y con mamá. «¿Cómo vamos a reconocernos?», pregunté. «Voy con sombrero parasol y llevo en mi mano el libro de las poesías de Fredi», respondió, en su inconfundible castellano salpicado de tonalidades variopintas, arrastrando las erres como lo hacen los que aprendieron el francés para entenderse con su madre o la niñera o los que sufren de rotacismo. El día del encuen-

---

2. Natasha Czernichowska nació el 19 de noviembre de 1919.

tro llovía y no hubo, ni por asomo, una pizca de sol. Natasha acudió puntual a la cita con su «sombrero parasol» y el libro acordado. Si yo hubiera tenido cuarenta años más… Así me habló:

> Fredi y Julio Cortázar se conocen en 1946. Apenas llegaba Julio de Mendoza y vivía con su madre y su hermana en un departamento lejos del centro, allá por el barrio de Agronomía. Fredi quedó encantado. Julio le pareció un muchacho extraordinario, y eso fue lo primero que dijo cuando nos encontramos para almorzar al día siguiente. En aquel entonces Fredi y yo no éramos novios ni nada de eso, sólo amigos. La idea de conocer a Julio me entusiasmó y comenzamos a salir los tres juntos. Creo que desde un principio Julio estaba tan fascinado con Fredi como Fredi con él. Eran dos caras de una misma moneda, dos sombras largas relevando los barrios de Buenos Aires como si estuvieran preparando una guía inusual del visitante.

Fredi Guthmann era un hombre de mundo que se había marchado de su casa a los diecisiete años para vivir aventuras en Yugoslavia, y más tarde a bordo de un mínimo velero de diez metros de eslora en busca del *parfum exotique* del que hablaba Baudelaire en su poema. Había estado en Tahití, Samoa, Fidji, Nuevas Hébridas, Islas Salomón, en Nueva Guinea y en Australia, siguiendo los pasos de Melville y de Gauguin. Tenía historias fascinantes para contar, historias de islas habitadas por caníbales que se dejaban retratar por su Voigtländer y naufragios en medio de tormentas dantescas; amores con mujeres de puertos remotos que dejaban a Cortázar con la boca abierta. En contraste con las aventuras de Guthmann, las del belga parecían limitadas al haber sorteado las mareas de la imbecilidad criolla en parajes miserables y descoloridos. Cortázar también había soñado con O'Neill, que «conoce las cuatro esquinas del mundo, que se muere de hambre en Buenos Aires, reacciona en Río, es feliz en Acapulco, se enferma de tifoidea en Singapur, se casa en Yokohama, naufraga en

Bali…»,[3] pero Guthmann le habla en primera persona. Guthmann es como aquel personaje de *La rosa púrpura de El Cairo* que se escapa de la pantalla para mezclarse con los espectadores. Él es un protagonista y Cortázar lo tiene sentado en la misma mesa en La Fragata, bebiéndose un demaría,[4] y se pregunta cuándo llegará finalmente su turno en el Paraíso.

Robert Chauvelot, en un libro que por aquellos años capturaba la imaginación de los franceses, sostenía que habría de llegar el día en el que, con razón, se le objetara que las islas del Pacífico que había recorrido eran las únicas capaces de estimular al hombre en sus fantasías paradisíacas y utópicas. Chauvelot suponía que, agotadas las expediciones en esa región del planeta, los franceses habrían de volcar su mirada a las Antillas, a las que Marius y Ary Leblond habían definido como «un edén de inesperada magnificencia». Chauvelot pensaba en La Guadalupe y Martinica, y también en la Isla de la Reunión, y suponía que una segunda generación de europeos habrían de reparar en ellas. Pues bien, Cortázar va a encarnar precisamente esa generación. Su eventual lugar como explorador encuentra en las Antillas españolas (y no en las francesas) la cuota de exotismo que necesita para adquirir una nueva perspectiva. Pero Guthmann pertenece a la generación de Chauvelot y sus viajes son un mismo viaje. ¡Qué tipo ese judío! Así lo recuerda, más de medio siglo después, Francisco Porrúa:

> Fredi Guthmann era un señor muy curioso, un judío alemán cortador de diamantes que había sido copropietario de una joyería ya desaparecida de la calle Florida. De Guthmann dijo Cioran

---

3. Carta a Luis Gagliardi, Buenos Aires, febrero de 1940. *Cartas*, p. 72.

4. El demaría es un antiguo cóctel de presunto origen argentino. Data, al menos, de cuando los tragos no se medían en onzas o en porcentajes sino en gramos. Se trata pues de un clásico batido servido en copa fría de 90 gramos. El demaría lleva un 60 por ciento de vermouth rosso y un 40 por ciento de aperital. Este último ingrediente, proviene de la familia de los amargos de Quina. El demaría no lleva ningún tipo de *garnish* y está bien servirlo en copa no desbocada. Es un trago fuerte y corpachón, bueno de paladear con algún encurtido y algún queso bien estacionado.

que era la única autoridad espiritual que había conocido. Era un hombre de mundo, muy educado, que en los años treinta había participado en el movimiento surrealista. Estuvo en la India y ahí le ocurrió algo, tuvo una suerte de visión, conoció lo que algunos llaman Bramah, o la conciencia cósmica. Entonces cambió, se retiró de su vida pública. Era un individuo muy sagaz, muy inteligente y muy amigo de Julio en la época en que Julio era un escritor desconocido que había publicado *Los reyes* y nada más. Fredi le había conseguido trabajo como traductor público.[5]

---

5. Forrúa a Carles Álvarez. Entrevista mantenida en Barcelona el 27 de diciembre de 1999.

Las mujeres del Zoltán

Figura 29. Zoltán Havas y Natasha Czernichowska, c. 1946.

Natasha saca de un sobre algunas fotografías y un mapa con el itinerario de Guthmann en el Pacífico Sur: una línea roja une la Polinesia con Nueva Guinea y Sydney. Entre las imágenes hay una con la que nunca había esperado encontrarme. A la derecha de la fotografía: ella misma, sonriente detrás de unos banderines; a su izquierda Zoltán Havas, el dueño del estudio en el que Julio Cortázar trabajó como traductor para reunir el dinero que le permitiría emigrar, o regresar, que es lo mismo aunque no dé igual.

Todas las islas son entrañablemente iguales en sus diferencias. De lejos, sólo un punto en el horizonte; después, las colinas recortadas bajo sus nubes únicas. Ellas crecen debajo del vapor como los hongos amparadas por la hojarasca. De cerca son el Paraíso en el que viene a dormir el infierno que uno lleva dentro.

La mirada de los nativos es el otro lado del espejo salado. Distinguen el velamen más allá de la rompiente, luego la proa sobre la línea del horizonte. Suenan cascos de coco contra los troncos de palma y, llenos de curiosidad, los hombres de color del cobre y ojos rasgados asoman sus narices entre ojas verdes y las cañas donde comienza el fin del mundo, donde termina la playa. Los ojos saltones, la mirada firme en el hombre blanco, en el francés curioso que había nacido en Buenos Aires. Fredi Guthmann se llama y llega a Samoa con veintidós años a cuestas, acompañado por dos australianos reclutados en Amiens —patria chica de otro Julio bienquerido—, que responden a un aviso que el navegante argentino pega en los postes de telégrafo en las calles de Amiens, en los burdeles y en las cantinas de los puertos de la costa australiana. El cartel lleva su foto carnet y reza, textualmente:

WANTS: Two brave Australians to explore Pacific Island with him. Mr. Alfred Guthmann, an Argentine explorer, who arrived in the Ville D'Amiens yesterday [sic].[1]

1. Copia en poder del autor.

315

Eran cerca de las tres de la tarde del 28 de abril de 1932 cuando uno de los australianos, mascarón de proa, vigía en aquel velero de diez metros de eslora, divisa tierra con entusiasmo. Habían pasado casi diez días desde la última vez en que los tripulantes pisaron tierra firme y un tifón, cuatro noches antes, había forzado al velero a dar varias vueltas de campana.

Los nativos se aventuran sobre la arena con sus canoas al hombro. Son cientos, toda una nación. Los australianos parecen preocupados pero la indiferencia de Fredi acaba por tranquilizarlos. Reclinando una improvisada reposera hecha con vestigios del velamen, el argentino corrige unos versos que jamás verá publicados.

Los nativos se aproximan en sus canoas. Entonan dulces melodías. Llegan con las manos vacías y las muestran, nada llevan que pueda herir a los visitantes, vienen curiosos a conocer a los tres hombres blancos que se parecen al Sultán. El menos pensado habla francés con dificultad, lo suficiente para dar cuenta de que en el centro mismo de la isla vive un hombre que se parece a los recién llegados del mar. Le dicen «Sultán».

Cortázar había vivido cerca de sus libros y alumnos, atado a su madre por un cordón umbilical plastificado que era capaz de estirarse miles de kilómetros pero que nunca terminaba de cortarse. Curiosamente, ese cordón acabará rompiéndose sólo tras su desaparición: la de Cortázar, no la de su madre, que lo sobrevivirá casi una década respirando por aquel tubito que nunca nadie se atrevió a cortar. Natasha señala:

> Julio leía todo lo que tenía a su alcance, era un placer conversar con él de cualquier tema, era como si se pudiera dialogar con una enciclopedia, pero de la vida… de la vida no sabía absolutamente nada, y para cuando nos conocimos tenía ya casi treinta y dos años. ¡Hasta se ponía colorado si llegaba a quedarse a solas conmigo o con cualquier otra mujer por más de cinco minutos!

Guthmann estaba fascinado con Cortázar, por lo menos así lo recuerda Natasha. Dice que los dos tenían casi la misma altura, el navegante apenas tres centímetros menos que su amigo. Un buen día Guthmann lo invita a visitar el muro del manicomio en Barracas donde a través de un agujero establece diálogo con un piantado. Confinados o no, los locos de Buenos Aires se acercan a Guthmann y Cortázar acabará por bautizarlo «pararrayos de piantados».[2] El belga no había descifrado hasta entonces ese lenguaje con que Fredi se comunicaba con el otro lado del muro.

En Chivilcoy había conocido a un piantado digno de la amistad de Guthmann, pero no pudo o no supo reconocerlo como tal. Sólo después de que el *pararrayos* le abriera las puertas a la locura supo evocar y escribir sobre Francisco Musitani, el hombre que todo lo pintaba de verde y se paseaba por el pueblo montado en una bicicleta vestido de mujer.[3]

Zoltán había nacido en Budapest, hablaba castellano y una media docena de idiomas con igual destreza. Fredi y Zoltán se hicieron

---

2. Julio Cortázar, «Del gesto que consiste en ponerse el dedo índice en la sien y moverlo como quien atornilla y destornilla», en *La vuelta al día en ochenta mundos*, II, p. 155.

3. Musitani ofrecía uno de los atractivos más destacados de la fauna local en tiempos en que a Cortázar le tocó vivir en Chivilcoy. Incluso podría ir un poco más lejos y asegurar que las excentricidades de Musitani serían tan celebradas hoy como lo fueron entonces. Cortázar, como es sabido, consigue escapar el cerco. Primero a Mendoza, luego a Buenos Aires y finalmente a París: el mundo. Musitani, mucho más irreverente que el afable profesor Cortázar, acaba sus días vencido por esa relación de fuerzas donde la Santa Madre Iglesia y la bendición papal valen más que cualquier voluntad cronopia.

«A la avanzada edad de noventa y cuatro años y tras soportar con cristiana resignación las alternativas de una prolongada dolencia, anteayer dejó de existir en nuestra ciudad, confortado con los auxilios de la santa religión y la bendición papal, el antiguo y conocido vecino don Francisco Musitani, lo que motivó honda pena entre las personas de su relación. El extinto gozaba de sólidos afectos y tras las distintas labores que había realizado en su prolongada existencia logró acogerse a los beneficios del régimen de la jubilación» (Diario *La Razón*, Chivilcoy, 13 de enero de 1983).

buenos amigos en la travesía y contaron con el tiempo necesario para intercambiar aventuras antes de que llegara el momento de partir: el naufragio de Guthmann por la noche que el húngaro había pasado con las gemelas japonesas en Pearl Harbor; el safari fotográfico en tierra de antropófagos del primero por un *menage à trois* del segundo con las hijas de un cacique en Vanuatu.

—No hay modo de hacer que me llamen Zoltán. Para ellos soy Sultán y basta ¿Y quiere que le diga la verdad? No me disgusta. Después de todo, los sultanes son polígamos y la idea no me desagrada.

Zoltán sonríe y las mujeres que lo acompañan lo acarician, le besan el cuello y las manos. Ellas también sonríen (siempre se sonríen las mujeres de Samoa y Vanuatu) y lo invitan a sumarse al baile.

Durante aquellos días en la isla, Zoltán no dejó de imaginarse Buenos Aires como uno de los lugares más exóticos del planeta y poco fue lo que pudo hacer Guthmann para prevenirlo. El Sultán había tomado la determinación de concretar un viaje al Río de la Plata.

De casa al trabajo

> Peores cosas se han cambiado por un plato de lentejas
> —dijo Andrés—. Fíjate que de una manera u otra el hombre re-
> pite siempre los crímenes básicos. Un día es Ixión y al otro un
> pequeño Macbeth de oficina. Pensar que después nos atrevemos
> a solicitar certificado de buena conducta.
>
> Julio Cortázar, *El examen*

Algo de exótico tenía Buenos Aires, después de todo. Alemania acababa de perder la guerra y si uno quería ver a un nazi de cerca, ése era un buen lugar para comenzar (todavía lo es). Oscar Ivanisevich, el flamante ministro de Educación y Justicia, era un troglodita cuya fotografía, brazo en alto y cara al sol, circulaba entre el estudiantado de entonces, como volvió a circular casi treinta años más tarde durante el tercer gobierno del general Perón. Ivanisevich nombra interventor en la UNC a Fernando Cruz, sellando la buena fortuna de Cortázar, que una vez más cae parado. En uno de los actos conmemorativos de algo —y por aquellos años se conmemoraba todo—, Ivanisevich tuvo la desagradable ocurrencia de mostrar sus dotes de cantautor entonando los versos del «Himno a los trabajadores» que él mismo había compuesto. Sin ánimo de ofender y para refrigerio del complaciente lector, me permito reproducir el estribillo de aquella inspirada obra que yo mismo tuve que entonar alguna vez: «Hoy es el Día del Trabajo. / Unidos en el amor de Dios / Al pie de la bandera sacrosanta, / Juremos defenderla con honor».

Al llegar a Buenos Aires, Cortázar no tiene muy claro qué quiere hacer pero, desde luego, la docencia no está entre sus planes. Atilio García Mellid, hasta entonces al frente de la Cámara Argentina del Libro, acaba de ganar un dudoso premio municipal y pronto será recompensado en su obsecuencia con una embajada en Canadá. El *timing* del belga es inmejorable. ¿Cómo hizo para ganar esa sinecura?

> Por acefalía del cargo, el C. D. resolvió llamar a concurso para la provisión del cargo de Gerente de la cámara, estableciendo una serie de requisitos cuyo cumplimiento señalara en buena medida la capacidad y aptitudes que tal función requiere. Asimismo resolvió destacar de su seno una Comisión a la que correspondió actuar en la recepción de antecedentes y exámenes, elevando un dictamen por el cual aconsejaba la designación del señor Julio Florencio Cortázar, temperamento que fue aceptado por el C. D. en sesión del 8 de marzo, por lo cual el señor Cortázar quedó al frente de la Gerencia de la entidad.[1]

Este documento no permite descartar completamente la teoría de que la plaza fue concedida por dedazo, ya que el secretario de la Cámara era nada menos que Jorge D'Urbano Viau, y entre los consejeros titulares figuraban: Luis M. Baudizzone, Joaquín Raúl Seoane, Emilio Poblet Bollit, Antonio Gallego, Evaristo Sánchez Duffy y Joaquín Torres. La mano tendida pudo dársela tanto Viau como Baudizzone, o ambos. Lo que sí queda claro es que la estrategia de supervivencia daba resultados. Los bolsones, los oasis de cultura que lograron respirar durante esos años lo hicieron apoyados en la camaradería y en las redes tejidas con ese propósito. Para el cargo de gerente de la Cámara del Libro se presentaron cuarenta y nueve concursantes. Después de una primera selección quedaron doce a los que se les tomó examen oral y escrito. Ahora el detalle: la mesa examinadora estuvo constituida por tres caballeros: Urgoiti, D'Urbano Viau y Sánchez Duffy. Viau,

---

1. Tomado de la Convocatoria a Asamblea General Ordinaria de la Cámara Argentina del Libro, de 9 de agosto de 1946, p. 9.

dueño de la librería para quien Cortázar trabajaba en las traducciones, ayuda a que lo nombren gerente de la Cámara del Libro que regula los negocios de los libreros. ¡Ésas son redes!

La Cámara del Libro es un lugar tranquilo. Cortázar puede darse el gusto de acudir medio día y desde ahí habrá de vincularse con escritores y editores a los que ofrece sus servicios como traductor y de los que depende para que sus escritos sean editados. La misma maquinaria que no cuestiona a Cortázar por sus simpatías con los aliados durante la guerra cuestiona a Jorge Luis Borges, editor de *Los Anales de Buenos Aires*, revista en la que aparece publicado por primera vez «Casa tomada». Dentro del peronismo todo, fuera del peronismo nada. ¿Qué hace que Raúl Salinas, secretario de Cultura de la ciudad de Buenos Aires, empuje a Borges a optar entre ser inspector de aves, conejos y huevos en un mercado de la avenida Córdoba o irse a la calle mientras que a Cortázar se le abren las puertas del Estado benefactor? Respuesta: la red, el tejido, la infraestructura de relaciones con las que contaba y que Borges nunca supo construir o no quiso porque su estrategia de supervivencia era otra.

Para 1946, ya no había medias tintas. Mientras en las listas negras que preparaba Emilio Siri, entonces intendente de la ciudad de Buenos Aires, figuraba Borges, García Mellid recibía un galardón municipal por su abominable *Montoneras y caudillos en la historia argentina*, y Cortázar era nombrado en su reemplazo. Distintivos para unos, humillaciones y desempleo para otros.

> No se siente uno con ánimo para mucho más; cada vez que me toca acudir a una oficina pública, o diligenciar algún asunto de la cámara ante reparticiones nacionales, me quedo con una amargura que me afecta días enteros.[2]

2. En carta a Sergio Sergi de 4 de diciembre de 1946, *Cartas*, p. 215.

La misma sensibilidad que lo amarga lo llevará irremediablemente a construir inequívocos retratos de lo que pudieron haber sido las impresiones de una clase humillada por el modelo que acababa de instalarse, un modelo que en Cortázar puede tocarse con la yema de los dedos en relatos como «La banda» o «Las puertas del cielo», y en Bustos Domecq en «La fiesta del monstruo»,[3] y en ambos, quizás, en la inequívoca alusión al laberinto del Minotauro, como se verá, para recrear sus propias agonías, sus asfixias y sus miedos.

En Buenos Aires Cortázar se siente a gusto (como se sintió al llegar a Chivilcoy y Mendoza) y supone haber tomado la decisión correcta abandonando las cátedras en la universidad. Por axiomático que suene, no deja de ser menos cierto a esta altura de los acontecimientos que, donde fuera que estuviera parado, Cortázar siempre se encuentra mejor que donde había estado hasta entonces. En Suiza, mejor que en Bruselas; en Barcelona mejor que en Zürich y en Banfield mejor que en Barcelona; en Bolívar mejor que en casa de su madre y en Chivilcoy mejor que en Bolívar; en Mendoza mejor que en Chivilcoy y Bolívar, y en Buenos Aires mejor que en Cuyo o la pampa. Y en París... Bueno, en París uno puede darse el gusto de extrañar casi todo.

De haber triunfado la Unión Democrática en las elecciones de febrero, no le hubiesen perdonado su amistad con García Onrubia, con Soaje Ramos y Fernando Cruz. Con Perón en la presidencia no se hubiera salvado de la purga y hubiera ido a parar a la calle junto a tantos otros. Una vez más entre la espada y la pa-

---

3. «"La fiesta del monstruo" es un texto clandestino que sólo circuló en manuscrito durante el primer gobierno de Perón. Pertenece a la serie de relatos atribuidos a H. Bustos Domecq, pero a diferencia de la mayoría de aquéllos, éste es radicalmente político, lo que explica que haya sido publicado por mí, en Montevideo y en el semanario *Marcha*, después de la caída de Perón» (Emir Rodríguez Monegal en *Ficcionario. Antología de textos de Borges*. FCE, México, 1985, p. 458).

red, Cortázar había optado por la caída libre con red, la misma que él se había tejido. Y al caer lo hizo en sus cuatro larguísimas patas, patas que llegaban, al menos, hasta el Ministerio de Justicia y Educación. Si efectivamente son siete las vidas de un gato, después de Chivilcoy y Mendoza a Cortázar le siguen quedando, al menos, cinco.

Ya en Buenos Aires, regresa, como en los buenos tangos (o los peores), a la casita que la vieja conserva en la calle Artigas junto a Ofelia y la abuela Victoria. Por un momento cree haber recobrado la memoria de un paraíso perdido. La rutina de ir y venir de casa al trabajo y del trabajo a casa acaba por convertirse en una pesadilla: viajar colgado del estribo de un colectivo «aguantando a sudorosos descamisados en la plataforma»[4] es un precio demasiado alto. Pero para eso están los amigos. Fredi Guthmann le presenta a una prima que está a punto de marcharse a París. La prima buscaba quien se hiciera cargo de su departamento en la calle Suipacha al 1200. Cortázar consigue lo imposible en menos de veinticuatro horas, un bulín por cuatro meses en el centro cerca de su lugar de trabajo y la trama para un cuento.

La propietaria del bulo era Susanne Weil, quien por entonces vivía junto a Andrée Delsalle. Susanne acabará convirtiéndose en el personaje central del cuento «Carta a una señorita en París». El relato está escrito en forma de carta (algo que le sale con naturalidad) del supuesto inquilino a la propietaria del inmueble (suena bien inmueble, ¿no?) que vive en París contándole los pormenores de una angustiosa noche (¿día?) en la que unos conejitos[5] que el protagonista ha vomitado terminan por destruir el decorado. Por momentos da la impresión de que Cortázar no se siente cómodo:

---

4. En carta a Sergio Sergi. Buenos Aires, 21 de mayo de 1946. *Cartas*, p. 205.

5. En el cuento «Llama el teléfono, Delia» también se habla de un conejito, en alusión a lo que el padre no le mandaba… «que te mandara un regalo, nada más que un pequeño regalo, un conejito o una moneda de oro…». ¡Y dale con el padre!

Andrée, yo no quería venirme a vivir a su departamento de la calle Suipacha. No tanto por los conejitos, más bien porque me duele ingresar en un orden cerrado, construido ya hasta en las más finas mallas del aire, esas que en su casa preservan la música de la lavanda, el aletear de un cisne con polvos, el juego del violín y la viola en el cuarteto de Rará.

Pensar que lo que pueda contar en sus cuentos es necesariamente autobiográfico es un capricho, justificado pero un capricho al fin, un capricho en el que se advierte la precariedad con la que convive Cortázar fuera de la casa de su madre. Más adelante, dice en el mismo relato:

> Usted sabe por qué vine a su casa, a su quieto salón solicitado de mediodía. Todo parece tan natural, como siempre que no se sabe la verdad. Usted se ha ido a París, yo me quedé con el departamento de la calle Suipacha, elaboramos un simple y satisfactorio plan de mutua conveniencia hasta que septiembre la traiga de nuevo a Buenos Aires y me lance a mí a alguna otra parte donde quizá...

La carta (¿el cuento?) angustia. Hacia el final, el escritor habla del amanecer, de un balcón y de la posibilidad de tirar a los conejitos a la calle para deshacerse de ellos; también de sí mismo, si acaso él fuera ese otro cuerpo del que está hablando:

> No creo que les sea difícil juntar once conejitos salpicados sobre los adoquines, tal vez ni se fijen en ellos, atareados con el otro cuerpo que conviene llevarse pronto, antes de que pasen los primeros colegiales.

Desde aquel *bulín* prestado en Barrio Norte hasta su despacho en la Cámara del Libro, Cortázar camina y fantasea con la posibilidad de regresar a Ítaca. Después de todo, la guerra ya terminó, y en Buenos Aires ardió Troya. Europa vuelve a ser un destino po-

sible, con lo cual ya no quedan razones para seguir soñando con
México o planeando expediciones a la Puna. París liberada es
mucho más apetecible que una Buenos Aires ocupada.

> [...] hace un año que me aprendí de memoria la fábula de la ci-
> garra y la hormiga, y me puse resueltamente de parte de la hor-
> miga, lo cual es asqueroso ya que la cigarra tenía toda la razón;
> pero todavía no se han inventado viajes gratis a Europa.[6]

Las mañanas y las noches son suyas. Antes de mediodía trabaja en traducciones que le permitirán reunir el dinero que necesita para el viaje. A la Cámara del Libro, a muy pocas cuadras de su
departamento, concurre recién después del mediodía. A las traducciones que viene realizando para Viau por encargo de su amigo Jorge D'Urbano van a sumarse una de *Robinson Crusoe* ilustrada por Carybé;[7] *Naissance de l'Odyssée*, de Giono; *The Man Who
Knew Too Much*, de Chesterton, y una monumental biografía de
Pushkin escrita por Henri Troyat que no hemos podido localizar.
En muchos casos quien traduce es Natasha Czernichowska mientras que Julio Cortázar se limita a dar forma castellana a las traducciones de la rusa. Con los beneficios que piensa obtener de la
última traducción citada estima haber reunido lo suficiente como
para emprender el viaje: «Si lo cobro de una vez, me voy a Europa. (Y no vuelvo nunca más, se entiende.)»[8]

---

6. *Cartas*, p. 127.

7. Hector Julio Paride Bernabó (Buenos Aires, 191?-San Salvador, 1997), artista
plástico que haría punta entre los bohemios argentinos emigrando a San Salvador, Ba-
hía, en 1950 y vinculándose más tarde con la generación de tropicalistas y *novos baianos*,
desarrolló su obra en Brasil y reflejó en ella la cotidianidad popular con fuerte carga
sensual: «Carybé, la mano que canta, / Carybé, la gracia que vuela, / Carybé, la brisa
que baila, / el diablo que brinca, / la caña que tiembla. / Carybé, la caña que tiembla»
(Rafael Alberti, *Poesía*, 1924-1967).

8. En carta a Sergio Sergi. Buenos Aires, 3 de enero de 1947. *Cartas*, p. 220.

De monstruos y laberintos

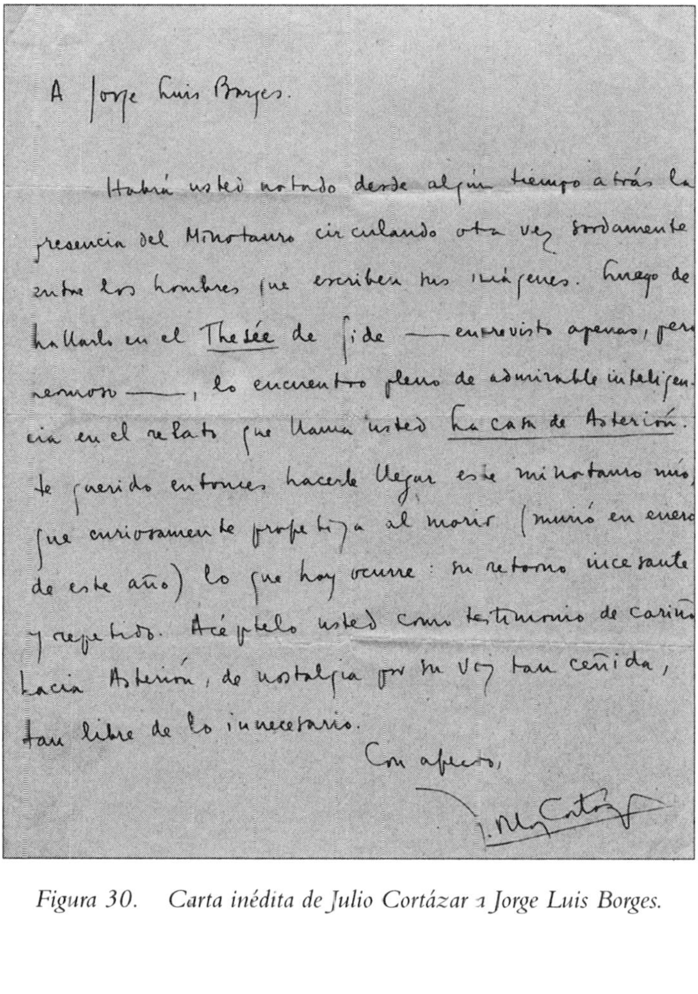

Figura 30.   Carta inédita de Julio Cortázar a Jorge Luis Borges.

Hacia fines de 1946, Cortázar desarrolla un texto que provisoriamente titula *El laberinto* y al que alternativamente se referirá como «poema dialogado», «teatro poético» o «tragedia lírica». El escrito, que finalmente se conocerá como *Los reyes*, recrea la leyenda del Minotauro encerrado en su laberinto. Para Cortázar debió de ser una grata sorpresa la coincidencia temática con un cuento casi coetáneo de Borges, al respecto de lo cual nuestro protagonista se dirige al venerable en una carta celosamente conservada en la guarida de Jared Loewenstein en la Universidad de Virginia.[1] La carta, hasta hoy inédita, es la siguiente:

A Jorge Luis Borges.

Habrá usted notado desde algún tiempo atrás la presencia del Minotauro circulando otra vez sordamente entre los hombres que escriben sus imágenes. Luego de hallarlo en el *Thesée* de Gide —entrevisto apenas, pero hermoso—, lo encuentro pleno de admirable inteligencia en el relato que llama usted *La casa de Asterión*. He querido entonces hacerle llegar este minotauro mío, que curiosamente profetiza al morir (murió en enero de este

---

1. Jared Loewenstein, bibliotecario de la Alderman Library, Charlottesville, Virgina, Estados Unidos. Jared es un virginiano hecho y derecho, amante de la arquitectura jefersonniana y versado en asuntos de literatura hispanoamericana. A su cuidado sobrevive una colección extraordinaria de primeras ediciones y otras yerbas borgeanas que algún día sería conveniente estudiar a fondo.

año) lo que hoy ocurre: su retorno incesante y repetido. Acéptelo usted como testimonio de cariño hacia Asterión, de nostalgia por su voz tan ceñida, tan libre de lo innecesario.

Con afecto,

JULIO CORTÁZAR

En una de sus últimas entrevistas, Borges se refería a su cuento, olvidando mencionar lo que aquí nos interesa:

> Yo trabajé en una revista que se llamaba *Los Anales de Buenos Aires*. Ahí publicó, por primera vez en su vida, un cuento Julio Cortázar.[2] Un cuento que ilustró mi hermana. Un cuento que se llamó «Casa tomada». Cuando teníamos que entrar en prensa, había tres páginas en blanco. Entonces, a mí se me ocurrió un argumento, «La casa de Asterión». Fui a ver a la persona que hacía las ilustraciones, la condesa de Wrede, austríaca; le expliqué más o menos el tema cretense, un personaje que no se sabe muy bien quién es, un guerrero que avanzaba hacia él. Hizo un lindo dibujo. Aquella noche no salí. Lo escribí antes y después de cenar y a la mañana siguiente. Y a la tarde llevé el cuento. Tomé los datos de un diccionario. Un lindo cuento. Debió influir un óleo del pintor inglés Watts. En ese cuadro, el Minotauro no es un toro griego, es un toro inglés, con los cuernos muy cortos, que está mirando tristemente un jardín. De allí debió venir la idea. Es un cuento ocasional mío. «El jardín del Minotauro» lo escribí en dos días, cosa que no me sucede, ya que yo trabajo muy lentamente: corrijo mucho los borradores. Pero ese cuento, no; tuve que improvisarlo, y más o menos me salió bien esa guitarreada, digamos esa payada.[3]

El tema tenía unos antecedentes estéticos más o menos inmediatos. El Minotauro era por entonces tema favorito de mu-

---

2. Aunque Borges la repitió en innúmeras ocasiones, la leyenda de que él fue el primer editor de Cortázar es errónea.

3. Entrevista de Juan Gasparini realizada el 5 de octubre de 1984 en el último piso del Hotel L'Arbalüte, en Ginebra.

chos surrealistas, quienes creían ver en aquel animal mitológico la encarnación de un espíritu que se alza contra toda autoridad. Adeptos al psicoanálisis, lo consideraban un símbolo de impulsos subconscientes.

La revista *Minotaure*, que publica Albert Skira entre junio de 1933 y mayo de 1939 y codirigen *Tériade* (Efstratios Elefteriades), Paul Éluard y André Breton, cuenta con las colaboraciones de Brauner, De Chirico, Arp, Dalí, Man Ray, Tanguy, Ernst, Matta, Lacan y Diego Rivera, entre otros. La portada de su primer número reproduce un *collage* de Picasso en el que se representa un Minotauro. Es precisamente Picasso quien desarrollará el tema del Minotauro ciego en quince de las veinticuatro aguafuertes de la serie *Suite Vollard*, así llamada en honor del marchante Ambroise Vollard. Ahí aparece por primera vez una nueva distribución de los roles protagónicos del mito, en la cual resulta que el Minotauro, ciego, es guiado a través del laberinto por un niño que lleva una vela en su mano, mientras que Teseo se ve transformado en una hermosa mujer.

Según contó, Cortázar viajaba de regreso a su casa cuando se vio envuelto en un sueño. Supone el escritor que algo misterioso hizo que así sucediera y estima que una fuerza arcaica lo habría sometido a esa experiencia de la mitología en un lugar tan distante del Parnaso como pudo haberlo sido Buenos Aires, en una situación tan de su tiempo como un viaje en colectivo de Colegiales al barrio de Agronomía.

> Lo cual le daría la razón a Jung en el sentido de que todo está en nosotros, que hay una especie de memoria de los antepasados y que por ahí un archibisabuelo tuyo que vivió en Creta cuatro mil años antes de Cristo, por obra de genes y cromosomas, te manda algo que corresponde a su tiempo y no al tuyo. Y tú, sin darte cuenta, acabas escribiendo un cuento o una nove-

la que arrastra un mensaje muy antiguo, muy arcaico. No tengo otra explicación que dar.[4]

Cortázar dice no tener abolengo. Desconoce quién es su abuelo y no tiene la menor idea de dónde está su padre. Sin embargo, cree haber vivido una experiencia sobrenatural que lo ha puesto en contacto con un retatarabuelo que vivió en Creta hace casi seis mil años. Definitivamente, me gustaría probar las mismas pastillas para creer que lo que le estaba pasando era el resultado de un brote de memoria colectiva y no de su roce con las vanguardias literarias y artísticas de la época, para las que el Minotauro era ya un tema instalado bajo múltiples lecturas que iban desde la sublimación del fascismo hasta exactamente lo opuesto: el monstruo humanizado víctima del *entrapment* que resulta de su emplazamiento en el laberinto. La primera versión corresponde a la elección de Borges; la segunda, a la de Cortázar.

Pero Cortázar va más allá cuando insinúa que la posesión fue tan cabal que el resultado no respondió a sus impulsos sino a los de aquella fuerza que lo sometía.

Incluso el lenguaje en el que está escrito viene de alguien que no soy yo, un lenguaje suntuoso, lleno de palabras que bailan.[5]

Y si no es él, ¿quién? Acaso el otro Cortázar. Aquí habría que hacer una separación, delimitar las responsabilidades. Quien habla en la cita no es el Cortázar de 1946 sino el Cortázar de 1977 durante una entrevista realizada por la Televisión Española en la que también dijo cosas tales como que el Renacimiento italiano y el Siglo de Oro español eran el resultado de la conjunción de los planetas y que tampoco encontraba una explicación para eso. De aquellos años precisamente data la relación del escritor con Cristi-

---

4. Entrevista de Joaquín Soler Serrano en Televisión Española, 1977.
5. *Ibidem.*

na Peri Rossi, quien no se detuvo al pensar que por supuesto: Julio era demasiado racional,[6] para enseguida asegurar que uno de los temas favoritos de Cortázar eran los cronopios que tenían ángel de la guarda: «Cuando un cronopio moría, se convertía en ángel de la guarda de otro cronopio». Peri Rossi cree que en cierta ocasión, tras la muerte del escritor, éste se había convertido en su ángel: «Esa mañana, instintivamente, elevé la cabeza y le hice un guiño a Julio, al Gran Cronopio, por si estaba allí, custodiándome».[7] En este contexto, quizás habría que recordar aquello que anotara Bioy en su diario al enterarse de la muerte de su amigo:

> No creo que Cortázar tuviera una inteligencia muy despierta y enérgica. Desde luego, sus convicciones políticas corresponden a confusos impulsos comunicados por un patético tango intelectual. Le gustaban las novelas «góticas». Creía en la astrología.[8]

La idea de haber sido sometido a un llamado ancestral, de haberse convertido en el receptor de un legado atípico, contradice aquello que dicta el sentido común. Miniaturas y laberintos estaban de moda («… la presencia del Minotauro circulando otra vez sordamente entre los hombres que escriben sus imágenes…»). Cortázar debió de haberlo sabido cuando recurrió a ellos para someter sus propias agonías dando lugar a su versión del mito y a la inversión de los roles protagónicos con la que ya habían juga-

---

6. Cristina Peri Rossi, *Julio Cortázar*, Omega, Barcelona, 2001, p. 16.

7. *Ibid.*, p. 20. Es casi inevitable indicar que, de *Rayuela* en adelante, a Cortázar le llovieron lectores vehementes, y en especial lectoras. Julio Ortega ha contado cómo algunas escritoras aquejadas del síndrome de Madame Bovary pretendieron que Cortázar fuera su Pigmalión particular, y añadía: «No ha de extrañar, por lo mismo, que después de su muerte algunas amigas hayan suspendido el pudor para reescribir sus vidas como parte de la obra de Cortázar. Preferiría no haberla leído, pero hasta una escritora seria ha escrito la biografía de Cortázar como si fuese la suya propia, sin poder evitar declararse la novia de Julio» («Cortázar con musas al fondo», *Identidades*, 28, Lima, 6 de enero de 2003, p. 10).

8. Anotación de 19 de febrero de 1984. Adolfo Bioy Casares, *Descanso de caminantes. Diarios íntimos*, Sudamericana, Buenos Aires, 2001, p. 295.

do otros antes que él. En 1977, el recuerdo desdibujado le haría decir:

> Yo vi en el Minotauro al hombre libre, al hombre diferente al que la sociedad, el sistema, encierra inmediatamente en clínicas psiquiátricas y a veces en laberintos. Teseo, en cambio, es el perfecto defensor del orden que le hace el juego al rey; en cierta forma, un gángster que en nombre del rey viene a matar al poeta. Cuando Teseo encuentra al Minotauro ve que no se ha comido a los rehenes y que con ellos juega y danza y que son felices. Entonces el joven Teseo, que tiene los procedimientos de un perfecto fascista, lo mata.[9]

Y ya en 1982, en ocasión del prólogo para la versión francesa, remataría esa interpretación disculpatoria de la obra:

> Comprendo que a pesar de su envoltorio espontáneamente anacrónico y del lujo verbal fuera de época —y muy especialmente de la mía, la Argentina de los años cuarenta— escribí de un modo abstracto aquello que intentaría más tarde comprender y expresar en el interior de la realidad que me envolvía. Ahora como entonces sigo creyendo que el Minotauro —es decir, el poeta, la criatura doble, capaz de percibir una realidad diferente y más rica que la realidad habitual— no ha dejado de ser ese «monstruo» que los tiranos y sus partidarios de todos los tiempos temen y odian y quieren aniquilar para que su palabra no llegue a las orejas del pueblo y no derrumbe las murallas que los encierran en sus redes de leyes y de tradiciones petrificantes.

En las circunstancias en las que fue escrito *Los reyes* es poco probable que Cortázar pretendiera aleccionar al modo de las fábulas (después de todo, el Minotauro es medio animal en más de un

9. Entrevista de Joaquín Soler Serrano en Televisión Española, 1977.

sentido). Borges no pretende instruir en este sentido. En su cuento queda claro que él es el Minotauro que mata a nueve atenienses cada nueve años porque estima que así se verán liberados de su condena. El Minotauro borgeano se compadece y espera que Teseo se compadezca de él matándolo, es decir liberándolo; por lo cual, cuando se produce el encuentro, la buenabestia no ofrece resistencia alguna. En la muerte, el Minotauro de Borges ve su liberación. En la muerte del Minotauro de *Los reyes*, Cortázar cree ver un acto de injusticia... treinta años más tarde.

El texto, leído por primera vez a un grupo de amigos en casa de Alberto Salas y aparecido después en *Los Anales de Buenos Aires* entre octubre y diciembre de 1947, alcanza la gloria de joya estampada por iniciativa de Daniel Devoto, quien le encomienda a Óscar Capristo la ilustración de una edición que termina de imprimirse el día 20 de enero de 1949 en el taller que Francisco A. Colombo tenía en la calle Hortiguera. Se realizaron dos tiradas, de setenta y cinco páginas en octavo: una de quinientos ejemplares en papel nacional y otra de cien en papel Ingres Fabriano con las ilustraciones coloreadas a mano, ambas numeradas.

«Das Hydra der Diktator»

Figura 31.   Das Hydra der Diktator. Dibujo de Jorge Luis Borges, 1946.

El dibujo refleja la idea que Borges tenía del animal político ya en 1946. El monstruo tiene siete cabezas en lugar de nueve, como deberían tener las hidras de manual; es decir, las hidras como deben ser cuando son hidras, aunque quizá se trate de un animal incompleto y allí (al igual que en el nombre en alemán) resida una de las llaves de lectura del dibujo. Sin embargo, Borges sí tuvo en cuenta la tradición cuando pensó en Eva Duarte como cabeza central. Y tratándose de hidras, central e inmortal vienen a ser exactamente lo mismo. Las otras cabezas, las de Rosas, Marx, Perón y Hitler, son las que se implican mortales. Según el mito, las cabezas que no ocupan el lugar central deberán ser enterradas sin mayor peligro, mientras que la central deberá ser sepultada debajo de una roca para evitar incómodas resurrecciones. Es notable cómo Borges percibe el entorno cuando la figura política de Evita no había aún alcanzado el cenit de su poder anticipándose al mito e incluso al destino de su cadáver.

Aquel 1946 es precisamente el año en el que Cortázar regresa a un Buenos Aires donde el paraíso ya no es tan suyo. También en ese escenario han cambiado los roles protagónicos: Eva, que poco y nada tiene que ver con su madre, cuenta con una fundación para distribuir manzanas y Adán viste uniforme de coronel del ejército argentino. Los Campos Elíseos ya no son coto reservado a los juegos infantiles con su hermana Ofelia y se pueblan de caras oscuras, de sombras y de humo. Ese Buenos Aires al que llega del destierro no lo incluye, ni siquiera lo contempla.

MUCHO MÁS QUE ALTOPARLANTES

Con frecuencia se ha dicho —él mismo se ha ocupado de divulgar la idea— que Cortázar se habría marchado a Francia porque los altoparlantes no lo dejaban escuchar sus discos de Alban Berg. Dicho así, supone una simplificación de las razones que determinan su decisión de emigrar. También van a emigrar muchos otros que no escuchaban a Alban Berg y que posiblemente no recuerden los parlantes a los que Cortázar se refiere. Los parlantes y Berg reducen las múltiples realidades de la época, revelando la estrategia con la cual Cortázar vuelve a caer parado, esta vez frente a las vanguardias dominantes en los sesenta y setenta. Cortázar asume esa corrección reductora muchos años después de sucedidos los hechos y a muchos kilómetros de distancia, favoreciendo un proceso de desgorilización al que está dispuesto a someterse para ganar el aprecio y la simpatía de una nueva izquierda que goza de una visión distinta del peronismo de la que él pudo haber acuñado en los años cuarenta como consecuencia de las transformaciones político-sociales que tienen lugar entre el derrocamiento de Perón y la revolución cubana, un proceso que Cortázar desconoce pero al que adhiere con fervor.

LAS PUERTAS DEL CIELO

Con esa otra realidad nace el cuento que la izquierda le reprocha y que lleva a Horacio González a concluir que es una verdadera pena que no haya sido ése el Cortázar que perdurara:

> «Las puertas del cielo» es un cuento de *Bestiario* y *Bestiario* es uno de los grandes libros de cuentos donde la idea central son «las fronteras»: qué fronteras debemos traspasar para comprender, qué fronteras están en nosotros, en nuestra visión, en nuestra percepción, qué fronteras deberíamos superar para saber algo y por lo tanto para imaginarnos que el saber es el superar una frontera que genera la otra. Y en «Las puertas del cielo» la frontera es una frontera de clase social, de vida popular y vida culta. Y en medio de todo aquello, Cortázar toma notas en fichas antropológicas. De algún modo, podríamos decir que Cortázar siempre siguió una línea paralela al interés por las clases populares que tendría significaciones tan evidentes muy poco tiempo después, en el propio tiempo de Cortázar.[1]

La pregunta es si, en efecto, las posiciones adoptadas más tarde por Cortázar confirman la idea de ese cruce al que hace referencia González o si —como supone Aurora Bernárdez— el autor

---

1. Entrevista con el autor. Buenos Aires, 2001.

vivió en el dintel, sin abandonar su lugar de pertenencia pero observando cuidadosamente todo cuanto pudo y hablándole a cada uno en el lenguaje que cada uno entendía, siempre sin que nadie lograra sacarlo de quicio, del lugar que se había hecho en el dintel. La idea es muy parecida a aquella que determina conveniente situarse en el marco de una puerta durante lo que dure un terremoto. Ese marco lo cruzaron Roque Dalton, Francisco Urondo y Haroldo Conti, una larga lista a la que deberíamos sumar Cyrano de Bergerac, el manco de Lepanto, Hemingway, Esteban de Luca y Fulvio Testi. Pero Cortázar no cruza: observa desde el umbral. Se asoma, condena o se solidariza. Sobrevive. Eso sí, cuando la frontera se le viene encima y son los monstruos los que deciden cruzar, entonces retrocede de la misma manera en que acabarán haciéndolo Eduardo Jonquières, Juan Rodolfo Wilcock, Daniel Devoto y muchos otros que buscaron refugio en el interior, y el interior para un argentino de clase media sólo puede significar un destino: Europa.

A ticket to ride

Figura 32. Libreta universitaria de Julio Cortázar.

No debió de ser nada fácil. Cortázar se ganó el uso de los anteojos quemándose las pestañas. Concluye una carrera de traductor, que normalmente se cursa en tres años, en tan sólo nueve meses. Hasta el momento venía realizando traducciones de libros, trabajos importantes para editores como Domingo Vecchio Viau, dueño de una prestigiosa librería de la calle Florida, o Samuel Kaplan, primer marido de Mariquiña del Valle Inclán y dueño de la editorial Imán, para quien tradujo la biografía de Keats de lord Houghton. En el momento de recibirse como traductor público nacional, Cortázar lleva algo más de diez años traduciendo artículos, cuentos, poesía, ensayos y novelas. Ahora, con el título en las manos, tiene un pasaporte que convalida lo que sabe; un pasaporte que le abrirá las puertas del estudio de Zoltán Havas, primero, y de la Unesco más tarde.

Desde 1940 reside en Buenos Aires Zoltán Havas, el húngaro aventurero que Fredi había conocido navegando por las islas del Pacífico. Ocho años han sido suficientes para convencerlo de que lo que Buenos Aires tiene de exótico lo tiene de insoportable y ya ha comenzado a soñar con la posibilidad de un regreso al corazón de Samoa. Durante casi seis años ha llevado adelante un bufete de traducciones en una de las oficinas del segundo piso del número 424 de la calle San Martín, justo frente a la ventana de la confitería La Fragata en la que tienen su mesa los piantados y el *Pararrayos*. Su compañera de trabajo es Natasha, la futura esposa de Fredi Guthmann. La idea de que Zoltán se vuelva al Pacífico abre la posibilidad de que Cortázar pueda hacerse cargo de su cartera de clientes el tiempo que dure la aventura. Por sugerencia de Natasha y Fredi, Cortázar se inscribe, con el pelo bien planchado y gafas a lo Clark Kent, en el mes de abril de 1948 en la facultad de ciencias económicas para cursar la carrera de traductor público. La posibilidad de sacarle algún rédito a sus conocimientos de francés e inglés se materializa cuando entiende que un traductor es como un caracol que lleva su casa a cuestas, que lo único que la tarea requiere es un pequeño espacio y una máquina de escribir. Supone Cortázar, con justa razón, que como traductor podrá trabajar las horas que él disponga y tener el resto del día para sus otras aspiraciones; sobre todo, para escribir. En menos tiempo de lo previsto se encuentra con un título que lo habilita para trabajar por cuenta propia. Estudia noche y día. Antes del mes de julio tiene que aprobar cinco materias de la carrera de derecho, los trabajos prácticos y pasar un riguroso examen final. No tiene tiempo ya para las traducciones ni para sus colaboraciones en *Cabalgata*, donde entre noviembre de 1947 y abril de 1948 había publicado cuarenta y dos reseñas. Apenas cumple con su labor por las tardes en la Cámara del Libro. El resto del tiempo está invertido en lo que considera su tabla de salvación: «Si me recibo en julio, dentro de un año seré mi propio patrón y tal vez entonces la vida adquiera un sentido menos repugnante que hasta ahora».[1]

La Cámara ha debido lamentar durante este ejercicio el alejamiento del señor Julio F. Cortázar, su Gerente, baja que ha sido motivada por su propia decisión para dedicarse a las funciones de traductor público. Nos creemos en la obligación de dejar constancia expresa en esta Memoria que el señor Cortázar se retira de nuestra institución, luego de cuatro años de tarea empeñosa e inteligente, en que supo conquistar la amistad y gratitud de esta Cámara. En la actualidad ocupa el cargo de Gerente el señor Alberto M. Salas, quien luego de haber actuado al lado del señor Cortázar durante un mes para compenetrarse plenamente de los problemas y de las gestiones en curso, desempeña sus funciones satisfactoriamente.[2]

---

1. En carta a Sergio Sergi, Buenos Aires, 18 de marzo de 1948. *Cartas*, p. 230.
2. Tomado de la página 11 de la Convocatoria a Asamblea General Ordinaria de la Cámara Argentina del Libro, en la que se reflejan las actas de la sesión del C. D. del 21 de diciembre de 1949.

Plaza Lavalle

Soliloquio a dos voces

Mañana es 17 de agosto y Buenos Aires está de fiesta. Mirá que venir a morirse en agosto, a quién se le ocurre. Llueve. Buenos Aires está embanderada hasta la solemnidad. El hombre de metro noventa y tres, cara de niño y piernas largas como las de un saltamontes, baja las escalinatas de Tribunales. Debajo de la gabardina lleva un expediente que le han encargado traducir, con la misma inscripción que puede leerse en todos los documentos oficiales: «Año del Libertador General San Martín». La figura delgada bajo la lluvia piensa en París, piensa en un pijama verde bajo las sábanas blancas junto a una ventana que da a la calle Rodríguez Peña, a cuatro cuadras de la estación de Banfield.

Cortázar piensa y suma. Con las traducciones puede asegurarles unos pesos a su madre y su hermana mientras él se las rebusca como pueda en París. Mirá que venir a morirse en agosto cuando hay tantos meses en el calendario. Yo nací en agosto y fue verano, San Martín también nació durante el verano pero fue en el mes de febrero. Mirá si me muero en febrero. Cuánta cuerda para darle manija a los que no tienen nada que hacer y se meten con las biografías. Pero no acá. Si hay que morirse en febrero que sea invierno. Hay algo en febrero que no va con los veranos. Son cosas mías cuando me doy manija. Mejor me olvido de todo o lo cambio por un buen puchero en el bodegón de Paraguay al cuatrocientos que tiene la ventana que me espera. Pero no por Lavalle, Lavalle que está repleta de gente aunque llueva. Mejor Cerri-

347

to hasta Paraguay, y si se larga con todo me meto en el bar frente al Colón por Cerrito y espero. Y si bajo por Cerrito aprovecho para pisar el hormiguero que hay debajo del teatro. Cuando tengo un rato me siento en el café y busco sentir bajo los pies esa multitud de gente que sube y baja escaleras, que aparece y desaparece en los entrepisos detrás de los decorados y la utilería, que se pierde entre los zapatos y las pelucas. El Colón es un hormiguero de cuatro subsuelos a catorce metros de profundidad debajo de la calle Cerrito.

¿Qué nombres secretos le puse a mi gato? Eran cuatro y no puedo recordarlos. Los demás lo conocían por su nombre verdadero: Míster. ¿Cuáles habrán sido los otros nombres de San Martín? No quiero imaginarme las traducciones que tuvo que completar el Libertador para rajarse de una buena vez a Francia. Mirá si San Martín va a perder el tiempo traduciendo reclamos de parientes que quedaron en Bélgica y Holanda. En la oficina me espera Zoltán, que no debe de haber almorzado, pero mejor comer solo, sentado en la mesa de la ventana, mirar la gente por última vez. ¡Qué va! Todavía falta para eso: faltan traducciones, falta beca, falta saber que esto va a quedar así como está para poder recogerlo si algún día se me ocurre volver. A nadie se le ocurre volver. Cuando te vas, te vas, y lo que queda te lo llevás puesto. Sin embargo, no estaría mal que Buenos Aires pudiera permanecer suspendido como los vapores del Vick's Vaporub.

17 de agosto. Un siglo de la muerte de San Martín, el misterioso. Nadie supo ni sabe quién andaba bajo ese nombre. Iba por la vereda nocturna de la acción, y cuando lo vemos es apenas al pasar por las esquinas, cuando enciende su cigarro bajo un farol. Va con el poncho hasta los ojos, apenas lo baja un instante; tal vez, si le arrancáramos el poncho, ya no estuviera adentro.

Qué importancia tiene que algún día los biógrafos me quiten el poncho. Una pintura no basta, lo sé mejor que nadie, ¿acaso no dice más la talla de un buen escultor que todas las cartas y los libros que uno pueda dejar para que alguien busque hilvanar la trama de lo que no fui? Momentos que no dicen nada, quejas, despojos de la gran tormenta silenciosa, del huracán sin viento que se cumple en los intervalos. Los intervalos, el espacio entre carta y carta, entre libro y carta, entre gota de lluvia y gota de lluvia, ¿qué es lo que ha de mirar el biógrafo que lea mis cartas, mis libros después de la tormenta?

En algún lugar del que quisiera acordarme cité una estrofa de un poema metafísico indio, el *Vijñana Bhairava*, donde está dicho: «En el momento en que se perciben dos cosas, tomando conciencia del intervalo entre ellas, hay que ahincarse en ese intervalo. Si se eliminan simultáneamente las dos cosas, entonces, en ese intervalo, resplandece la Realidad».

Southern Grill, te pedís una plana, el mozo se queda mirándote como pidiendo ayuda, en cambio, a media cuadra, sólo a media cuadra, en el comedor de la YMCA, te trae enseguida una tortilla. Que espere Zoltán, ¿acaso no fue él quien hizo esperar a las nativas de Samoa? Lo que no puede esperar es el puchero y la ventana del bodegón de la calle Paraguay al cuatrocientos, la lluvia, Francia y aquellos versos de los que no me puedo acordar, los únicos versos, los que el biógrafo no va a poder conjeturar.

Mentor tiene cara de mujer

Figura 33. Julio Cortázar, Victoria Gabel y Aurora Bernárdez, c. 1949.

Julio Cortázar, Victoria Gabel y Aurora Bernárdez en la sala-comedor del departamento de la calle Artigas 3246 del barrio Guillermo Rawson, también conocido como Agronomía. Seguramente es verano, quizás una foto tomada entre el primer y el segundo viaje de Cortázar a París. Después de todo, las abuelas no son eternas; ni siquiera las que tienen tanta cara de abuelas cuentacuentos como la de anteojos y mirada clara sentada entre la joven pareja en un sillón que seguramente debió de haber estado en la sala de la casa de Banfield. Julio junto a la abuela Victoria y a Aurora, principio y fin de su «círculo» áureo de mujeres. La primera, ya viejita, que alguna vez lo acompañó para regresar a la Argentina (después de todo, en el pasaporte aparece con ella y no con su madre), y la otra, la que lo llevó de regreso, la que le fue limpiando el camino de obstáculos como hizo Mentor para que Telémaco pudiera llegar sano y salvo de regreso a Ítaca, para que pudiera encontrar a su padre. Salvo que en el caso de Aurora no existe tal ambición, lo sabemos. Igual me gusta pensarlo así, pues allí están los tres en la foto.

Cortázar había quedado en encontrarse en la confitería Richmond de la calle Florida con Adolfo Luis Pérez Zelaschi, para entonces autor de *Hombres sobre la pampa y cantos de labrador y marinero*. Más tarde iría a sumarse al encuentro Inés Malinow, amiga de Alberto Girri que, junto a Enrique Molina, Jorge Calvetti, Horacio Armani y Julio Cortázar, integraba el grupo de colaboradores de *Verbum*, revista de los alumnos de la Facultad de Filosofía y Letras que dirigían Murena y León Rozitchner.

El demaría estaba fuera de orden. En la Richmond se bebían *cocktails à la mode*: un Zar Alexander, un Séptimo Regimiento, un Clarito, un Ferrocarril. Inés Malinow era amiga de Olga Orozco y de una estudiante de Filosofía y Letras que había manifestado interés por conocer al autor de un cuento que juzgó sorprendente. La joven era Aurora Bernárdez; el cuento: «Casa tomada». La relación entre Julio y Aurora, vista con la prudente distancia de los testigos circunstanciales, debió de parecerse a lo que cuenta Vargas Llosa en su prólogo a la edición completa de los cuentos de Cortázar:

> Se pasaban los temas el uno al otro como dos consumados malabaristas y con ellos uno no se aburría nunca. La perfecta complicidad, la secreta inteligencia que parecía unirlos era algo que yo admiraba y envidiaba en la pareja tanto como su simpatía, su compromiso con la literatura —que daba la impresión de ser

excluyente y total— y su generosidad para con todo el mundo, y, sobre todo, los aprendices como yo.[1]

Vargas Llosa se refiere a la ayuda que pudo prestarle Cortázar durante el tiempo en el que ambos coincidieron viviendo en París, y agrega sobre la índole de la relación entre Cortázar y Aurora:

> Era difícil determinar quién había leído más y mejor, y cuál de los dos decía cosas más agudas e inesperadas sobre libros y autores.

A partir de aquel primer encuentro, el destino de Aurora estará estrechamente vinculado al del escritor, con quien se casa cinco años más tarde en París. Si Cortázar había perdido el camino, acababa de recibir una señal de los dioses. La presencia de Aurora va a tener de ahora en más y hasta el día de su muerte una influencia significativa que seguirá a lo largo de toda su vida. Pensar en Cortázar más allá de las relaciones que lo marcaron resulta complejo, si no imposible. Cortázar es, en más de un sentido, la suma de sus relaciones.

Cortázar complace, se funde, se reduce a lo que es el otro, busca ser el otro y en ese gesto está el germen de las redes que

---

1. El texto de Vargas Llosa es sobradamente conocido; lo hemos leído como prólogo a *Cuentos completos*, Alfaguara, Madrid, 1994. Pero es que la cosa está lejos de quedar ahí. Un fragmento apareció, entre otros medios, en *El País*, Madrid, 28 de julio de 1991; *El Comercio*, Lima, 10 de agosto de 1991; *La Nación*, Buenos Aires, 7 de agosto de 1991 y 13 de febrero de 1994. Íntegro en *Claves de razón práctica*, Madrid, 32, mayo de 1993; *Vuelta*, México, XVII, 195, febrero de 1993; *Review of Contemporary Fiction*, Illinois, vol. 17, n.º 1, primavera de 1997; como prólogo a *Cuentos completos*, Alfaguara, Madrid, 1994; traducido al rumano por Luminita VoinaRaut «Trompete din Deya», en la selección de cuentos *Cat de mult o iubim pe Glenda*, Editura Allfa, Bucarest, 1998; traducido al inglés por John King «The Trumpet of Deya», en *Making Waves*, Editorial Faber & Faber, Londres, 1996, y Farrar Strauss & Giroux, Nueva York, 1997; traducido al alemán por Elke Wehr, «Die Trompete von Deya», prólogo a *Die Erzahlungen*, Suhrkamp, Frankfurt, 1998; traducido al francés por Albert Bensoussan «La Trompette de Deya», prólogo a *Nouvelles (1945-1982)*, Gallimard, París, 1994. ¡Quisiera para mí un agente literario como el de Vargas Llosa!

teje. Aurora Bernárdez es una de las caras, uno de los lazos, obje-
tivamente el más trascendente, el que en definitiva va a permitir-
le instalarse cómodamente en Ítaca y en la Historia. Cortázar, tal
como lo conocemos, hubiera sido imposible de lograr sin la colaboración de Aurora Bernárdez.

Posdata: tu padre ha muerto

Figura 34. Julio Cortázar. París, 1952.

Acaba de regresar a Europa y viene para quedarse al final de un largo viaje. En el reverso de la fotografía, apunta: «Con piloto en el Sena, 1952. Muerto de frío, pero orgulloso de su viejo piloto, el becario Julio Cortázar se da el lujo de tapar con su persona la más bella catedral de la tierra». París luce un manto delgado de nieve que cubre delicadamente los techos de Notre-Dame y aquellos otros que asoman del Hôtel de Ville. Posa erguido, con cierto aire distinguido sobre el Pont de la Tournelle. Tiene treinta y ocho años. Dicen que la vida empieza a los cuarenta; la suya aún estaba por escribirse.

Julio Florencio Cortázar se embarca de regreso a Europa el lunes 15 de octubre de 1951 en el *Provence*. Una vez más el océano, la inmensidad, el horizonte abierto sobre el que se puede dibujar un punto de fuga sin comprometer los caminos porque están hechos de viento y de agua. El hombre que viaja a bordo no es para su tiempo el típico aventurero que deja su tierra. A su edad, Fredi Guthmann estaba de regreso y las aventuras ya eran memorias. En poco tiempo tendrá la edad del abuelo Descotte cuando el *Príncipe de Asturias* se fue a pique frente a las costas de Brasil. En Buenos Aires queda la tierra, el departamento de la calle Artigas con las tres mujeres que lo acompañaran en el viaje de ida, desde Barcelona, y la colección de discos que tuvo que liquidar antes de la partida para reunir algo más de dinero.

El domingo 14 de julio de 1957 París celebra un nuevo aniversario de la Revolución. Por los Champs Elysées desfilan las tropas de la décima brigada de paracaidistas del general Jacques Massu. Los soldados traen en los borceguíes arena del cuartel de Paradou Hydra. Desde el palco preferente, el presidente de la República, René Coty, pasa revista orgulloso a las tropas que han lavado el honor de Francia con la sangre de miles de argelinos.

En Córdoba es seis horas más temprano. Cuando aún no amanece en las sierras, ya es pleno día en París. Cuando un Cortázar amanece, el otro almuerza. Mientras uno hojea el diario y hunde su tenedor en un plato de espaguetis, el otro ajusta el nudo de la corbata frente al espejo y se mantiene cerca del calentador a gas. Hay escarcha en la ventana.

Dos días antes, Julio José Cortázar había concurrido al Banco de Córdoba en compañía de un amigo para retirar el monto de un crédito que le habían otorgado para pagar deudas y quizás hacer algún negocio que le permitiera recuperarse. Uno creería que a estas alturas del partido, con setenta y tres años a cuestas, el buen salteño habría entendido que su vida estaba signada por los infortunios, pero no. Ahora, mientras se afeita frente al espejo de su hotel en el 556 de la avenida Vélez Sarsfield, sabe que cuenta con ese dinero guardado en la mesa de noche. Sobre la pared cuelga el almanaque de una compañía de seguros. Sin pensarlo, con la cara cubierta de jabón, levanta el número 13 y descubre el próximo. Al ver la fecha recuerda a su suegro y maldice al *Príncipe de Asturias*. Alguien le había comentado en Buenos Aires que Cocó se había ido a vivir a París con una de las hermanas del poeta Francisco Bernárdez. «Debe de ser una buena mujer —pensó—, los Bernárdez son gente decente, buenos católicos.» A lo mejor sienta cabeza y le da un nieto. Quizá tiene mejor suerte de la que él había tenido en Europa. Llegar a los setenta y tres años con un terreno de menos de mil metros cuadrados en Tanti y viviendo de prestado en un hotel en el centro de Córdoba a pocas cuadras de la estación de ómnibus no es lo que Duggu Van había soñado para sí, ni lo que sus padres hubieran imaginado.[1] Julio José Cortázar ha pedido a la propietaria del hotel que lo espere para cenar y se ha echado a caminar por Vélez Sarsfield con ganas de llegar al río. Es una helada mañana de domingo. Córdoba está desierta.

---

1. El único bien declarado por Julio José Cortázar (según consta en los registros de los Tribunales de Córdoba) es un lote de terreno de 624 metros cuadrados, designado con el número ocho, manzana 1, del plano de Villa El Parador, Tanti, pedanía San Roque del departamento de Punilla en la provincia de Córdoba.

El hijo del vampiro no logra conciliar la siesta. El calor es excesivo y se pregunta si acaso fue necesario prenderle fuego a la Bastilla ciento setenta y ocho años antes. Con las temperaturas del verano parisino es de extrañar que muchas otras estructuras no hayan ardido de la misma manera. Aurora descansa. Sobre la mesa del comedor ha quedado un ejemplar del diario que un amigo trajo de Buenos Aires.

> Acabo de leer en *La Nación* un seco, claro y contundente discurso de Aramburu, cuyo tono oratorio me parece perfecto (razón por la cual no será popular). Da la impresión de que el hombre ya está harto de decirle al pueblo que estamos arruinados, que no podemos permitirnos lujos inútiles, etc.; y me sospecho que pocos le creen, y que la mayoría desconfía de él y de todo el mundo… hasta la hora en que surja el Gran Demagogo que los engatuse con slogans y diez por ciento de aumento en los sueldos.[2]

Entretanto, a muchos kilómetros de distancia, su padre camina junto a la escarchada orilla del río Primero. Al salteño le gustan las ciudades que tienen un río que las atraviesa; no que les pase por las aristas sino que las atraviese. El médico le ha recomendado caminar y eso es precisamente lo que está haciendo. Si se mantiene en forma, si no se amarga con la lectura de los matutinos, podrá vivir cien años. Apoyado en su bastón de caña, cruza el Parque Las Heras y al llegar a la bajada del Negrito Muerto se le acercan tres negritos vivos dispuestos a quitarle la cartera y el reloj cadena que todavía conserva de su breve paso por Zürich. Cortázar se defiende como puede: con el bastón y con el verbo. En menos que canta un gallo queda desparramado sobre la vereda como un bulto que incomoda, puteando ya sin mucho recato. De regreso en el hotel trata de pasar inadvertido para no preocupar a la propietaria y a los otros inquilinos. La cartera no era importan-

---

2. En carta a Eduardo A. Castagnino. París, 9 de mayo de 1957. *Cartas*, p. 364.

te, no llevaba más que unos pocos pesos para tomarse un café; lo del reloj sí era una pena, sobre todo por aquella inscripción en el interior de la cubierta que le había hecho grabar su mujer para el día del padre y que al pie llevaba las iniciales *JFC*. Al llegar a su cuarto, cuelga el sombrero detrás de la puerta y apoya el bastón junto a la cama, sobre la que se tiende sin siquiera haberse sacado los zapatos. Imperdonable.

La cena está servida y el inquilino favorito que no se digna a bajar. La mujer (gorda, la cordobesa) golpea tres veces a la puerta y queda atenta a la espera de una respuesta. Si en vida el salteño fue un hombre de pocas palabras, muerto iba a ser mucho más difícil que respondiera al llamado.

> Julio José Cortázar. Falleció el 14/7/57. Sus amigos: Dr. Raúl J. Ortiz, Gustavo Adolfo Lee, Víctor Braillard y Carlos Peña invitan a sus relaciones al sepelio de sus restos que se efectuará en el cementerio San Jerónimo hoy, a las 9. El cortejo partirá de la Casa Despontín Hnos. Avenida General Paz 383.[3]

La policía de la provincia es avisada y, para evitar que el banco ejecute la propiedad del garante, a los pocos días se inicia la búsqueda de herederos que puedan autorizar la devolución de los diez mil pesos que aún estaban en la mesa de noche. Alguien parece recordar que el viejo tenía un hijo o un sobrino. Un abogado da con el segundo. Augusto Raúl sabe poco y nada de su primo Julio: cree que vive en París, pero no tiene ningún contacto ni con él ni con su madre. En cambio Josefa Sabor, Pepita, una de sus cuñadas, mantenía el contacto mediante un amigo común.

---

3. *La Voz del Interior*, Córdoba, lunes 15 de julio de 1957, p. 3.

Julio y Aurora llegan de París a Buenos Aires el 25 de agosto de aquel mismo año. Los amigos se encontraron en una una cena en casa de los Jonquières. Hasta hoy, Pepita recuerda aquel día —mejor dicho, aquella noche— en que el vampiro se fue por la ventana, sin avisar y sin su hijo.

> Fue una noche encantadora, como casi todas las que pasamos en casa de los Jonquières. Era un lugar muy agradable y lujoso, con muchas habitaciones. Julio estuvo formidable: habló de París, de sus proyectos. Le preguntamos cómo veía el país porque era la primera vez que venía desde la caída de Perón y eso se prestó para algunos comentarios y chistes. Creo recordar que se habló de los problemas en Argelia y también acerca de la India, que era un tema que a Julio le preocupaba. Después de los postres pasamos a una salita a tomar el café y yo aproveché para decirle a Julio que en cuanto pudiera me acompañase, que quería hablar con él a solas.[4]

Pepita es la primera en levantarse. Cortázar lo hace inmediatamente después. Los demás parecen distraídos con la conversación. Los primos recorren pasillos en busca de un lugar tranquilo donde poder conversar. Una puerta abierta es suficiente excusa.

—¿A qué viene tanto secreto, Pepita?

—¿Qué sabés de tu padre?

—Hace años que no sé nada, ¿por qué me lo preguntás?

—Tengo que darte una noticia: tu padre falleció hace casi dos meses. Acá tenés el sobre que llegó a mis manos. Viene de un abogado de Córdoba, el doctor Guevara, que necesita tu autorización para disponer de un dinero que tenía en su poder y que no le pertenecía. Sin tu autorización no pueden reintegrárselo al dueño.

> Julio se quedó helado, blanco como un papel. Tomó el sobre que yo le había dado y se lo puso en el bolsillo de su saco y vol-

---

4. Josefa Sabor en entrevista con el autor, octubre de 2002.

vimos a la sala donde esperaban los demás tomando el café. Julio
se sentó y no volvió a abrir la boca en toda la noche. Vaya uno a
saber qué es lo que le estaba pasando por la mente en ese momento. Los demás me miraron como preguntando qué fue lo
que le había pasado, pero yo no dije ni una sola palabra sobre el
tema, y él, como ya dije, permaneció callado, con la mirada extra-
viada hasta el momento de la despedida. Era como si hubiese estado en otra parte durante todo ese tiempo.

¿Dónde? Imposible saberlo. En su libro *Julio Cortázar l'en-*
chanteur, Karine Berriot registra dos únicos recuerdos: en el primero, Cortázar cree verse a sí mismo caminando por la calle al
lado de su padre y sintiéndose orgulloso ante la mirada de los
otros; el segundo es un *flash* en el que Cortázar evoca a su padre
desnudo bañándose y su impresión al parecerle un hombre bello.[5] ¿Habría otros recuerdos o todos fueron borrados por el
odio, menos aquellos dos? En uno, a su lado, frente a la mirada
de los otros; en el siguiente, desnudo: sin ropa, sin máscaras, sin
mentiras.

Muchos años más tarde se dirá que Cortázar supo de la muerte
de su padre cuando unos policías se presentaron en casa de María
Herminia y de su hija en la calle Artigas con el objeto de notifi-
car una herencia que, por orgullo o dignidad, madre e hijos se
negarían a aceptar. Así lo aseguran la madre y la hermana después
de la muerte de Cortázar, pero ninguna dice exactamente la verdad. En esos testimonios encontrarán consuelo quienes se rego-
dean con una actitud supuestamente heroica de Cortázar al haber
rechazado la herencia de un padre rico. La imagen complace
aquella otra de un escritor comprometido con lo social.

---

5. Citado en «Cronologia della vita e delle opere», en la edición italiana de los
cronopios, Einaudi, Turín, 1997, p. 10.

Con el tiempo se sabrá, tras su muerte en los años cincuenta, que [el padre] se había instalado en la provincia de Córdoba, en el interior del país, a 800 kilómetros de la familia. A ella [la madre] le notificaron oficialmente la muerte, además de informarles de que, como no había mediado separación entre los cónyuges, les correspondía una pensión económica derivada de las propiedades que tenía él en Córdoba. Julio lo tuvo claro desde el principio: había que rechazar esa herencia. En efecto, no la aceptaron.[6]

La documentación señala que, en efecto, no había sino deudas y que la actitud tomada por la familia Cortázar (muy sana, por otra parte) fue la de rechazar la herencia y, con esto, las deudas heredadas. Obviando citar fuente alguna, Trenti Rocamora escribe: «Con respecto al padre, es bien conocido su justificado rechazo, llegando hasta a negarse a recibir la herencia de unas tierras en Córdoba».[7] Emilio Fernández Cicco también se hace eco de las declaraciones de María Herminia e incluso llega a entrevistar a Ofelia en sus últimos años, lo que le permite elaborar más aún la leyenda:

En esa misma casa, una tarde golpeó la puerta un policía que traía papeles y malas noticias bajo el brazo. Les venía a anunciar que Julio Cortázar padre acababa de morir en Córdoba y que, como nunca había tramitado el divorcio, la familia heredaba sus campos —recién entonces se enteraron de sus propiedades en el interior— y desde entonces tenía derecho a recibir una sabrosa pensión. El policía dejó los comprobantes y anunció que regresaría al día siguiente para firmar las conformidades. Pero nunca hubo firma, ni herencia. Julio convenció a su madre de no aceptar un centavo. El policía regresó, y ni siquiera tuvo tiempo para descorchar su lapicera; Cortázar lo interceptó en la puerta, y le

6. Miguel Herráez, *Julio Cortázar. El otro lado de las cosas*, Institució Alfons el Magnànim-Diputació de València, Valencia, 2001, p. 35, nota 9.

7. José Luis Trenti Rocamora, *Cuando firmó Julio Florencio Cortázar antes que Julio Denis*, Sociedad de Estudios Bibliográficos Argentinos, Buenos Aires, 2000, p. 6.

devolvió uno a uno los papeles. Eso terminaba con la historia del padre fantasma.[8]

Madre e hija confunden a los biógrafos brindándoles una versión atractiva y memorable, que apenas tiene nada que ver con la realidad. El mismo Cortázar falta a la verdad al intervenir públicamente con declaraciones que se ajustan a la idea del desprecio de una inexistente herencia. Sin embargo, no pudo no haber sabido que el juicio sucesorio fue iniciado por los herederos (entre los que él se encontraba) y que en ese juicio, iniciado en los Tribunales de la provincia de Córdoba, se descubrió que lo que habrían de heredar no eran más que deudas.

El acto formal del «rechazo» de la herencia tuvo lugar el día 16 de agosto de 1960, cuando Ofelia se presentó ante el ministro de Asistencia Social y Salud Pública, doctor Héctor V. Noblia, para contar la verdad. El documento contradice, de su puño y letra, todas las declaraciones posteriores a la prensa:

> El efecto de esta sucesión era renunciar, como lo hemos hecho, a todo bien que pudiera poseer, como también a pensión, seguros, etc.

Aclarando acto seguido, en nombre de su madre, su hermano y en el suyo propio, que:

> Nos reservamos el derecho, por lo tanto, de *no pagar deuda alguna, del mismo*.

Ofelia estaba bien aconsejada. Al tener conocimiento de la muerte de Julio José Cortázar, son los herederos los que buscan una herencia iniciando los trámites pertinentes. En el juicio sucesorio, obtienen finalmente un fallo que los favorece pero que determina que en lugar de heredar bienes han heredado deudas: en

---

8. Emilio Fernández Cicco, *El secreto de Cortázar*, p. 18.

primer lugar, la del Banco de Córdoba, y en segundo lugar la que Julio José Cortázar planeaba sanear con el dinero del crédito. A esto deberíamos sumarle un tercer compromiso, aquel que surge de un préstamo que Julio José Cortázar pide en forma de adelanto de sueldos a su empleador, el Ministerio de Salud y Acción Social de Córdoba. El hijo no pudo estar al margen de estas negociaciones. ¿Por qué entonces decir que no hubo interés en cobrar herencia alguna? ¿Por qué la mentira?

Al decir que Cortázar se niega a recibir una herencia de tierras inexistentes se busca complacer la imagen que él mismo alimentara durante los últimos años de su vida. Quizá sea comprensible. Ni el autor de *Bestiario* ni nadie que tenga dos dedos de frente renuncia a herencia alguna que en buena ley le corresponda, sobre todo si la necesita, y el escritor y su familia la necesitaban. Por esa razón inician juicio sucesorio y por esa misma razón invocan el abandono del hogar cuando el resultado del fallo resultó, paradójicamente, adverso:

> Quiero dejar constancia de lo siguiente: 1ro. Hace 38 años que mi padre, Sr. Julio José Cortázar, hizo abandono del hogar, quedando mi hermano, Julio Florencio y yo, sólo al amparo de mi madre, Sra. María Herminia Descotte de Cortázar.

Como no hay mal que por bien no venga, esa misma adversidad se tradujo en una actitud ética con la que Cortázar buscó alimentar la idea de un hombre moral a la altura de sus pretensiones. Cuesta creer por momentos que así haya sido; es más, no encuentro justificativos que sirvan para sostener las posturas que perpetúan a un Julio Cortázar tan inhumano, tan sin fallas, sin grietas; tan rígido y poco permeable. El resultado de esta estrategia ha sido el Cortázar con el que me encontré en una manifestación en Picadilly Circus, un Cortázar sin más relieves que aquellos que pueda tener una camiseta de algodón sobre el cuerpo sudado de un pacifista africano; un Cortázar en negro y rojo, silueteado como las afirmaciones estéticas de Warhol sobre un *canvas*, como las postales cubanas en las que puede distinguirse la mirada perdida del rosarino heroico. El otro Cortázar, aquel que me arrebató las noches con sus cuentos desde las páginas de *Bestiario*, sigue siendo, después de estas páginas, mucho más trascendental en la mirada menos piadosa de un siglo plagado de imágenes *for export*.

Epílogo

Hoy tengo la edad que tenía Cortázar poco después de establecerse en París. Me pregunto si acaso cuando nos decían que la vida empezaba a los cuarenta uno se imaginaba haciendo las valijas y empezando de cero a nueve mil kilómetros de distancia. Al pensar en Cortázar, los tiempos se vuelven variables incómodas. Hoy llevo viviendo fuera de Buenos Aires tantos años como vivió Cortázar en París al día de su muerte. Pienso en las coincidencias y no encuentro explicación al porqué de mi fascinación con el escritor. Acaso no sea el escritor lo que me fascine sino su viaje, ese que comienza en Bruselas y culmina en París tras un azaroso paso por las pampas en busca de lo que nadie está llamado a encontrar. En algún momento jugué con la idea de que el viaje de Cortázar fue aquel del hijo de Odiseo que abandona Ítaca para regresar años más tarde con el padre que había salido a buscar. Pero, como en las peores historias de marineros, la trama hizo agua.

Por lo pronto, Telémaco se lanzó a la aventura solo y no en compañía de su madre y de su abuela como en el caso de Cortázar. Lo que resulta aún más difícil de encajar en la historia que acabo de contar es que, a medida que fueron pasando las páginas del relato, más me fui convenciendo de que fueron la madre y la abuela quienes se embarcaron en la aventura, siendo Cortázar apenas un niño sumergido en un mundo de palabras incomprensibles.

Demasiadas variantes para ceñir la odisea del escritor a la del hijo de Penélope, aunque sobren en la del primero tanto Mentor que lo guíe de regreso a su isla como, en el segundo, pretendientes de la madre y naufragios que merezcan ser narrados.

Digo bien: su isla. ¿Cuál? París, Europa, da igual. El círculo se cierra con la lápida que lleva su nombre y el de Carol Dunlop. En esa historia que imaginé y que no pudo ser, Mentor fue su primera mujer y Odiseo el padre del que nunca llegó a saber demasiado; entre otras razones, porque a Penélope no le convenía.

Decía que hoy tengo tantos años como los que cumplió Cortázar a poco de radicarse definitivamente en París, a poco de su regreso del Mar de los Sargazos, de esa pampa vertical donde no supo o no pudo encontrar lo que buscaba. No me imagino haciendo las valijas a esta altura de la travesía. Las hice un cuarto de siglo atrás, cuando todavía era posible, cuando mi padre decía que la vida empezaba a los cuarenta y yo le creía. Visto así, a la distancia, desde el lugar donde lo miro, el viaje de Cortázar parece haber sido de regreso y el mío sólo de ida.

Quizá la respuesta esté a mitad de camino y quizás aquello de la estirpe no sea tan real cuanto ilusoria la idea de que no cuenta para nada el esfuerzo por descifrar esas construcciones encadenadas de cromosomas pertinaces.

Mi viejo dispone sobre la mesa del comedor unas fotografías que debieron de haber sido pruebas de contacto. Amarillentas, sobreexpuestas. Está enfrascado en establecer una secuencia de fotogramas en busca de la secuencia que le aclare cómo fueron tomadas. Las imágenes van cambiando de posición. La primera acaba irremediablemente en el tercer lugar, la segunda resulta ser la última. De pronto, la revelación. Mi viejo no es de los tipos que manifiesten asombro frente a las revelaciones. No quise interrumpirlo pero la explicación se desplomó sobre la mesa sin que nadie preguntara nada. En las primeras tomas había un niño rubio de unos nueve o diez años sonriendo junto a su padre; en otras, el mismo niño rubio jugando con un camión que el padre le había construido siguiendo las indicaciones de un croquis de *Mecánica Popular*. En la última se ve al mismo niño, sin camión y sin padre, la mirada perdida e irremediablemente lejana. Mi viejo me explica la secuencia: «Es el último rollo que quedó en la máquina de mi viejo cuando murió. La última foto la debió de haber tomado alguien antes de mandar la película al laboratorio». Creo que mi padre nunca dejó de buscar al suyo y que yo todavía no tengo claro quién es el que busca, o por qué se supone que deberíamos encontrar.

Hay dos recuerdos del padre que acompañan a Cortázar hasta el final. En uno lo evoca caminando a su lado. Habla de cierto orgullo. En otro cree descubrirlo en la ducha, desnudo. No parecieran ser demasiados indicios para reconstruir un pasado, sin embargo sí son lo suficientemente importantes como para ser evocados. Mi padre no supo durante años por qué, al escuchar una cierta melodía de Schubert, no podía contener las lágrimas. Ésa fue otra revelación. Tratando de recordar, un buen día dijo haberse encontrado frente al edificio de su escuela en la avenida Ovidio Lagos y la secuencia de fotogramas se armó sola: el padre le enseñaba a silbar de regreso a casa. Quizá sea hora de que me pregunte por qué me acuna en los brazos de Morfeo el aroma del Balkan Sobranie cuando se enciende una pipa.

Aurora me dice que a Cortázar le importaba un «comino» el destino, saber quién era su padre. Me cuesta creerle. Nadie que recuerde a su padre desnudo bajo la ducha o lo evoque caminando a su lado sintiéndose orgulloso de esa presencia puede decir que todo termina ahí o en el intercambio soberbio de dos cartas que nunca nadie podrá leer.

Posdata: Cuando estaba trabajando en la corrección de las últimas páginas de este libro, Aurora Bernárdez me contó que finalmente habían aparecido la carta que Cortázar había recibido de su padre y la copia borrador de la que él le habría enviado. Ambas estaban en el archivo de Ugné Karvelis. ¡Allí debió de haberlas consultado el alemán Bruno Berg! Al morir Ugné, hereda su hijo Christoph y éste a su vez entrega la documentación a Bernárdez. Resulta curioso que Cortázar hubiera guardado la carta que le enviara su padre y ninguna otra, o acaso las guardaba todas y nunca lo sabremos. ¿O sí?

Iuberri, Principado de Andorra, enero de 2004

Reconocimientos

A Emilio Fernández Cicco, por su generosidad y por haber abierto el camino, junto a Gaspar Astarita, en la recopilación de datos y testimonios en Bolívar y Chivilcoy, respectivamente. A Graciela Baldrich (†), por sus recuerdos; a Esther Soaje Pinto y Guido Soaje Ramos, por los suyos. A Luis Chitarroni por el diálogo ininterrumpido. A Christoph Lüscher, por los secretos suizos; a Josefa Emilia Sabor, por la memoria de un tiempo irrecuperable. A Rosa Suárez de Descotte (†), a quien tuve el privilegio de conocer, y a su hija Diana, digna heredera. A Clara Cortázar, por sus recuerdos, anotaciones y fotografías. A Fernando José García Echegoyen por sus naufragios; a Violeta Irene Antinarelli en la Biblioteca de la Academia Nacional de la Historia. A Miguel Ángel Carballada por el cóctel demaría. A Marcelo Franco por sus *enfoques*. A mi madre por llevarme al foniatra a tiempo. A Enrique M. Mayochi (†) y César Cascallar Carrasco por sus valiosos testimonios. A Analía Iglesias, por su desinteresada ayuda; a Françoise y Stephane Hebért, por sus recuerdos. A Nicole Maria Rhein, por su ayuda con las expresiones germánicas. A los archivistas y guardianes de cementerios y bibliotecas. Al mayor del ejército argentino Sergio Toyos. A Natasha Czernichowska, por los versos y las leyendas. Al ministro Carlos Dellepiane. A Nelson Montes-Bradley, por la severidad de sus apreciaciones. A Ismael Viñas, León Rozitchner y Martín Caparrós, por prestarme la oreja y algún consejo que con seguridad no supe aprovechar. A Daniel Guebel. A Aurora Bernárdez, por el placer de la charla. A Soledad y a Thomas Benjamin, por los recreos.

Bibliografía

ALMARAZ, Roberto, Manuel CORCHÓN y Rómulo ZEMBORAIN, *¡Aquí FUBA! Las luchas estudiantiles en tiempos de Perón (1943-1955)*, Grupo Editorial Planeta, Buenos Aires, 2001, 240 páginas. Índice onomástico, anexo documental, bibliografía general, glosario.

CÓCARO, Nicolás, *El joven Cortázar*, Ediciones del Saber, Buenos Aires, 1993, 133 páginas. Índice, fotografías, facsímiles.

DE VIZCARRA, Zacarías, *La vocación de América*, Librería de A. García Santos, Buenos Aires, 1933, 1.371 páginas. Índice.

DONOSO, José, *Conjeturas sobre la memoria de mi tribu*, Alfaguara, Santiago, 1996, 284 páginas.

FERNÁNDEZ CICCO, Emilio, *El secreto de Cortázar*, Editorial de Belgrano, Universidad de Belgrano, Buenos Aires, 1999, 222 páginas. Índice, fotografías.

FERNÁNDEZ, Macedonio, *Obras completas. Relatos, cuentos, poemas y misceláneas*, Editorial Corregidor, Buenos Aires, 1987, 246 páginas. Índice.

GARCÍA ECHEGOYEN, Fernando José, *Los grandes naufragios españoles*, Alba Editorial, S.L., Barcelona, 1998, 230 páginas. Índice, apéndice, bibliografía consultada, fotografías.

GOLDAR, Ernesto, *Los argentinos y la guerra civil española*, Editorial Plus Ultra, Buenos Aires, 1996, 233 páginas. Índice, cronología, bibliografía.

GOLOBOFF, Mario, *Julio Cortázar, la biografía*, Seix Barral, Buenos Aires, 1998, 332 páginas. Fotografías, índice, notas a los capítulos.

GUTHMANN, Fredi, *La gran respiración bailada* («J'ai toujours été plus violent»), Atuel, Buenos Aires, 1997, 95 páginas.

HODGES, Donald C., *The National Revolution and Resistance*, University of New Mexico Press, Alburquerque, 1987.

LEFEBVRE, Henri, *Los marxistas y la noción de Estado*, Ediciones CEPE, Buenos Aires, 1972, 107 páginas. Índice.

LENIN, V. I., *Cartas íntimas. Cartas de la juventud, del destierro y de la prisión*, Editorial Calomino, La Plata, 1946, 318 páginas. Índice.

ROCK, David, *Argentina 1516-1987. From Spanish Colonization to Alfonsín*, University of California Press, Berkeley, 1985, 512 páginas. Índice onomástico, índice, notas a las páginas, bibliografía.

—, *Authoritarian Argentina. The Nationalist Movement, its History and its impact*, University of California Press, Berkeley, 1993, 320 páginas. Fotografías, índice onomástico, notas a las páginas, bibliografía, glosario.

SHAFER, José P., *Los puentes de Cortázar*, Nuevohacer Grupo Editor Latinoamericano, Buenos Aires, 1996, 225 páginas. Índice, notas a los capítulos.

TRENTI ROCAMORA, José Luis, *Cuando firmó Julio Florencio Cortázar antes que Julio Denis*, Sociedad de Estudios Bibliográficos Argentinos, Buenos Aires, 2000.

VÁZQUEZ, María Esther, *Borges. Esplendor y derrota*, Tusquest Editores, Barcelona, 1996, 354 páginas. Fotografías, índice onomástico, bibliografía, glosario.

Índice de ilustraciones

Índice alfabético

ESTE LIBRO HA SIDO IMPRESO
EN LOS TALLERES DE
A&M GRÀFIC, S. L.
SANTA PERPÈTUA DE MOGODA (BARCELONA)